DOMENICO LOSURDO

AUTOCENSURA e COMPROMISSO
NO PENSAMENTO POLÍTICO DE KANT

DIREÇÃO EDITORIAL:
Marcelo C. Araújo

COMISSÃO EDITORIAL:
Avelino Grassi
Edvaldo Araújo
Márcio Fabri dos Anjos

TRADUÇÃO:
Ephrain Ferreira Alves

COPIDESQUE:
Ana Aline Guedes da Fonseca de Brito Batista
Ana Rosa Barbosa

REVISÃO:
Ana Aline Guedes da Fonseca de Brito Batista

DIAGRAMAÇÃO:
Junior dos Santos

CAPA:
Marco Mancen

Título original: *Autocensura e Compromesso nel Pensiero Politico di Kant*
Serie Studi do Istituto Italiano per gli Studi Filosofici
© Bibliopolis, edizioni di filosofia e scienze, 2007.
ISBN: 978-88-7088-516-3

Todos os direitos em língua portuguesa, para o Brasil, reservados à Editora Ideias & Letras, 2015.

Rua Tanabi, 56 – Água Branca
Cep: 05002-010 – São Paulo/SP
(11) 3675-1319 (11) 3862-4831
Televendas: 0800 777 6004
vendas@ideiaseletras.com.br
www.ideiaseletras.com.br

Dados Internacionais de Catalogação na Publicação (CIP)
(Câmara Brasileira do Livro, SP, Brasil)

*Autocensura e compromisso no
pensamento político de Kant* / Domenico Losurdo.
(Tradução: Ephrain Ferreira Alves)
São Paulo: Ideias & Letras, 2015.

ISBN 978-85-65893-63-3

1. Filosofia política 2. Kant, Immanuel,
1724-1804 3. Kant, Immanuel, 1724-1804 - Crítica e
interpretação I. Título.

14-07986   CDD-320.01

Índice para catálogo sistemático:
1. Filosofia política 320.01

Índice

Observação 5
Agradecimentos 7
Introdução – Kant político e sua história 9
I – "Duplicidade" da negação kantiana do direito de resistência 33
    1. Direito de resistência e revolta vandeana 33
    2. Monarquia absoluta, reação feudal e direito de resistência 45
    3. Violência revolucionária e soberania popular 51
    4. Os direitos do povo 61
    5. *Quis judicabit?* e *Quis cogebit?* 65
    6. Fichte, Kant e o direito de resistência 70
    7. Da Revolução Inglesa à Revolução Francesa 77
    8. A Revolução Francesa provoca uma reflexão 90
    9. Revolução Francesa, Termidor e direito de resistência 98
    10. Obediência cristã e novo poder revolucionário 107

II – Desordens naturais: casuística e justificação da revolução 121
    1. Inundações, terremotos e revoluções 121
    2. Kant, a casuística e a revolução 127

III – Revolução, censura e criptografia 135
    1. Caráter alusivo do discurso kantiano 135
    2. A defesa da "Revolução Cristã" como defesa
       da Revolução Francesa 144

3. *Liberté, Egalité...* e "independência"!..156
4. *Para a paz perpétua*: utopia e propaganda revolucionária.................169
5. O processo dos regicidas: Kant promotor
   público ou advogado de defesa?..183
6. Reforma a partir de cima e responsabilidade do poder 193

IV – Kant secreto? 201
1. Censura, autocensura e dissimulação 201
2. Três tipos de compromisso com a censura e com o poder............217
3. Intelectuais, poder e "acomodação" 240

Índice dos nomes 251

Observação

Os textos citados com maior frequência receberam as seguintes siglas:

I: *Idee zu einer allgemeinen Geschichte in weltbürgerlicher Absicht*;
W: *Beantwortung der Frage: Was ist Aufklärung?*;
R: *Religion innerhalb der Grenzen der blossen Vernunft*; DC: *Über den Gemeinspruch: Das mag in der Theorie richtig sein, taugt aber nicht für die Praxis*;
PP: *Zum ewigen Frieden*;
MC: *Metaphysische Anfangsgründe der Rechtslehre*;
C: *Streit der Fakultäten*;
A: *Anthropologie in pragmatischer Hinsicht*;
L: *Briefwechsel*.

Na ausência de siglas, faz-se referência ao *Nachlass*. Os números romanos e arábicos remetem ao volume e à página da edição organizada pela Academia das Ciências; quando necessário, indicado com a sigla Ak. Para as citações da *Berlinische Monatsschrift*, para as contribuições que não são de Kant, usamos a sigla *bm* seguida da indicação do ano e do número do volume. A tradução foi sempre a partir do original alemão, ao qual se remete exclusivamente, com o intuito de não sobrecarregar demais a exposição. Foram, porém, usadas as traduções italianas reunidas em I.K., *Scritti Politici e di Filosofia della Storia e del Diritto*, edição organizada por G. Solari e G. Vidari, edição póstuma confiada a N. Bobbio, L. Firpo e V. Mathieu, Turim, 1965 (2ª ed.); I.K., *Lo Stato di Diritto*, por N. Merker (org.), Roma, 1973 e I.K., *La Religione Entro i Limiti della Sola Ragione*, por A. Poggi (org.), edição revista por M.M. Olivetti, Roma-Bari, 1980; obras e traduções menos utilizadas citam-se em nota. Também nesse caso não se informam eventuais modificações introduzidas na tradução.

Agradecimentos

A realização deste livro não teria sido possível sem a generosa disponibilidade e a colaboração da Bayerische Staatsbibliothek de Munique, da Biblioteca Universitária de Urbino e, sobretudo, da Universitätsbibliothek de Tübingen. A elas meu reconhecimento, bem como aos professores Pasquale Salvucci, Livio Sichirollo e Valerio Verra, que se dispuseram a acompanhar e encorajar este trabalho.

Esta é a republicação, mais de vinte anos após sua primeira edição, de um livro que viveu a sua sorte (traduzido também para o alemão e francês). Preferi não lhe introduzir alteração alguma, apenas atualizei em certos casos a remissão a outros meus estudos, indicando entre colchetes a edição mais recente. De resto, limitei-me à óbvia correção dos erros tipográficos e dos lapsos, valendo-me da colaboração da doutora Cinzia Romagnoli, a quem agradeço aqui.

INTRODUÇÃO
Kant político e sua história

1. "Nossos filósofos clássicos foram certamente superiores aos nossos poetas clássicos, pois nem mesmo durante o terror voltaram as costas à Revolução Burguesa." Esse é um reconhecimento tanto mais significativo enquanto expresso por uma personalidade que tinha uma elevada opinião, também no plano político, da poesia clássica alemã, considerada não como simples "fenômeno literário", mas como expressão da "incipiente luta de emancipação da burguesia alemã". Quando Mehring celebra assim a filosofia clássica alemã, certamente está pensando inclusive em Kant. Para confirmar o juízo há pouco visto, o grande crítico aduz o exemplo de Klopstock: entre os primeiros entusiastas da Revolução Francesa, o poeta acaba cantando ainda Charlotte Corday, a assassina de Marat.[1] Pois bem, nesse mesmo período, Johann Benjamin Erhard, discípulo de Kant e, como veremos melhor a seguir, em ótimas relações com o mestre, "deplorando a morte de Marat, do valoroso, do honesto Marat, admirava-se com o fato de a Montanha não ter mandado torturar a homicida".[2]

Mehring, que mesmo no calor da polêmica, contra aqueles que pregavam "o retorno a Kant", em um processo retroativo não só a partir de Hegel, mas também de Marx, se entrega a alguns juízos excessivamente severos e mesmo injustos acerca do filósofo de Königsberg. Ele reconhece,

---

[1] KLOPSTOCK, F.G. 1903, em: MEHRING, F. *Gesammelte Schriften*, por T. Höhle, H. Koch e J. Schleifstein (orgs.), Berlim, 1961 e ss., vol. X, pp. 8 e 11. A celebração de Charlotte Corday, feita por Klopstock, se acha na ode *Mein Irrtum*. A precedente celebração da Revolução Francesa é atestada por muitas odes, começando por *Die Etats Généraux*, composta ainda antes da tomada da Bastilha.

[2] Assim nos informa uma carta de Baggesen a Reinhold (*Nuremberg*, 4/8/1793), que se encontra em: ERHARD, J.B. *Ueber das Recht des Volks zu einer Revolution*, por H.G. Haasis (org.), (ed.), Munique, 1970; tr. it. *Sul Diritto del Popolo a una Rivoluzione e Altri Scritti*, Rimini-Florença, 1971, p. 13.

todavia, que Kant sempre "permaneceu fiel (à Revolução Francesa) mesmo depois do terror".³ Livre dos condicionamentos da polêmica contra os neokantianos, algumas décadas antes, Engels pudera tranquilamente inscrever Kant entre os progenitores do socialismo em companhia, no que toca à Alemanha, de Fichte e Hegel.⁴ A reivindicação ao proletariado da herança da Revolução Burguesa era também a da herança de uma filosofia que, a partir de Kant, na Alemanha, tinha refletido no plano teórico as colossais convulsões que estavam mudando a face da França e do mundo. Por fim, já o jovem Marx definira a "filosofia de Kant" como "a teoria alemã da Revolução Francesa".⁵

Veja bem: é justamente esse vínculo que, na segunda metade do século XIX, os liberais nacionais, embora posando de neokantianos, se empenharam primeiro em contestar e, depois, remover. Podemos começar por Haym que, em uma carta de 1863, declara considerar Kant "o maior (filósofo) que já existiu".⁶ No entanto, o mesmo diretor dos *Preussische Jahrbücher* – não se deve perder de vista o papel eminentemente político de Haym – lamentava a falta na Alemanha de um Burke, isto é, de uma sólida tradição de pensamento conservadora, e condenava, por causa da simpatia e da participação expressa em relação ao "culto prático-fanático da razão que celebrava seus fastos no Além-Reno, a filosofia clássica alemã no seu conjunto, incluindo Kant. Ele é inserido explicitamente entre os ingênuos *claqueurs* da Revolução Francesa, por sofrerem de "idealismo" e de "virgindade política".

É uma tomada de posição que se acha em *Hegel e o seu tempo*.⁷ Estamos então em 1857. Ainda um ano após, Haym frisa a necessidade de romper com "os teóricos do Estado provenientes da escola de Rousseau e

---

³ *Immanuel Kant*, em: G.S., cit., vol. XIII, p. 52, 1904.

⁴ No prefácio da primeira edição alemã, 1882, do opúsculo *Die Entwicklung des Sozialismus von der Utopie zur Wissenschaft*, em: MARX-ENGELS, *Werke*. Berlim, 1955, ss., vol. XIX, p. 188.

⁵ MARX-ENGELS, *Werke. Das Philosophische Manifest der Historischen Rechtsschule*, cit., vol. I, p. 80, 1842.

⁶ Carta a Karl Twesten (Halle, 5/6/1863), em *Ausgewälter Briefwechsel Rudolf Hayms*, por H. Rosenberg (org.), Berlim e Leipzig 1930, p. 212.

⁷ *Hegel und Seine Zeit*, 1857 (reimpressão anastática Darmstadt 1974), p. 32.

de Kant", muito pouco respeitadores, para não dizer nada respeitosos em relação "aos dados de fato históricos", ou seja, sem respeito algum pelo ordenamento político e social existente.[8] Enquanto se tratava de combater "as abstrações" revolucionárias de 1848, podia ser útil para os liberais-nacionais contestar explicitamente o entusiasmo que Kant também manifestara pelas ideias de 1789. Mas, uma vez definitivamente exorcizado o espectro da revolução, visto que se esboçara a ascensão irresistível de Bismarck, no intuito de liquidar definitivamente qualquer resíduo de veleidade democrática e jacobina, era preferível o silêncio sobre um capítulo incômodo da história cultural alemã. A já citada carta de Haym, de 1863, agora se exprime com admiração sem reserva em relação a Kant: a remoção tomou o lugar da contestação aberta.

A remoção se torna ainda mais evidente em Treitschke. O colaborador e, depois, sucessor de Haym na direção dos *Preussische Jahrbücher*, denuncia por sua vez, vigorosamente, o "radicalismo cosmopolita" que invade a Alemanha no momento em que eclode a Revolução Francesa, mas silencia sobre o papel de Kant, à cuja filosofia declara, aliás, que se deve retornar.[9] É uma tentativa de reinterpretar em chave "moderada" a filosofia clássica alemã em seu conjunto: "Entre nossos grandes pensadores não se acha nenhum vestígio daquela obstinação fanática que deforma as cabeças audaciosas de povos não livres".[10] O radicalismo e o jacobinismo são estranhos a mais autêntica tradição cultural e filosófica alemã. Ou melhor, na Alemanha é o povo que em seu conjunto se mostra estranho às loucas paixões revolucionárias que devastam a vida política e cultural do Além-Reno. Os "conceitos de liberdade dos alemães" – declara Treitschke – atribuem demasiado valor ao indivíduo para tolerar o culto abstrato da totalidade estatal próprio dos jacobinos. Por outro lado, no povo alemão não há sinal de agudos contrastes de classes.[11]

---

[8] Carta a R.v. Mohl (Halle 16/6/1858), em: *Ausgewälter Briefwechsel...*, cit. p. 159.

[9] TREITSCHKE, H. v. *Deutsche Geschichte im Neuzehnten Jahrhundert*, Leipzig 1879, 1894, vol. I, p. 118 e vol. IV, p. 483.

[10] *Die Freiheit*, 1861, em *Historische und Politische Aufsätze*, Leipzig, 1865, vol. III, p. 22; o ensaio foi originalmente publicado nos *Preussische Jahrbücher*.

[11] *Ibid.*, pp. 6 e 22.

Nessas condições, que espaço poderia porventura existir para a revolução e para as paixões revolucionárias? E se, apesar de tudo, em certas circunstâncias afloram os tons jacobinos, como no caso dos jovens hegelianos, é claro que se trata de um simples contágio do "apátrida radicalismo judeu-francês".[12] Assim, a esquerda hegeliana se vê privada, ao menos em suas pontas mais avançadas, do direito de cidadania na cultura alemã. Como Kant não pode ser considerado estranho à tradição nacional alemã, não restava aos nacionais-liberais senão considerar estranho a Kant qualquer motivo mesmo vagamente revolucionário e jacobino.

2. Na margem oposta, empenhada a fundo como se achava lutando contra a tentativa de refundação em chave jusnaturalista e ética, kantiana, do socialismo ou até de substituir Marx por Kant, a socialdemocracia revolucionária estava como tal interessada em destacar os limites políticos do solitário filósofo de Königsberg. Já citamos a posição de Mehring que, todavia, é o mais equilibrado e maduro. Com muito mais força pesam sobre outros representantes da socialdemocracia as necessidades imediatas da luta política. Basta citar por todos o exemplo de Lafargue que aniquila Kant como um "sofista burguês".[13] Se esse é o juízo do genro de Marx, de uma personalidade que, no entanto, terá de certo modo percebido no círculo familiar o eco do tema da reivindicação ao proletariado da herança da filosofia clássica alemã, facilmente se compreende a que ponto chegara a degradação da imagem do filósofo de Königsberg.

Nesse sentido, Vorländer tinha razão, observando que os dois "partidos" opostos – como vimos, trata-se dos liberais-nacionais e da socialdemocracia – estavam de acordo ao colocar em última instância a alternativa "ou Marx ou Kant", o que não poderia deixar de amargurar o "socialista kantiano" Vorländer. Mas, deixando de lado os sentimentos, o que aqui nos interessa sublinhar é quão negativamente o dilema pesava sobre a imagem de Kant: seja qual fosse a extremidade que se escolhesse,

---

[12] *Deutsche Geschichte*, cit., vol. IV, p. 486.
[13] O juízo do "companheiro Lafargue" é mencionado por Mehring, que tenta redimensionar o seu alcance; cf. *Immanuel Kant*, cit., p. 39

a consequência era sempre o drástico redimensionamento, ou mesmo o cancelamento, dos motivos revolucionários em uma filosofia agora vista, em sentido positivo ou negativo, como uma espécie de barreira contra o avanço da maré proletária.

Poder-se-ia, então, pensar que justamente os "socialistas kantianos" se achavam em condições ideais para fazer justiça ao filósofo de Königsberg. Com efeito, algumas das pesquisas mais penetrantes a ele dedicadas são obras precisamente de Vorländer, como poderemos ver no curso do nosso trabalho. Todavia, as contingências políticas imediatas condicionam de modo pesadamente negativo também o trabalho historiográfico daquele que agora acabava se configurando como um terceiro "partido", o da conciliação entre Kant e Marx, um partido "centrista" inclusive no plano político. Sem dúvida, autores como Vorländer tinham interesse em por de novo em discussão a imagem em chave estreitamente moderada e conservadora do filósofo de Königsberg: seu esforço, porém, tendia principalmente a lhe celebrar a doutrina moral, fadada por sua pureza e sublimidade a fundar o ideal de uma comunidade superior de homens, ou seja: o socialismo; mas não se achavam interessados em insistir de forma particular sobre a ligação entre Revolução Francesa e tomadas de posição política do filósofo por eles estudado. Com efeito, nesse nexo, se podiam por de novo em discussão os *clichês* moderados, corria-se o risco de colocar certamente no âmbito da luta revolucionária, mas no da burguesia, um filósofo que, graças à sua ética, meta-historicamente concebida e transfigurada, deveria ser convocado a fundar a comunidade socialista. E, com efeito, a ressalva principal que Vorländer faz a Marx e a Engels é a de julgar Kant "quase só do ponto de vista histórico", na perspectiva da "história das classes".[14]

Mas o processo de sublimação da ética de Kant pesava negativamente – sempre no plano interpretativo, pois aqui prescindimos dos aspectos mais especificamente políticos – pelo fato de obstacularizar a compreensão

---

[14] VORLÄNDER, H.K. *Kant und Marx. Ein Beitrag zur Philosophie des Sozialismus*. Tubinga, 1926 (2ª ed.; 1ª. edição de 1911), pp. 276-280, *passim*. Mas já anteriormente Vorländer publicara *Kant und der Sozialismus*, Berlim, 1900; cf. a recensão de Mehring em: "Die neue Zeit", G.S., cit., vol. XIII, pp. 187-192. Para uma visão de conjunto do "retorno a Kant" a partir da segunda metade do século XIX (não são examinados, porém, os aspectos políticos do problema), cf. GUERRA, A. *Introduzione a Kant*, Roma-Bari, 1980, pp. 238-252.

a fundo das técnicas e dos ajustes linguísticos aos quais Kant era forçado, para conseguir ludibriar a censura. Como é que se poderia atribuir uma atitude pouco sincera e leal a um filósofo que havia elaborado uma ética tão sublime, destinada a regular as relações entre todos os seres humanos, não só na esfera da sociedade existente, mas também da futura sociedade socialista? Assim acabava por se fechar o círculo em torno de Kant, agora etiquetado como fiel e insuspeito súdito prussiano, etiqueta que os liberais-nacionais lhe pregavam para recordar aos desmemoriados o seu respeito pela ordem estabelecida; a social democracia, para sublinhar seus insuperáveis limites de moderação e conservadorismo; e, enfim, os "socialistas kantianos", para celebrar eternamente sua sinceridade e grandeza moral.

Há uma última observação a fazer, sempre a propósito das distorções historiográficas que se desenvolveram na trilha do "socialismo kantiano". Procurando livrar o marxismo de qualquer incrustação "blanquista" e jacobina, Bernstein efetua uma denúncia da herança hegeliana. Se Marx e Engels "passaram incólumes perto do erro mais grosseiro do blanquismo, a culpa cai em primeiro lugar sobre o componente hegeliano da sua teoria". Contra os estragos da "dialética hegeliana" não resta senão evocar "o espírito do grande filósofo de Königsberg". Com certeza, "a socialdemocracia necessita de um Kant", e isso se entende em função antiblanquista e antijacobina.[15] Estava agora assentado, tendo-se chegado a esse ponto não da pesquisa historiográfica, mas do debate político, que o teorizador do imperativo categórico não podia não ter condenado o terror com todas as suas forças. É um resultado que se faz ainda mais indiscutível depois que explodiu a Revolução de Outubro: "a exaltação da força criativa da violência bruta" inspira seus protagonistas, que se veem chamados a amadurecer um sentido mais profundo da "ética".[16] O pensamento vai correr naturalmente, ainda uma vez, para Kant que, depois de se ter projetado

---

[15] *Die Voraussetzungen des Sozialismus und die Aufgaben der Sozialdemokratie.* Stuttgart, 1899; tradução italiana de GRILLO, E., com introdução de COLLETTI, L., com o título *Socialismo e Democrazia*. Bari, 1968, pp. 70 e 265.

[16] No *Epílogo*, anexo à segunda edição de 1920, tradução italiana, em: *Socialismo e Democrazia*, cit., p. 284.

> **INTRODUÇÃO** Kant político e sua história   15

sobre o terror jacobino à sombra do terror bolchevista, passou a ser antibolchevista, mesmo antes de antijacobino; ou melhor, é irrefutavelmente antijacobino, pois não pode não ser antibolchevista!

3. Agora o "kantismo" de Bernstein caiu no mesmo nível daquele dos liberais-nacionais. Ainda em 1899, quando vinha à luz a primeira edição da obra em pauta de Bernstein, nosso Labriola se interrogava nestes termos sobre o autodenominado retorno a Kant:

> *Qual Kant, afinal? O da privadíssima vida privada do senhor Philister de Königsberg? – ou aquele outro autor revolucionário de escritos subversivos, que aos olhos de Heine parecia um dos heróis da Grande Revolução?*[17]

Quem formulava essa pergunta era uma personalidade que, já umas décadas antes, com apenas dezenove anos – como ele mesmo gostava de recordar depois em uma carta a Engels – havia duramente tomado posição contra o "retorno a Kant",[18] mas que não se poderia de modo algum definir como um antikantiano. Sem dúvida, aconselhara a Vorländer a "não guardar vinho novo em odres velhos",[19] isto é, sem metáfora, a não fazer um percurso inverso regredindo de Marx a Kant, a não reduzir o primeiro ao segundo. Mas fora o mesmo Labriola que se apresentara a Engels como um intelectual "que chegara à convicção de professar publicamente o socialismo como a própria vocação" precisamente partindo "das alturas da filosofia moral de Kant", e passando depois pelo estudo de Hegel (além do de Herbart).[20]

---

[17] *A Proposito della Crisi del Marxismo*, em: A.L. *La Concezione Materialistica della Storia*, por GARIN, E. Ed. BARI, 1969 (2ª ed.), p. 167.

[18] Dirigindo-se bruscamente a Zeller, Labriola exclamava: "Não se esconda sob o nome de Kant". Cf. agora o manuscrito na edição crítica das obras, preparada por L. Dal Pane, *Una Risposta alla Prolusione di Zeller*, em A.L. *Scritti e Appunti zu Zeller e su Spinoza 1862-1868*, Milão, 1959, p. 47. (O manuscrito inédito – é disso que se trata – fora já publicado por Croce com o título *Contro "il Ritorno a Kant" da Eduardo Zeller*, 1862, em: A.L. *Scritti Vari e Inediti di Filosofia e Politica*, Bari, 1906, pp. 1-33; cf. também a carta a Engels de 14/3/1894, em: A. L. *Lettere a Engels*, Roma, 1949, p. 142).

[19] Quem o menciona é o próprio Vorländer, cf. *Kant und Marx* ..., cit., p. 276.

[20] Carta de abril de 1890, em: *Lettere a Engels*, cit., p. 2.

Labriola, que estabelece uma linha de continuidade, no desenvolvimento do jusnaturalismo, que vai "dos precursores de Grotius a Rousseau, a Kant e à constituição de 1793",[21] formulando em polêmica com os neokantianos a pergunta já vista (Qual Kant, afinal?), demonstrava a inconsistência da alternativa (Marx ou Kant?), que os socialistas neokantianos tinham de fato denunciado, mas que, por causa de sua pretensão de "guardar vinho novo em odres velhos", tinham com efeito contribuído para guardar. Tratava-se de escolher, segundo a lúcida análise de Labriola, não entre Marx e Kant, mas sim entre Kant e Kant, entre o "filisteu" ao que os liberais-nacionais tinham reduzido o grande filósofo e o revolucionário, visto e celebrado pelo jovem Heine como o *pendant* alemão de Robespierre. Tratava-se, além disso, de resgatar Kant, não, como pretendia Vorländer, desmanchando ou afrouxando os laços do filósofo com sua época, para transformá-lo no autor de uma moral de sublime abstração metahistórica, mas identificando-o como um dos momentos mais avançados da grande estação revolucionária da burguesia, cuja herança teórica e política o movimento operário e socialista reivindicava.

Aí está, então, o sentido do recurso à leitura de Heine. Mas os liberais-nacionais, que na cultura alemã já haviam levado a cabo a remoção do entusiasmo de Kant pela Revolução Francesa, tinham de cercar Heine com o silêncio e aplicar-lhe a mais dura condenação. Haym que, em 1870, consagra um estudo muito bem documentado à escola romântica, não cita nem mesmo uma só vez aquele Heine que também havia se ocupado intensamente desse tema e que, não por acaso, no curso da análise da cultura do seu tempo, traçando o paralelismo entre Revolução Francesa e filosofia clássica alemã, havia comparado Kant a Ropespierre.[22]

Esse paralelismo e essa comparação devia, no entanto, estar bem diante dos olhos de Treitschke, visto acusar Heine de não ter compreendido

---

[21] In Memoria del Manifesto dei Comunisti, 1895, em: A.L. *La Concezione...*, cit., p. 48.

[22] HAYM, R. *Die Romantische Schule. Ein Beitrag zur Geschichte des Deutschen Geistes*, 1870 (reimpressão anastática Darmstadt 1977); no que se refere a Heine, cf. a conclusão de *Zur Geschichte der Religion und Philosophie in Deutschland*. Sobre este tema em Heine, cf. RAMBALDI, E. *Le Origini della Sinistra Hegeliana*. Florença, 1966, pp. 15-60.

nada da "severa eticidade da doutrina dos deveres de Kant e de haver "superficialmente" considerado "a filosofia alemã simplesmente como uma força da destruição e da dissolução". Para se ter uma ideia da imagem que Treitschke difunde de Kant e da filosofia clássica alemã, basta lançar os olhos sobre a lista das acusações que, defendendo o bom nome de um e da outra, o historiador liberal-nacional dirige contra Heine: "raivoso ódio anticristão", "sensualismo" e imoralidade; "em suas mãos tudo se tornou impuro" (nova alusão à violada pureza de Kant e da filosofia clássica alemã). Enfim, o golpe de misericórdia também no plano mais propriamente artístico, o poeta só era capaz de produzir obras de pouco fôlego, "dado que a composição artística em grande estilo cabe no máximo somente à força maciça dos arianos".[23] A operação já assinalada, com a qual Tritschke negava o direito de cidadania na cultura alemã aos jovens hegelianos, vinha a ser particularmente fácil em relação a Heine que, para sua infelicidade, era judeu.

Kant, e a filosofia clássica alemã, tinham agora adquirido uma sólida ou, melhor, uma "maciça" respeitabilidade burguesa e filisteia, respeitabilidade da qual, infelizmente, não seria tão fácil livrá-los. O próprio Dilthey, embora decisivamente mais equilibrado que seus companheiros de partido, realiza em 1890 esta significativa distinção: sim, Kant se ocupa da Revolução Francesa com "entusiasmo", mas só enquanto pesquisador, ao passo que "seu coração e suas convicções estão com Frederico o Grande, com o código nacional prussiano (*Landrecht*), com a filantrópica educação alemã".[24]

Defendendo a filosofia clássica alemã no seu conjunto da acusação de subversivismo, ao mesmo tempo, com Haym, os liberais-nacionais procuravam liquidar Hegel. Mas isso implica também a liquidação daquela imagem de Kant (e da filosofia clássica alemã em geral) como *pendant* teórico da Revolução Francesa que, antes ainda de ser consagrada por Heine, já emergira das páginas de Hegel:

---

[23] *Deutsche Geschichte...*, cit. vol. IV, pp. 419 e 421, *passim*.

[24] *Der Streit Kants mit der Zensur über das Recht freier Religionsforschung*, 1890, agora em W.D. *Gesammelte Schriften*, Stuttgart-Göttingen, vol. IV, p. 308. Tal como Haym e Treitschke, Dilthey também colaborou nos "Preussische Jahrbücher".

Na filosofia de Kant, de Fichte, de Schelling, aflora e se exprime na forma do pensamento a revolução, à qual nos últimos tempos o espírito chegou à Alemanha: *a série dessas filosofias constitui o caminho pelo qual o pensamento se dirigiu. Dessa grandiosa idade da história mundial, de cuja essência mais íntima a filosofia da história nos oferece o conceito, participaram só dois povos, o alemão e o francês...*

No que diz respeito mais especificamente a Kant, Hegel lhe reconhece o mérito de ter "posto na liberdade o absoluto" e, desse ponto de vista, o assimila a Rousseau, cujo nexo com a Revolução Francesa é explicitamente sublinhado.[25]

O "renascimento" do hegelianismo também não implicou a retomada daquele paralelismo entre Revolução Francesa e filosofia clássica alemã, já formulado por Hegel. Croce, inspirando-se precisamente no filósofo de Königsberg, observa a este propósito:

Se é verdade que ao Kant jusnaturalista responde muito bem no campo dos fatos a Revolução Francesa, também é verdade que esse Kant pertence à filosofia do século XVIII, que precedeu e informou aquele movimento político: onde o Kant que abre passagem para o futuro, o Kant da síntese a priori, *é o primeiro elo de uma nova filosofia, que ultrapassa a filosofia encarnada na Revolução Francesa.*[26]

O raciocínio é singular, ao menos pela inversão cronológica que introduz. O Kant que, abrindo passagem para os novos tempos, supera a Revolução Francesa, é o autor da *Crítica da Razão Pura* que precede o desencadear dessa mesma revolução. E por outro lado, já Gramsci podia definir "essa reserva de Croce... como imprópria e incongruente, pois as mesmas citações de Croce a partir de Hegel mostram que não se trata da particular

---

[25] *Vorlesungen über die Geschichte der Philosophie*, em: *Werke in zwanzig Bänden*, ed. de MOLDENHAUER, E. e MICHEL, K.M., tendo por base a edição das *Werke* de 1832-1845, Frankfurt a. M. 1969-1979, vol. XX, pp. 314 e 331 (tradução italiana de E. Codignola e G. Sanna, Florença, 1973, vol. III, 2, pp. 268, 285-286).

[26] *Conversazioni Critiche*, II serie, Bari, 1924 (2ª ed.), p. 294.

comparação de Kant com Robespierre, mas de algo mais amplo e abrangente, do movimento político francês no seu conjunto e da reforma filosófica alemã também no seu conjunto".[27] Permanece, porém, um ponto firme que, no tocante ao dilema (Qual Kant, afinal?) formulado por Labriola e que Croce certamente devia conhecer, o filósofo neo-hegeliano também toma firmemente posição não só contra o Kant-Robespierre transmitido por Heine, mas também, de modo mais geral, contra o *pendant* filosofia clássica alemã (e, portanto, Kant) de um lado, e Revolução Francesa do outro, instituído justamente por Hegel.

4. Então, pelo visto, nem tampouco o renascimento do hegelianismo arranhou os clichês liberais-nacionais. Mas agora se deve perguntar se a retranscrição já vista da história cultural alemã não acabou sendo apropriada, ainda que com sinal invertido, também por ambientes cultural e politicamente muito distantes ou nos antípodas da posição liberal-nacional. É uma suspeita que aflora quando lemos textos, ainda que de grande valor: sufocado por uma "metafísica da ordem", Kant teria chegado, em certos casos, a se fixar em posições até mais atrasadas do que aquelas dos "partidários moderados do absolutismo".[28] Ao pregar uma obediência incondicional à autoridade constituída, poder-se-ia traçar uma linha de continuidade de Lutero a Kant.[29] Mas é claro que se pode estender à vontade essa linha de continuidade e, com efeito, ela é muitas vezes estendida até Hegel ou mesmo até... Hitler! Quando se quer mostrar generosidade, faz-se uma exceção em favor deste ou daquele autor, mas, no conjunto,

---

[27] GRAMSCI, A. *Quaderni del Carcere*, edição crítica do Istituto Gramsci, por V. Gerratana (org.). Turim, 1975, p. 1473.

[28] VLACHOS, G. *La Pensée Politique de Kant. Métaphysique de l'ordre et Dialectique du Progrès*. Paris, 1962, p. 540.

[29] A esse propósito citamos particularmente DELEKAT, F. *Immanuel Kant. Historisch-kritische Interpretation der Hauptschriften*. Heidelberg, 1962 (de modo particular p. 336); PHILONENKO, A. *Théorie et Praxis dans la Pensée Morale et Politique de Kant et Fichte en 1793*. Paris, 1976 (de modo particular p. 28) e desse mesmo autor *L'oeuvre de Kant*. Paris, 1975-1981 (2ª ed., particularmente o vol. II, p. 81).

considera-se a tradição cultural alemã imune de qualquer impulso revolucionário ou subversivo.

Trata-se, em última análise, do ponto de vista que os liberais-nacionais tinham imposto na Alemanha para defender a ordem estabelecida e como conclusão de uma intensa campanha de "normalização" também no plano cultural. E o ponto de vista que Engels enfaticamente rejeita, enquanto, sem dúvida polemizando com os liberais-nacionais, mas principalmente contra aqueles que, desanimados pelo fracasso da revolução de 1848, estavam, enfim, aceitando a retranscrição "moderada" da história da Alemanha, declara: "O povo alemão também tem a sua tradição revolucionária". Os exemplos aduzidos são em primeiro lugar a guerra dos camponeses, mas também as rebeliões e as guerras de libertação antinapoleônicas, consideradas como o início da Revolução Burguesa na Alemanha, como também, obviamente, a revolução de 1848. Sobretudo é importante lembrar que, nesse mesmo contexto, Engels sublinha o papel da filosofia clássica alemã na preparação do socialismo científico, portanto da nova grande revolução, que se estava delineando no horizonte da história da humanidade.[30] Na tradição revolucionária do povo alemão, assim esboçada, vai inserir-se com toda a razão aquilo que Engels explicitamente define como a "revolução filosófica" (a saber, o desenvolvimento do idealismo de Kant a Hegel). Essa revolução havia precedido e preparado o eclodir da "revolução política" de 1848, assim como na França a difusão do Iluminismo preparara a estrada para as sublevações de 1789.[31]

Se já depois de 1848 a retranscrição em chave ininterruptamente moderada da história cultural alemã – na Alemanha – ganhava terreno também nos ambientes democráticos, em dimensões muito maiores, no nível europeu, o fenômeno se manifesta após a fundação do Segundo Reich. Para se perceber a sombra projetada pelo militarismo prussiano sobre a imagem da filosofia clássica alemã e sobre o próprio Kant, sirva um exemplo perto

---

[30] Cf. a observação preliminar a *Der Deutsche Bauernkrieg*, 1850, em: MARX-ENGELS, *Werke*, cit., vol. VII, p. 329 e a *Vorbemerkung* à edição de 1870 e de 1875 da mesma obra, *ibid.*, pp. 539 e 541.

[31] *Ludwig Feuerbach und der Ausgang der klassischen deutschen Philosophie*, 1886-1888, em: MARX-ENGELS, *Werke*, cit., vol. XXI, p. 265.

de nós. De um lado, sob a influência de Heine, do qual naqueles anos estava traduzindo algumas das mais belas poesias, Carducci retoma a comparação entre Kant e Robespierre: "E o dia chegou; e ignotos, ansiando/ por verdade com oposta fé/ decapitaram Emanuel Kant, Deus/ Maximilian Robespierre, o rei". Do outro lado, impressionado com o arrasador avanço do exército prussiano através da França e com a ocupação até de Paris, a capital do Iluminismo e da Revolução ("Cavalga em torno do teu sepulcro Voltaire/O amado de Deus Guilherme rei"), Carducci exclama: "Mas o ferro, o bronze está dos tiranos na mão/ E Kant aguça com sua Razão/Pura a fria ponta do fuzil prussiano/ Körner arrasta o bávaro canhão".[32] O poeta e combatente das guerras de libertação antinapoleônicas se vê envolvido com um dos maiores protagonistas da grande estação da filosofia clássica alemã na condenação do Segundo Reich e da Prússia dos Hohenzollern. É o caso de se acrescentar apenas que essa tendência se acentuou ainda mais após a Primeira e a Segunda Guerra Mundial, sobretudo após a experiência da barbárie do Terceiro Reich.

Mesmo assim, essa tendência foi contrastada eficazmente por estudos sérios e muitas vezes de grande valor. Mas, deve-se igualmente perguntar se é produtivo, no plano da pesquisa, explicar uma certa tomada de posição de Kant (por exemplo, a negação do direito de resistência), ou então as conotações morais em vez das políticas e concretamente revolucionárias do ativismo e radicalismo de Fichte, com o peso do "tradicional pensamento alemão, que prefere a reforma à revolução, e uma lenta e pacífica maturação a realizações imediatas, por vezes violentas".[33] Sem dúvida, é verdade, já Kant se refere à propensão escassa ou nula dos alemães para cometer "ilegalidades contra a ordem vigente, à sua propensão, pelo contrário, para suportar a autoridade constituída". Mas ao mesmo tempo o filósofo se refere com simpatia, como se verá melhor a seguir, ao "contagioso

---

[32] Cf. nos *Giambi ed Epodi* a composição XXI, *Versaglia* (v., pp. 49-52) e a composição XVII, *Per il LXXVIII Anniversario della Proclamazione della Repubblica Francese* (v., pp. 17-22).

[33] GUEROULT, M. *Fichte et la Révolution Française*, 1939, agora em: M.G. *Études sur Fichte*. Hildescheim, Nova Iorque, 1974, p. 197. Em sentido análogo se reportam à "tradição teórica alemã". DUSO, G. *Rivoluzione e Legittimazione in Hegel*, ou à tese já vista de Guéroult, GIUBILATO, M. *Rivoluzione, Costituzione e Società nel Fichte del '93*, em: AA.VV. *Il Concetto di Rivoluzione*, Bari, 1979, pp. 134, 152.

espírito de liberdade" que caracteriza os franceses. E, além disso, vê os alemães como um povo sem "orgulho nacional", não particularmente apegado à pátria, um povo "cosmopolita" e aberto aos estrangeiros (A. VII, pp. 313-319, *passim*). Portanto – entenda-se –, pronto a se deixar "contagiar" pelo "espírito de liberdade" que se espraia a partir do Além-Reno. Não faz muito sentido querer explicar Kant com aquela tradição teórica alemã, que o próprio filósofo questiona.

Por outro lado, sucessivos acontecimentos trágicos demonstraram que a estranheza a qualquer forma de chauvinismo, por Kant atribuída aos alemães, não era certamente um traço "antropológico", mas historicamente determinado. É uma lição que acreditamos valer contra qualquer caracterização demasiadamente sumária e simplista. Parece-nos totalmente sem sentido querer ver "em estridente contradição com a concepção ocidental" não só o pensamento político de Kant, bem como o de Hegel, mas, ainda outra vez, "a teoria burguesa na Alemanha" em seu conjunto.[34] Seria a filosofia clássica alemã a expressão de uma forma de despotismo oriental? Contudo, considerando bem as coisas, a "concepção ocidental" de que se fala aqui outra não é senão a tradição liberal dos anglo-saxões, com particular referência ao Locke teórico do direito de resistência. Mas aqui se evidencia o absurdo de toda uma impostação: vimos que Haym explica a "enfatuação" da cultura alemã pela Revolução Francesa com a ausência de um Burke, com a não assimilação da lição empirista e "historicista" fornecida pela tradição de pensamento inglês. Uma tradição, portanto, cuja não assimilação ora é invocada para explicar a pesada cobertura conservadora que oprimiria em toda a sua extensão a história do pensamento político na Alemanha, ora invocada para explicar e denunciar os germes subversivos e revolucionários presentes nessa mesma história.

No tocante a certos intérpretes modernos de Kant ou de Hegel, parece-nos, todavia, que Haym tem razão: por que se deveria considerar mais rica em fermentos revolucionários, em comparação com a alemã, a tradição

---

[34] MANDT, H. *Tyrannislehre und Widerstandsrecht. Studien zur Deutschen Politischen Theorie des 19. Jahrhunderts*, Darmstadt, 1974, em: *Materialien zu Kants Rechtsphilosophie*, por Z. Batscha (org.), Frankfurt a. M., 1976, p. 293.

política e cultural inglesa? Hoje, quando se contempla a Alemanha, à guerra dos camponeses, à filosofia clássica alemã e à revolução de 1848, ao menos se poderia acrescentar a revolução de 1918, que derrubou a dinastia dos Hohenzollern. E é um dado de fato que, no tocante ao período histórico que mais diretamente nos interessa no intuito de compreender o pensamento de Kant, a linha demarcatória entre amigos e adversários da Revolução Francesa coincidia com a entre críticos e apologistas do patrimônio político e cultural da Inglaterra. Em outras palavras, no final do século XVIII, os germes revolucionários vão penetrando na cultura alemã só na medida em que se põe em xeque a "concepção ocidental" que, na visão de alguns intérpretes atuais, acaba se configurando como uma espécie de tribunal capaz de fazer sentar no banco dos réus a história cultural alemã, inclusive a grande estação da filosofia clássica. Na realidade, certos estudos, publicados principalmente na Alemanha, que, na tentativa de explicar um passado trágico, estabelecem uma férrea linha de continuidade que vai de Lutero a Hitler, mais que expressão de real aprofundamento historiográfico, são a expressão de uma não *bewältigung der vergangenheit* (superação do passado).

Por outro lado, também haveria algo a dizer acerca do autor como o ponto de partida dessa pretensa tradição. Em geral se pensa em Lutero que, para justificar a impiedosa repressão do levante dos camponeses, invoca e santifica a obediência à autoridade constituída. Não se pensa no iniciador da Reforma que inflige a primeira grande sacudida no mundo feudal e que põe duramente em discussão a autoridade até aquela altura mais consagrada de todas, a do Sumo Pontífice. E é a este último Lutero que se reportam os expoentes mais progressistas não só da cultura alemã (inclusive o jacobio Forster), caso se tenha presente que na época da intervenção contrarrevolucionária na França por obra das potências feudais, os revolucionários franceses apelavam aos alemães para que não participassem da cruzada reacionária e liberticida, em nome, entre outros, justamente da fidelidade aos ideais da Reforma. Um desses apelos saiu publicado na *Berlinische Monatsschrift*, revista na qual colaborava Kant. Compreende-se então por que Fichte, ao defender e celebrar a Revolução

Francesa, podia reportar-se ao mesmo tempo a Lutero e a Kant. E Hegel, por seu turno, instituía uma linha de continuidade entre reforma e filosofia clássica alemã, mas só no sentido de se tratar de dois capítulos fundamentais daquela história da liberdade que atingiria o seu ponto culminante na Revolução Francesa.[35] Importa notar que essa é igualmente a visão de Gramsci, que censura Croce por ter assumido, diante de Lutero e da Reforma, a atitude na época assumida por Erasmo. Uma atitude ainda mais incompreensível pelo fato de que "Croce viu como surgiu da primitiva rudeza intelectual do homem da reforma, no entanto, a filosofia clássica alemã e o amplo movimento cultural do qual nasceu o mundo moderno".[36]

Mas convém estender-se um pouco mais sobre o fato de que são os próprios protagonistas da Revolução Francesa que invocam a tradição revolucionária ou progressista do povo alemão. Veja em que termos, no final de 1791, Robespierre se dirige aos deputados da Assembleia Nacional para convidá-los a não declararem guerra à Alemanha, apesar da provocação do *Manifesto de Pillnitz*:

> [...] *Se fôsseis vós os primeiros a violar o seu território, irritaríeis até os povos da Alemanha, aos quais atribuís já luzes e princípios que não puderam ainda desenvolver-se de maneira suficiente entre vós [...].*[37]

Portanto, no plano da teoria, a Alemanha estava mais avançada que a própria França revolucionária, e a teoria a que se refere o dirigente jacobino tem certamente relação com a atividade de transformação da realidade política.

---

[35] Remetemos a esse propósito a nosso trabalho *La "politica culturale" di Hegel a Berlino. Illuminismo, Rivoluzione e Tradizione Nazionale*, em: AA.VV. *Tra Idealismo e Marxismo*, por P. Salvucci (org.), Urbino, 1981, em particular pp. 248-257n., 251-300 (agora em: LOSURDO, D. *Hegel e la Germania. Filosofia e Questione Nazionale tra Rivoluzione e Reazione*. Guerini – Istituto Italiano per gli Studi Filosofici, Milão, 1997, cap. II, p. 10). No que toca a Fichte, cf. os *Beiträge zur Berichtigung der Urtheile des Publicums über die französische Revolution*, em *Fichtes Werke*, edição de I. H. Fichte (reimpressão anastática, Berlim, 1971), vol. VI, pp. 104-105 (tradução italiana de V.E. Alfieri, em: FICHTE, J.G. *Sulla Rivoluzione Francese*. Bari, 1974, p. 115).

[36] GRAMSCI, A. *Quaderni del Carcere*, cit., p. 1293.

[37] ROBESPIERRE, M. *Textes Choisis*, ed. de J. Poperen, Paris, 1956-1958, vol. I, p. 114 (tradução italiana: *La Rivoluzione Giacobina*, por U. Cerroni [org.]. Roma, 1967, p. 74); grifo nosso.

Se Robespierre alude provavelmente a Kant – qual outro filósofo poderia justificar um juízo tão lisonjeiro sobre a Alemanha? –, a ele explicitamente se reporta o *Moniteur* quando elabora ou assume, como a seguir veremos melhor, o motivo da filosofia alemã daquele tempo como *pendant* da Revolução Francesa.

Mas a filosofia crítica não é o único tema revolucionário que os protagonistas da Revolução Francesa identificam e celebram na história política e cultural da Alemanha. Ao convidar os alemães a desertar ou boicotar a incipiente cruzada contrarrevolucionária lançada em prejuízo da França, Condorcet, depois de ter elencado as contribuições oferecidas pela Alemanha para a derrubada do obscurantismo feudal e para a causa do progresso da humanidade – lembre-se em primeiro lugar da Reforma–, chega ao ponto de afirmar: "Nós lhes devemos a nossa liberdade".[38] Embora levando em conta o fato de que essas declarações em certa medida são, se não instrumentais, todavia interessadas, uma coisa é fora de dúvida: o *clichê* dos alemães como um povo, por uma espécie de maldição ou missão, eterna e metafisicamente condenado ao respeito ou, melhor, ao culto da ordem estabelecida e do poder dominante, esse clichê é estranho aos protagonistas da Revolução Francesa. Esses, aliás, na medida em que se reportam a uma tradição revolucionária precedente, para justificarem sua luta resoluta contra autoridades consagradas por uma tradição milenar e cercadas de uma auréola sacral, além de reportarem em primeiro lugar à guerra de independência das colônias americanas, reportam-se em primeiro lugar à Reforma e à tradição revolucionária do povo alemão.

É verdade que a reforma desaguou na sangrenta repressão da revolta dos camponeses e anabatistas, e esse desfecho é muitas vezes invocado para

---

[38] *Aux Germains*, em *Oeuvres*, Paris 1847-1849 (reimpressão Stuttgart-Cannstatt, 1968), vol. XII, pp. 162-163. Não só à reforma, mas Condorcet se refere, entre outras coisas, à invenção da pólvora de disparo e da imprensa: são os temas que depois se encontram nas *Lezioni sulla Filosofia della Storia* e são usados por Hegel para construir uma tradição nacional alemã de sinal progressista. (LOSURDO, D. *Hegel e la Germania*, cit., cap. II-V, *passim*). No tocante à utilização nessa chave do tema da reforma, remetemos ao nosso trabalho *La "Politica Culturale" di Hegel...*, cit., *passim*. No tocante à invenção da pólvora de disparo e da imprensa, remetemos ao nosso *Hegel, Questione Nazionale, Restaurazione. Presupposti e Sviluppi di una Battaglia Politica.* Urbino, 1983, pp. 293-301, 307-312 (LOSURDO, D. *Hegel e la Germania*, cit., cap. IX, pp. 1 e 4).

negar à reforma qualquer caráter subversivo da ordem vigente e para de novo encerrar sob o manto do imobilismo e do respeito supersticioso da ordem estabelecida toda a história política e cultural da Alemanha. Mas talvez seja interessante, a esse propósito, devolver a palavra a Condorcet, que já vimos dirigindo um apaixonado apelo aos alemães para fazerem causa comum, em nome também do seu passado revolucionário, com a nova França:

> *Em nome da liberdade marchastes com João de Leyde sob as bandeiras do fanatismo e agora recusaríeis marchar conosco sob o estandarte da razão?*[39]

Portanto, também o líder girondino parece recuar, horrorizado, diante da revolução anabatista, que na sua época, se desenvolveu em Münster e em outras cidades da Alemanha; revolução, essa última, liderada por um alfaiate holandês e que, todavia – é sempre Condorcet que o enfatiza –, gozara de amplo apoio por parte dos alemães, evidentemente tão apaixonados pela causa da liberdade e tão pouco respeitadores da autoridade, que não hesitam em apoiar, não só um rebelde, mas um rebelde "fanático", inimigo, dado o seu insensato igualitarismo, de toda ordem estabelecida.

Mas é importante sublinhar também outro fato. Ainda às vésperas da Revolução de Julho, a notável distância de tempo, então, do choque que vira a Inglaterra à frente das coalizões em luta contra a França revolucionária, primeiro, e contra a napoleônica. Depois, na Alemanha, a Inglaterra que é considerada o país símbolo do culto supersticioso da ordem estabelecida e da obediência passiva. "Nenhuma reviravolta social teve lugar na Grã-Bretanha". Essa não pode se gabar em sua história nem de uma "Reforma Religiosa" (*Religiöse Reformation*) levada até o fundo, como é o caso evidentemente da Alemanha, nem, muito menos, de uma "Reforma política" (*politische Reformation*), ou seja, uma revolução no sentido verdadeiro e próprio, como é evidentemente o caso da França. Assim declara

---

[39] *Oeuvres*, cit. vol. XII, p. 163.

INTRODUÇÃO Kant político e sua história 27

em 1827 Heine[40] que, portanto, ao imobilismo da Inglaterra contrapõe a tradição revolucionária, não só da França, mas também da Alemanha, da qual, aliás, se espera um novo poderoso impulso à transformação revolucionária da realidade política europeia, mediante a "realização" daquela filosofia intrinsecamente revolucionária que, de Kant a Hegel, é a clássica alemã.

A essa altura, o discurso poderia nos levar muito longe. Basta nos fixar um resultado. O clichê que examinamos, quanto à história política e cultural da Alemanha, pesa gravemente sobre a leitura que muitos intérpretes contemporâneos fazem da filosofia clássica alemã. Enquanto Hegel, em 1831, move o seu processo de acusação contra a Inglaterra, eis que esse libelo é de imediato lido como uma acusação contra o país símbolo do movimento e do progresso e como uma celebração da Prússia (e da Alemanha) como o fiador da ordem, ou até do imobilismo e do *status quo*. Na realidade, as coisas estão em termos exatamente opostos, caso se entendam do ponto de vista de Hegel e de uma respeitável parcela da opinião pública da época. Mas o clichê em questão pesa também sobre a leitura de Kant. A negação do direito de resistência é interpretada como ato de rendição ou mesmo de resignação diante da autoridade constituída como tal, não tanto com base em uma leitura dos textos, e muito menos com base na reconstrução do concreto significado político do debate sobre o direito de resistência naquele particular contexto histórico. Não, essa interpretação se baseia, na maioria das vezes, em um clichê tanto mais insustentável por sua origem, como vimos, não tão remota. É um tema ao qual ainda voltaremos no decorrer desta *Introdução*.

5. Outras vezes, a admiração de Kant pela Revolução Francesa é explicitamente reconhecida em todo o seu alcance, mas igualmente, através de

---

[40] *Englische Fragmente*, em: *Sämtliche Schriften*, edição de K. Briegleb, Munique, 1968 e s., vol. II, p. 597. Sobre a imagem da Inglaterra na Alemanha entre a Revolução Francesa e os anos posteriores ao fracasso da Revolução Francesa e os subsequentes ao fracasso da revolução de 1848, remetemos ao nosso estudo *Hegel, Questione Nazionale, Restaurazione...*, cit., pp. 112-123 (LOSURDO, D. *Hegel e la Germania*, cit., cap. V, pp. 3-4) e ao nosso *Tra Hegel e Bismarck. La Rivoluzione del '48 e La Crisi della Cultura Tedesca*. Roma, 1983, pp.71-93.

uma operação sutilmente mistificadora, essa admiração fica despojada de qualquer autêntico significado político:

> *A origem histórica da visão kantiana da história é a filosofia e a teologia cristã. Na concepção cristã da história o lugar central cabe ao pensamento da redenção.*

Pois bem, no filósofo da razão que se entusiasmava pelos acontecimentos de Além-Reno, "a razão toma o lugar de Cristo e da Bíblia", e o advento da salvação se identifica com a Revolução Francesa. Mas não é apenas a filosofia kantiana que se vê reduzida a uma escatologia laicizada, ou superficialmente laicizada. A mesma operação é realizada algumas vezes por Hegel e pela sua escola.[41] É afirmado e evidenciado o íntimo nexo que ocorre entre a Revolução Francesa e a filosofia clássica alemã no seu conjunto, só para poder melhor reduzir essa última a um simples capítulo da história da teologia. E de novo de Kant, ou de Hegel, se retrocede para ir até Lutero, ou mesmo, até Jesus Cristo. Em todo caso, a continuidade da tradição cultural alemã é salvaguardada e enfatizada. Nessa tradição, volta a reinar a ordem...

Deve-se, no entanto, observar, preliminarmente, que não se trata de uma interpretação absolutamente nova, pois Gentz, traduzindo livremente Burke, já acusava os adeptos da Revolução Francesa de verem em 1789 "o ano da redenção" (*Erlösungsjahr*).[42] Uma acusação que não ficaria sem resposta de Kant. Segundo o filósofo, quem se abandona a uma escatologia nebulosa e obscurantista são precisamente os teóricos da reação,

---

[41] BURG, P. *Kant und die Französische Revolution.* Berlim, 1974, p. 98. No tocante a Hegel, segundo GEBHARDT, J. *Politik und Eschatologie. Studien zur Geschichte der Hegelschen Schule in den Jahren 1830-1840.* Munique, 1963. Naturalmente, esse tipo de interpretação vai tender, mais tarde, a liquidar como uma forma de messianismo o marxismo em seu conjunto. Cf., por exemplo, sobre o jovem Marx, POPITZ, H. *Der Entfremdete Mensch. Zeitkritik und Geschichtsphilosophie des jungen Marx.* Basel, 1953. O iniciador dessa linha hermenêutica é naturalmente K. LÖWITH, do qual se pode particularmente conferir *Weltgeschichte und Heilsgeschehen. Die Theologische Voraussetzungen der Geschichtsphilosophie.* Stuttgart, 1953.

[42] No original de Burke (*Reflections on the Revolution in France*) se fala, na realidade, de "ano da emancipação" (*the emancipating year*), mas o sentido da expressão é semelhante: cf. *The Works of the Right Honorable Edmund Burke. A New Edition.* Londres, 1826, vol. V, p. 83. A reimpressão da tradução alemã de Gentz esteve aos cuidados de L. Iser, com introdução de HEINRICH, D.. Frankfurt a. M. 1967 (a expressão citada se acha à p. 73).

as carpideiras da morte da religião e da decadência dos tempos que, por causa das radicais reviravoltas no plano político e cultural, que se haviam verificado ou se estavam verificando, proclamavam "a vinda iminente do Anticristo" (C, VII, p. 80). E essa escatologia reacionária, com efeito, a tal ponto se havia difundido a partir da Revolução Francesa que, ainda muitos anos depois, F. Schlegel esperava para breve "a severa separação do bem e do mal" e a consequente derrota definitiva do Anticristo.[43]

Mas é acima de tudo importante o fato de Kant denunciar explicitamente os pressupostos teológicos de uma cosmovisão que nega o progresso histórico e o reduz a insignificantes oscilações:

> *Presume-se, assim, como o fazem os indianos, que a terra seja um lugar de expiação por antigos pecados cuja memória está hoje perdida* (DC, VIII, p. 308).

Provavelmente só por motivos de cautela é que se fala dos indianos, e não do mito judeu-cristão do pecado original. Não se deve esquecer que a polêmica se dirige contra Moses Mendelssohn. Não é a crença no progresso, e nos saltos qualitativos que a história em certos momentos realiza – a *Erlösung* sobre a qual, como vimos, já Gentz ironiza –, mas é a negação de um autêntico progresso que se mostra repleto de pressupostos teológicos.

Essa resposta de Kant é totalmente ignorada pelos intérpretes atuais a que aludimos. Aqui também o discurso poderia levar muito mais longe. Mas continua de pé o fato de que reduzir o entusiasmo pela Revolução Francesa a um capítulo da história da teologia, e do messianismo, não estimula com certeza pesquisas concretas sobre as astúcias e os compromissos aos quais Kant e os intelectuais mais progressistas da época se viam forçados a recorrer para continuarem professando o seu entusiasmo pela Revolução Francesa, em um momento no qual se fazia mais dura a reação e mais meticulosa se tornava a censura.

---

[43] *Vorlesungen über die Universalgeschichte 1805-1806*, edição de J.J. Anstett (vol. II, 14 da edição crítica). Munique-Paderborn-Viena, 1960, p. 252.

6. Deve-se, enfim, acrescentar que essas pesquisas concretas sobre o tema em pauta são menos ainda solicitadas por uma reivindicação da herança da filosofia clássica alemã e da kantiana, no caso específico, que se apresente como uma operação, ingênua ou abertamente, ideológica ou propagandista. Assim, comentando a esperança expressa por Kant que,

> *após a transformação produzida por algumas revoluções (nach manchem Revolutionen der Umbildung) aflore finalmente aquele que é o fim supremo da natureza, isto é, um ordenamento geral cosmopolítico, que seja a matriz na qual se venham a desenvolver todas as originárias disposições da espécie humana* (I, VIII, pp. 28-29).

Escreve Manfred Buhr que essa esperança "está a ponto de tornar-se realidade histórica sob a forma do socialismo e do comunismo".[44] O tema importante da mudança e mesmo das sucessivas revoluções é aqui abordado só para afirmar a inatualidade do "socialismo real". E a essa mesma inatualidade parece condenada a luta do filósofo para defender com obstinação, mas também com astúcia, a liberdade de pensamento e de expressão. O conhecimento real do pensamento de Kant, da sua dramática luta contra a censura para poder continuar sustentando posições tão radicais como essa que se viu há pouco, não progrediu nada. O conhecimento real de tudo isso não é necessário ou, melhor, poderia se mostrar totalmente contraproducente no que se refere ao objetivo de utilizar a filosofia kantiana como instrumento de legitimação desse ou daquele poder.

É chegado o momento de concluir esta Introdução. Apesar de terem sido escritas bibliotecas inteiras sobre o tema, apesar da luz difundida por obras de grande empenho e muito fôlego, o pensamento político de Kant merece ainda uma pequena pesquisa. É inevitável que sobre a leitura

---

[44] BUHR, M. *Immanuel Kant. Einführung in Leben und Werk.* Leipzig 1981, p. 140; cf. também BUHR, M.; IRRLITZ, G. *Der Anspruch der Vernunft. Die klassische Bürgerliche Deutsche Philosophie als Theoretische Quelle des Marxismus.* Berlim, 1968. Para uma interessante visão de conjunto sobre o estado das pesquisas e as várias correntes interpretativas na República Democrática Alemã, sobre o período objeto também do nosso trabalho, cf. DAHNKE, H.D. *Zur Situation der Klassik- Forschung in der DDR,* em: *Deutsche Klassik und Revolution,* edição de P. Chiarini e W. Dietze. Roma, 1981, pp. 15-50.

de um grande filósofo pesem múltiplos condicionamentos políticos, ainda mais quando se está lidando com textos que, como poderemos ver, por força das circunstâncias e não por opção subjetiva, tinham de ser "obscuros".

Queremos iniciar com a análise do direito de resistência. A negação do direito de resistência leva Mehring a flagrar Kant em contradição com sua celebração da Revolução Francesa.[45] Na realidade, o crítico não se achava em condições ideais para compreender essa tomada de posição do filósofo. Às vésperas, como parecia, de uma nova e mais grandiosa revolução e, no entanto, depois da legislação e das perseguições antissocialistas, após um período em que a socialdemocracia, ao preço de enormes sacrifícios, fora obrigada, dia após dia, a "resistir" de todo o jeito à autoridade constituída, decidida a eliminar a socialdemocracia e o movimento operário, em tais condições a negação do direito de resistência não se configurava ou corria o risco de se configurar como a consagração do poder e do arbítrio dos Hohenzollern? Mas tampouco os intérpretes recentes, sobretudo na Alemanha, se acharam em condições melhores. Depois da queda do Terceiro Reich e do fim da Segunda Guerra Mundial, depois que a obediência à autoridade constituída havia selado o destino, e o fim, de milhões de seres humanos, a negação do direito de resistência não correria o risco de se configurar como a autorização ou, pelo menos, como a resignação, para qualquer crime cometido pelo poder? Se na época de Mehring a negação do direito de resistência evocava o espectro do Chanceler de Ferro, após a Segunda Guerra Mundial evocava um espectro bem mais aterrorizador; se antes, sobre a negação do direito de resistência se projetava a sombra da legislação antissocialista, mais tarde sobre ela se projetaria justamente a sombra dos campos de extermínio.

Hoje, no entanto, sabemos, como um resultado da pesquisa histórica, que a formação dos modernos Estados foi acompanhada pela negação do direito de resistência, quase sempre motivada com argumentos colhidos na ideologia feudal e teocrática.[46] Vamos folhear por um instante a *Berlinische*

---

[45] *Immanuel Kant*, cit., p. 53.

[46] É fundamental a esse respeito: KERN, F. *Gottesgnadentum und Widerstandsrecht im Frühen Mittelalter. Zur Entwicklungsgeschichte der Monarchie*. Darmstadt, 1980 (2ª ed., 1954, de R. Buchner).

Monatsschrift: polemizando contra o extremismo católico, ou clerical, segundo o qual a execução de Luís XVI e, de modo geral, a subversão de toda a ordem estabelecida teria origem nos princípios da reforma, a revista em que colaborava Kant, lembrava que tinham sido precisamente os jesuítas que haviam teorizado, não só a insubordinação, mas até o "regicídio", e não para eliminar tiranos sanguinários, e sim monarcas iluminados, respeitadores dos princípios de tolerância e de liberdade de consciência, culpados, então, por recusarem a total subordinação do poder político às pretensões da hierarquia eclesiástica e à autoridade "espiritual" do Sumo Pontífice (bm, 1794, XXIII, pp. 564-595; 1795, XXVI, pp. 243-272). Já desse último debate emerge, portanto, a ambiguidade de sinal que, no plano histórico e político, caracteriza a teorização do direito de resistência.

Esse, então, é o ponto do qual se deve partir para compreender a tomada de posição de Kant, bem como da complexa situação que se havia criado na Alemanha e na Europa depois da Revolução Francesa, após a intervenção armada das potências feudais e da difusão na própria França da contrarrevolução vandeana. Deve-se fazer um esforço para aprofundar a leitura de Kant, partindo dos problemas que a época apresentava ao filósofo.

I
"Duplicidade" da negação kantiana do direito de resistência

1. Direito de resistência e revolta vandeana

Para captar a ambiguidade – feita igualmente de silêncios calculados e de autocensura – que atravessa em profundidade o pensamento kantiano, vamos inicialmente levantar uma pergunta que, à primeira vista, pode parecer paradoxal: tem um sentido univocamente conservador essa negação do direito de resistência? Caso se tenha presente a concreta situação histórico-política em que essa negação vai se situar, resulta claro que ela, enquanto tranquilizava as cortes alemãs, permitia ao mesmo tempo afirmar o caráter irreversível da Revolução Francesa e, por conseguinte, condenar as tentativas de restauração. A revolução vandeana em ato contra o poder revolucionário na França não tinha maior título de legitimidade do que uma improvável sublevação revolucionária contra o poder monárquico e feudal na Alemanha, e a autoridade dos Hohenzollern na Prússia não era mais sagrada do que a de Robespierre e dos outros jacobinos que a propaganda reacionária se apressava a pintar nas cores mais foscas. Mesmo professando lealdade e obediência, Kant acabava por exprimir uma carga objetivamente provocadora em face da ideologia dominante. Não sem motivo, os ambientes conservadores e reacionários, como veremos melhor em seguida, permanecem desconfiados e hostis diante de uma teoria, a negação do direito de resistência que, aparentemente, lhes deveria ter proporcionado tranquilidade e satisfação.

É um dado de fato que, partindo da negação do direito de resistência, Kant sublinha vigorosamente, e mais de uma vez, a necessidade de se reconhecer o novo poder revolucionário:

> *Ainda que, no ímpeto de uma* revolução *provocada pela má constituição, viesse a realizar-se uma justa constituição com meios ilegais, nem mesmo nesse caso se deveria considerar lícito submeter o povo novamente à antiga, mesmo que, sob seu império, fosse legalmente punido com a pena prevista para os revoltosos todo aquele que tomasse parte na revolução mediante a violência e a astúcia* (PP, VIII, pp. 372-373).

E ainda:

> *Quando uma revolução tiver sido bem-sucedida, e se houver fundado uma nova constituição, a ilegalidade da sua origem e do seu modo de se se estabelecer não pode desligar os súditos da obrigação de adaptar-se, como bons cidadãos, à nova ordem de coisas, e esses não podem recusar-se a obedecer lealmente à autoridade que detém atualmente o poder* (MC, VI, pp. 322-323).

Para confirmar como essa problemática é solicitada pela necessidade de combater a contrarrevolução na França, talvez sirva um apontamento no qual Kant, tendo frisado a negação do direito de resistência, aponta: "Exemplos da ilegalidade que cometem contra a república aqueles que se permitem uma separação do poder central" (*Abfall gegen die Landesherrschaft* – XXIII, p. 128). É evidente a referência ao levante e à separação de inteiras províncias (se pense na Vendeia), que estava ocorrendo àquela altura na França. Trata-se de um apontamento ainda mais significativo por se achar nos *Vorarbeiten* ao ensaio *Sobre o dito comum*, isto é, ao ensaio em que a negação do direito de resistência assume um destaque central. Anteriormente, Burke havia escrito que as novas autoridades revolucionárias:

> *Não deixaram nenhum princípio que possa assegurar a obediência da sua municipalidade ou prevenir a separação do resto do país ou a união com algum outro Estado.*[47]

---

[47] BURKE, E. *Reflections on the Revolution in France* (tradução italiana, em: BURKE, E. *Scritti Politici*, por A. Martelloni [org.], Turim, 1963, p. 417).

I "Duplicidade" da negação kantiana do direito de resistência | 35

É também um dado de fato que, naquele momento, mais que a revolução na Alemanha, estava na ordem do dia a contrarrevolução na França, e a negação do direito de resistência era mais útil ao novo poder revolucionário do que ao velho poder feudal. Da sanguinolenta insurreição da Vendeia à resistência nos territórios germânico-renanos contra a república de Mogúncia, à revolta dos bandos do cardeal Ruffo contra a república napolitana, esse período acaba sempre evidenciando esse problema: como se poderá assegurar a lealdade da população às novas instituições enquanto, mesmo com a "revolução" se espalhando, isso acontecia depois de uma "exportação" promovida pelo avanço das tropas francesas e as novas autoridades, desprovidas de um consistente apoio das massas, se achavam sempre diante do problema de obter, se não a adesão, pelo menos a não resistência das populações, isso no que se refere ao quadro histórico-objetivo. Mas o próprio Kant oferece significativos exemplos de utilização reacionária do direito de resistência.

Na França, a Constituição de 1791 tinha declarado que não podia mais reconhecer os "votos religiosos" nem qualquer outro tipo de vínculo que fosse contrário aos direitos naturais, ou à Constituição, sancionando a supressão das ordens religiosas, já precedentemente efetuada. Caberia ao poder político o direito de intervir em matéria tão delicada que parecia ser de exclusiva competência da Igreja? Diante da dissolução das congregações fundamentadas nos votos religiosos, em 13 de fevereiro de 1790, o bispo de Clermont havia declarado:

> *Não considero legítimo o exercício de uma autoridade que rompe somente barreiras que não colocou, e que concede a liberdade, sem o concurso da Igreja, a homens que livremente assumiram compromissos.*[48]

Mas esse apelo aos limites da autoridade se tornara um tema largamente presente na propaganda clerical e reacionária. O problema era de enorme interesse. Não se deve esquecer que justamente a política religiosa da revolução e a obstinada resistência a ela oposta pelo Papado e pelo clero reacionário tinha

---

[48] Mencionado em FURET, F. e RICHET, D. *La Rivoluzione Francese*, tr. it. de S. Brilli Cattarini e C. Patanè, Roma-Bari, 1980, p. 155.

sido um dos elementos determinantes da explosão da guerra civil. Desse problema se ocupa de modo bastante explícito uma reflexão de Kant:

> *Os votos monásticos também parecem írritos e nulos, porque o homem não renuncia à liberdade de alcançar a felicidade conforme se modifica o seu ponto de vista* (XIX, p. 547).

É claro que está recuperando ou ecoando os argumentos com os quais a Assembleia Nacional suprimia as ordens religiosas, liquidando uma situação considerada lesiva à dignidade e à liberdade do homem, pelo fato de entregar indivíduos humanos, ligados de mãos e pés, e para sempre, à despótica autoridade das hierarquias eclesiásticas.

O tema aparece de novo nos escritos destinados ao público. Mas, como era de se esperar, em uma linguagem mais cautelosa e alusiva. Pode-se considerar "uma lei que impõe a duração perpétua de uma certa constituição eclesiástica, estabelecida no passado", como se efetivamente emanasse da vontade coletiva? Poderia o povo renunciar à própria possibilidade do progresso, ligando-se antecipadamente, e para toda a eternidade, a "certos dogmas de fé e a certas formas exteriores de religião?". Mesmo que houvesse sido estipulado, um contrato desse gênero seria em si "írrito e nulo". Vem de novo à tona aquele *null und nichtig* já pronunciado nas *Reflexões* acerca dos votos religiosos. É precisamente desse problema, do julgamento sobre a política religiosa da revolução, que se trata aqui. E Kant continua assim: "sendo assim, uma lei sucessivamente emanada não pode ser considerada como a vontade pessoal do monarca à qual se poderiam, portanto, contrapor opiniões contrárias". Decidindo deixar de reconhecer os votos perpétuos, e suprimir as ordens religiosas, a Assembleia Nacional não se abandonara ao próprio capricho, mas outra coisa não tinha feito a não ser exprimir a autêntica vontade coletiva. Seja como for – logo atalha Kant – diante da nova situação legislativa que se criara:

> *Podem se exprimir a esse propósito opiniões gerais e públicas, mas não se pode fazer resistência, nas palavras ou nos fatos* (DC, VIII, pp. 304-305).

I "Duplicidade" da negação kantiana do direito de resistência

A linguagem se faz aqui particularmente dura, e parece quase por de novo em discussão a liberdade de palavra. A polêmica se dirige contra a revolta vendeana: decerto, continua de pé "o uso público da razão", embora, nesse caso, a serviço de uma causa obscurantista e reacionária. Mas, de resto, deve-se condenar a resistência e também o simples apelo à resistência feito pelo clero reacionário.

Eis aqui, portanto, um exemplo bem claro de utilização reacionária do direito de resistência. A adesão de Kant à política religiosa da revolução é também resultante das intervenções subsequentes. A Igreja Católica possui "terras e súditos ligados a essas terras", um enorme patrimônio que se torna sempre mais considerável, graças às doações dos fiéis, que desse modo, acreditam ganhar o reino dos céus. É uma espécie de "Estado particular" que, além disso, se amplia sempre mais. Será que o poder político tem o direito de intervir nessa situação? Segundo "os incrédulos da república francesa, a onipotência do Estado temporal" tem esse direito. E, nesse ponto, Kant está perfeitamente de acordo com os "incrédulos" (é uma definição que deve servir para marcar as distâncias dos revolucionários, para maior tranquilidade das autoridades pátrias?). O Estado pode, sem dúvida, "desembaraçar-se daquele peso que lhe foi imposto pela Igreja". Pelo contrário, se não o fizesse, ficaria reduzido a um "vassalo" da própria Igreja. Falando com mais clareza, o Estado "se apodera com todo o direito da propriedade que a Igreja se atribuía, ou seja, das terras que lhe tinham sido dadas em testamento". Existe apenas uma condição: "aqueles que desfrutam dos feudos da instituição tolerada até então, têm o direito de serem indenizados para o resto da vida". Não havia sido também essa a linha seguida pela Assembleia Nacional?

De resto, Kant se lança a uma consideração mais geral das relações entre Igreja e Estado: é claro que, no tocante aos assuntos terrenos, a primeira – diz Kant, não sem uma ponta de ironia – deve "submeter-se às tribulações do século, sob a potência suprema dos homens desse mundo". Em conclusão, só resta espaço para a "Constituição Civil" (MC, VI, pp. 368-369); mas essa *Bürgerliche Verfassung* outra não é senão a *Constitution Civile du Clergé* promulgada pela Assembleia Nacional Francesa, no intuito de regular as relações entre Estado e Igreja e subtrair essa última ao controle do Papado e da aristocracia feudal e dobrá-la ao respeito das novas instituições e do novo poder revolucionário.

Desse modo, Kant toma posição acerca de um debate que se desenvolvera em nível europeu e provocara amplo eco também na Alemanha. Não foi só Pio VI que atacou a Constituição Civil do clero enquanto subvertia "os mais sagrados dogmas e a mais solene disciplina".[49] Também fora do mundo católico, Burke havia denunciado "a fanática confiança" dos revolucionários franceses na "onipotência do saque" dos bens da Igreja, a sua entrega ao sistemático "sacrilégio".[50] Fato é que, na Alemanha protestante, não faltaram tomadas de posição favoráveis à Constituição Civil do clero. Assim, havia escrito Herder, em um trecho das *Cartas para o progresso da humanidade* que, não por acaso, havia considerado prudente não publicar:

> *Nós, protestantes, não queremos empreender nenhuma cruzada pelos altares arruinados, os conventos secularizados. Pois os padres refratários, o papa e o alto clero francês ririam de nós, se quiséssemos vingar-nos daquilo que nós mesmos fizemos e continuamos mantendo de pé. Queremos, isto sim, examinar essa reforma e confrontá-la com aquela que ocorreu há 200 anos, para tomar nota, nesse caso também, do melhor.*[51]

Naturalmente, a política religiosa da revolução gozava do apoio incondicional dos "jacobinos" e dos revolucionários alemães que convidavam seus concidadãos a não tomarem parte na cruzada antirrevolucionária – só para defenderem "obesos prelados que pretendem ser os representantes da divindade e, portanto, os senhores do Estado e dos governantes", mas que, "negando-se ao juramento civil, declararam publicamente, com orgulho

---

[49] Mencionado em FURET, F. e RICHET, D., *op. cit.*, p. 156.
[50] *Reflections...*, cit. pp. 414-415 (tradução italiana, cit., pp. 427-428).
[51] HERDER, J.G. *Sämtliche Werke*, edição de B. Suphan, Berlim, 1877-1913 (reimpressão anastática Hildesheim 1967-1968), vol. XVIII, *Anhang, zurückbehaltene und "abgeschnittene Briefe"* 1792-1797, p. 319.

despudorado, não serem cidadãos e súditos do Estado que os paga e os protege"; a não derramarem o próprio sangue para defender "ociosos monges e monjas" que "impingem o ócio e a mendicância como culto divino e paralisam as mãos da indústria". Mas, não por acaso, esse apelo aos alemães para não confundirem a sua causa com a da "pança dos prelados franceses", era publicado em Kehl, na Alsácia, e só ilegalmente introduzido no interior da Alemanha, e seu autor abandonara Berlim para se transferir para Estrasburgo e Mogúncia.[52] Uma tomada de posição explícita não era certamente praticável, sobretudo na Berlim sufocada pelo Edito de Wöllner e enquanto a Prússia se achava empenhada na guerra contra a França, ao lado, portanto, dos emigrados e do clero refratário. Com efeito, também com base naquilo que se disse anteriormente, é possível observar a maior cautela que caracteriza o ensaio de 1793, *Sobre o dito comum*, em comparação com a *Metafísica dos costumes*.

Em todo o caso, os ecos da revolta vendeana, desencadeada em nome da religião, são numerosos na obra de Kant: o princípio que afirma a superioridade do divino sobre o mundano, das leis divinas sobre as humanas, leva a ver na Igreja a fonte das "ordens positivas de Deus". Então, "um semelhante princípio poderia vir a ser o – tantas vezes ouvido – grito de guerra de padres hipócritas e ambiciosos, para incitar as massas à revolta contra a autoridade civil". Contra esse perigo, faz-se necessário frisar que o dever certo é o que brota do respeito pelo ordenamento jurídico do Estado, e não aquele que seria derivado de pretensos mandamentos divinos (R, VI, p. 154n). Para prevenir esse perigo, o Estado, mesmo sem entrar positivamente no mérito das doutrinas da Igreja, tem o "direito negativo" de remover aqueles sacerdotes que atentam contra a "tranquilidade pública" e a "concórdia civil" (MC, VI, p. 327).

---

[52] CLAUER, K. *Der Kreuzzug gegen die Franken*, Germania, 1791, em: *Von deutscher Republik 1775-1795. Texte radikaler Demokraten*, edição de J. Hermand, Frankfurt a. M., 1975, pp. 125-127. Sobre Clauer que, mais tarde, teria desaparecido em Dijon em 1794, durante o Terror, em: DROZ, J. *L'Allemagne et la Révolution Française*. Paris, 1949, pp. 82-83 e 86. Sempre acerca de Clauer e de modo mais geral sobre a difusão da propaganda revolucionária na Alemanha a partir de Estrasburgo e de Mogúncia, em: GODECHOT, J. *La Grande Nazione. L'espansione Rivoluzionaria della Francia nel Mondo, 1789-1799*, trad. it. de F. Gaeta, com prefácio de P. Serini. Bari, 1962, pp. 167-168.

O tema da negação do direito de resistência reaparece, mesmo que não se enuncie a expressão técnica, na defesa do direito do poder político de suprimir a nobreza hereditária e os morgados. Não se pode sustentar, nesse caso, que o soberano "tira dos seus súditos (nobres) aquilo que lhes pertence por direito de herança". É um ponto sobre o qual Kant vai insistir, pois se trata justamente de desmascarar o uso que, diante das reformas impostas de cima, a aristocracia feudal fazia do direito de resistência. Por outro lado, diante dessas reformas, "aquele que perde nessa mudança o seu título e o seu grau, não pode dizer que lhe foi tirado o seu" (MC, VI, pp. 369-370). E, igualmente, não é crime a expropriação, com indenização, da propriedade eclesiástica ou de outras corporações, a imposição de tributos sobre a propriedade de terras ou o alistamento obrigatório visando à formação do exército. Contra essas imposições – é esse o sentido da declaração da *Metafísica dos costumes* – ainda mais se decretadas com o consenso de uma representação popular, não se pode certamente opor um pretenso direito de resistência, que seria apenas expressão da defesa dos interesses de um indivíduo isolado ou de uma corporação singular. Tendo sido decididas pelo "corpo dos deputados", são lícitas igualmente medidas extraordinárias, e o empréstimo, mesmo "forçado (que se afasta da lei observada ordinariamente), faz parte do direito da majestade soberana, no caso em que o Estado estivesse em perigo de se dissolver" (MC, VI, pp. 324-325).

Esse último exemplo contém uma clara referência à situação que ocorrera na França no curso da revolução. Um dos alvos preferidos da propaganda contrarrevolucionária era constituído pelas medidas fiscais da Assembleia Nacional, desde o começo às voltas com graves dificuldades financeiras. E Burke condena em termos inflamados o recurso, depois de fracassarem os empréstimos, a uma contribuição extraordinária de um quarto das entradas, contribuição primeiro voluntária e depois, de fato, declarada obrigatória: depois de terem apelado à "beneficência espontânea", os revolucionários franceses buscavam, "com escasso sucesso, receber a beneficência à força".[53] Mas também os outros terrenos que Kant reivindica para a intervenção do poder político parecem conter alusões e referências a medidas do poder

---

[53] *Reflections...*, cit., pp. 408-409 (tr. it., cit., pp. 422-423).

I "Duplicidade" da negação kantiana do direito de resistência

revolucionário na França: que se pense não só no confisco da propriedade eclesiástica do qual já se falou, mas na mobilização geral e na formação de um exército, fundado não mais na contratação de mercenários, mas nas obrigatórias "prestações de serviço" (*dienstleistungen*), também violentamente denunciadas pela propaganda reacionária, mas que a *Metafísica dos costumes* julga perfeitamente legítimas.

De modo mais geral é necessário observar que o caráter odioso do fisco e o recrutamento obrigatório eram dois temas particularmente preferidos pela propaganda contrarrevolucionária. A extensão do aparelho administrativo e estatal e as necessidades da guerra, levada a efeito como guerra da nação em armas, tinham levado a tributação e o recrutamento militar a um nível desconhecido, inclusive para a sonolenta vida de província das pequenas cortes alemãs. E aqui é que se inseria a propaganda contrarrevolucionária para pintar em cores sombrias a "rapacidade" dos jacobinos e para desencadear a aversão. Alguns anos depois, pronunciando sua requisitória contra a Revolução Francesa, Gentz aponta o "recrutamento militar obrigatório como uma das mais cruéis medidas" do governo revolucionário junto com o sistemático recurso aos "empréstimos forçados, taxas revolucionárias" etc.[54]

Eram argumentos que por vezes acabavam provocando dificuldades no campo revolucionário. Pode-se perceber um eco dessa situação no apelo que um jacobino, Cotta, defendendo a anexação da Renânia à França, faz à população de Mogúncia, para que jure fidelidade às novas autoridades, embora tentando desarmar ou abrandar as acusações da reação. Cotta frisa que o temor de uma taxação mais pesada, por menos fundado que seja, não "dispensa, todavia, do dever de submissão", enquanto, no que toca ao segundo ponto, é claro que "a república francesa tem em todo o caso o direito de assumir ao serviço dos seus exércitos pessoas que não tomam o seu partido" (mesmo cuidando-se para não entregar armas aos que recusam o juramento de fidelidade.[55]

---

[54] *Ueber den Ursprung und Charakter des Krieges Gegen die Französische Revolution, 1801*, em: GENTZ, F. v. *Ausgewählte Schriften*, edição de W. Weick, Stuttgart und Leipzig, 1836-1838, vol. II, pp. 322-323.

[55] *An Die, Welche Noch Nicht Geschworen Haben,* 1793, (trad. it., em: MERKER, N. *Alle Origini dell'Ideologia Tedesca*. Roma-Bari, 1977, pp. 274-275).

O tema aparece de novo em Forster que, escrevendo em pleno terror, transformava polemicamente os artigos de acusação da propaganda reacionária em outros tantos motivos para celebrar a virtude republicana: sem dúvida, fora imposto um "empréstimo forçado" que, aliás, era mais pesado para os ricos. Assim, obrigava-se o "o rico arrendatário e o camponês que empanturra os seus celeiros, a entregar o supérfluo aos armazéns da cidade", obrigavam-se "as jovens classes de recrutas do país inteiro a abandonarem o aconchego do lar e a protegerem as fronteiras", mas tudo isso vinha a ser um gigantesco processo pedagógico, pelo qual se ensinava "uma espécie de indiferença ao dinheiro, aos bens e às propriedades de todo o gênero".[56] Ouve-se um eco desse debate também no jovem Hegel que observa como, no cantão de Berna, as críticas à oligarquia feudal eram repelidas com o argumento de que "os súditos não pagavam quase nenhum imposto e que, por isso, era necessário darem-se por felizes e dignos de inveja. Esse argumento só demonstrava o quanto se difundira a opinião que importa muito mais conservar no bolso um punhado de táleres por ano que ser privados de todo direito político".[57]

Agora se vê mais claramente o sentido da intervenção de Kant em favor do direito do poder político de intervir ativamente no terreno da imposição fiscal e do recrutamento militar. É aos teóricos e aos que apoiam a contrarrevolução que Kant responde, afirmando que, mesmo que o poder "se comportasse de modo contrário à lei, violando, por exemplo, através de impostos, recrutamento e outros procedimentos desse gênero, a lei da igualdade na divisão dos pesos do Estado, ao súdito é lícito opor 'protestos' (*gravamina*), mas nenhuma resistência a essa injustiça" (MC, VI, p. 319).

Mesmo que a secularização dos bens eclesiásticos e o ataque à propriedade feudal em geral tivessem de se configurar como injusta vexação do

---

[56] *Parisische Umrisse*, em: G.F. *Werke in Vier Bänden*, edição de STEINER, G. Frankfurt a. M., 1970, vol. III, pp. 745-746, *passim* (tr. it. em: *Rivoluzione Borghese ed Emancipazione Umana*, por N. Merker (ed.), Roma, 1974, pp. 165-166, *passim*). É possível que esse texto, publicado anônimo na revista berlinense *Friedenspräliminarien*, 1793-1794, fosse conhecido de Kant.

[57] *Aus den "Vertraulichen Briefen über das vormalige staatsrechtliche Verhältnis des Wadtlandes (Pays de Vaud) zur Stadt Bern"*, 1798, em: *Dokumente zu Hegels Entwicklung*, edição de J. Hoffmeister, Stuttgart, 1936, p. 249 (tradução italiana em: HEGEL, G.W.F. *Scritti Politici*, por C. Cesa (org.). Turim, 1974, p. 335).

clero e da feudalidade, mesmo que o recrutamento obrigatório tivesse de se configurar ou ser sentida como peso intolerável, tudo isso, no entanto, não justificaria o apelo à contrarrevolução.

Para ilustrar o caráter desastroso que pode ter a resistência a um poder considerado injusto e opressivo, Kant dá o exemplo da revolta armada que explodiu no Brabante, em 1790, e que não só aos olhos do filósofo, mas também aos de muitos dos seus contemporâneos, se apresentava sob muitos aspectos como uma reação de tipo vendeana. Nos anos anteriores, embora com métodos bruscos e autoritários, José II tinha introduzido nos Países Baixos austríacos a liberdade de culto, tinha mandado suprimir numerosos conventos e muitos dos privilégios do clero. Contra esse programa reformador e autoritário ao mesmo tempo explodira uma revolta, e não só na Bélgica, mas também na Hungria, sobretudo essa última claramente sob a hegemonia das forças feudais: de modo mais geral, havia se desenvolvido um amplo movimento de oposição de sinal reacionário. E Kant acompanha atentamente esses acontecimentos: as reformas impostas por José II são consideradas "justas" (*gerecht*), mas não prudentes (*klug*), não suficientemente ponderadas, pois não tinham em conta a suscetibilidade e os "sentimentos de honra" dos grupos que atingiam (XVII, pp. 551 e 556).

Mas a partir dos sobressaltos provocados pela Revolução Francesa, há uma condenação mais dura e mais explícita da revolta dos Países Baixos austríacos. Qual é a situação na Bélgica no momento em que Kant, escrevendo o ensaio *Sobre o dito comum*, afirma que a revolta consagrou de fato o poder tirânico de "eclesiásticos e aristocratas?". A derrota dos austríacos determinara um vácuo de poder e um violento acerto de contas entre os grupos contrapostos que tinham tomado parte no levante. O controle do país foi assumido pela reação clerical que, aos protestos dos democratas, respondia desencadeando "bandos de jovens" e impondo em Bruxelas "um verdadeiro e próprio terror branco". Esse terror, todavia, não conseguiu impedir a volta das tropas austríacas.[58]

---

[58] GODECHOT, J. *La Grande Nazione*, cit., pp. 184-185.

O predomínio do partido conservador e clerical é a situação descrita no ensaio *Sobre o dito comum*, negando o direito de resistência que lhe estava na origem. É uma situação descrita como um fosco contraponto à felicidade da "Gallia liberata", por um entusiasmado admirador da Revolução Francesa, J.H. Campe, mais tarde agraciado com a cidadania honorária francesa. Ele, que, tendo viajado para assistir aos "funerais do despotismo", atravessa a Bélgica, "país abençoado pela natureza", mas naquele momento "de luto e em pranto pela perda dos seus direitos e da sua liberdade", gemendo sob as botas ferradas de uma ditadura militar. Em um livro imediatamente coroado de sucesso e logo recenseado em numerosas revistas (em Berlim, na *Allgemeine Deutsche Bibliothek* de Nicoli), o autor relatava a terrível repressão em ato com os militares patrulhando praças e estradas, canhões apontados e, sobretudo, os inúmeros patíbulos com as escadas e as cordas já prontas para qualquer eventual execução[59]. Na opinião pública alemã daquela época, os revoltosos belgas eram sinônimo de obscurantismo. Ao recomendar Alexander von Humboldt e Georg Forster a um membro da Academia Francesa, Jacobi escrevia estas palavras:

> *Esses senhores estão voltando de uma viagem aos Países Baixos e a uma parte da Inglaterra. Eles contarão a vocês que ouviram gritar nas ruas e casas de Bruxelas, Gand e Antuérpia: Não, não queremos ser livres: o que nós queremos é a nossa antiga constituição!*[60]

Diante dos acontecimentos que se deram na Bélgica, Kant assumia uma atitude semelhante não só à de Campe, mas também à de um jacobino como

---

[59] CAMPE, J.H. *Briefe aus Paris zur Zeit der Revolution geschrieben*, Braunschweig, 1790 (reimpressão por H.W. Jäger, Hildesheim, 1977), pp. 4-10. Como se pode ver pela correspondência, Kant conhecia Campe que, entre outras coisas, havia colaborado nos anos anteriores na *Berlinische Monatsschrift*. Quanto a isso, cf. SCHULZ, U. *Die Berlinische Monatsschrift (1783-1796). Eine Biografie.* Hildesheim, 1969, p. 103.

[60] *Bruchstück eines Briefes an Johann Franz Laharpe Mitglied der französischen Akademie* (Pempelfort 5/5/1790), em: JACOBI, F.H. *Werke*, edição de F. Roth e F. Köppen. Leipzig, 1815 (reimpressão anastática, Darmstadt, 1980), vol. II, p. 514. A expressão relatada por Jacobi (*Nous ne voulons pas être libres*) se encontra com efeito, mais tarde, em Forster que comenta, desdenhoso, definindo os brabantinos como "servos natos": cf. *Ansichten vom Niederrhein von Brabant, Flandern, Holland, England and Frankreich, im April, Mai und Junius 1790*, em *Werke in...*, cit., vol. II, p. 564.

Forster, que em 1792, escrevia: "No Brabante e na Hungria, a prepotência de poderosos vassalos e a sede de dominação de padres fanáticos se opunham ao benéfico poder absoluto do soberano".[61] Como emerge do título do ensaio de Forster, deve-se inserir a revolta do Brabante entre as "contrarrevoluções", e é uma contrarrevolução aquela que Kant abomina, ao condenar o direito de resistência. E em outra ocasião, quando Kant volta a insistir na condenação da revolta dos Países Baixos austríacos, não por ser um ato de injustiça para com o imperador, mas por arremessar todos os promotores da revolta e os outros cidadãos "*in statum naturalem*, no qual ninguém pode esperar a segurança pública dos próprios direitos" (XVII, p. 592), facilmente se entrevê no estado de natureza, de que aqui está falando Kant, o acerto de contas e o subsequente "terror branco" que assolava Bruxelas.

2. Monarquia absoluta, reação feudal e direito de resistência

Ao menos pelo que toca à Alemanha, o reforço dos poderes da monarquia e do aparelho estatal central desempenha um papel progressista, na medida em que procura dobrar uma feudalidade prepotente e hostil a qualquer reforma. Basta pensar que o decreto com o qual Frederico II, na Prússia, abolia a servidão da gleba, estava fadado ao fracasso pela reação dos *Junker* e da nobreza. E, segundo Kant, Frederico II, entretanto, poderia garantir uma relativa liberdade de expressão, o "uso público" da razão, enquanto ao mesmo tempo mantinha a seu dispor, "para garantia da pública paz um exército numeroso e bem disciplinado":

> *Um grau superior de liberdade civil parece favorável à liberdade do espírito do povo, mas lhe põe, no entanto, limites intransponíveis. Um grau menor de liberdade civil, pelo contrário, oferece ao espírito um campo onde pode se desenvolver com todas as suas forças.*

---

[61] *Revolutionen und Gegenrevolutionen aus dem Jahre 1790* (escrito no verão de 1792, mas publicado póstumo em 1794), em *Werke in...*, cit., vol. III, pp. 408-409 (trad. it., cit., p. 106).

> *Tudo isso parece paradoxal, mas é o paradoxo do despotismo iluminado que, dobrando a aristocracia feudal, fixa as condições para que, mesmo sob "um duro invólucro, se desenvolva a semente da liberdade* (W. VIII, p. 41).

Nesse contexto é que se deve ler a dura declaração segundo a qual o homem "é um animal que, se vive entre os outros seres da sua espécie, tem necessidade de um senhor". Pois, por um lado ele quer "uma lei que fixe limites à liberdade de todos" e, por outro lado, no entanto, pretende por si mesmo subtrair-se a ela e viver em uma situação de privilégio. O egoísmo animal aqui denunciado como dado antropológico é, sobretudo, a pretensão das castas feudais de se fecharem em impenetráveis jurisdições particulares que anulam a soberania e a universalidade da lei. Por isso é que é necessário um senhor, proveniente da mesma espécie humana, não o monarca de direito divino.

Mas, então, se trata de uma solução cuja ambiguidade e problematicidade não se podem esconder, dado que para domar esse animal se chama, não o ungido do Senhor, mas um homem exposto como todos os outros humanos às tentações da animalidade (I, VIII, p. 23). Para usar os termos de Hobbes, cuja presença não é difícil surpreender também nesse caso, para impor o respeito à lei e, portanto, dobrar a animalidade natural, chama-se um monarca no qual "a vontade civil se identifica com a vontade natural".[62] Essa proposta do absolutismo, leigo e "iluminado", não era para Kant, também antes que explodisse a Revolução Francesa, uma solução definitiva, mas só uma etapa de aproximação à constituição política verdadeiramente adequada à razão no curso de um processo que, necessariamente, há de ser longo e estender-se ao infinito, dado que o homem é feito de um "lenho curvo" do qual "não pode sair nada de inteiramente direito" (I, VIII, p. 23).

Essa avaliação, que se pode surpreender em Kant, da carga antifeudal presente na monarquia absoluta, não é de modo algum tema reacionário. Ao contrário, o tema se encontra desenvolvido vigorosamente na reflexão de um revolucionário e jacobino como Forster:

---

[62] *De Cive*, trad. it. T. Magri. Roma, 1979, p. 151.

I "Duplicidade" da negação kantiana do direito de resistência

> *O ato de submeter completamente a nobreza prepara aquela igualdade que, para o grande déspota, pode ser lisonjeira, enquanto passa a ser uma coisa terrível para o déspota fraco. Luís XIV, submetendo seus vassalos, diminuindo seus privilégios, ligando-os à sua corte e fazendo-os dependentes da sua benevolência, humilhando-os, desse modo, abriu ao terceiro estado o caminho da existência política. Um papel contrário desempenha, nesse cenário, a perigosa amizade entre o príncipe e as castas privilegiadas, a qual é sempre índice de uma soberania apenas aparente do primeiro. Essas castas, enquanto indispensáveis defensoras naturais do trono, combatem pelos direitos soberanos do mesmo, ali governam de maneira ilimitada e movimentam ao próprio alvitre a máquina régia.*[63]

São fundamentalmente as posições de Kant, para o qual permanece constante, inclusive depois que a Revolução Francesa mostrou concretamente a possibilidade de um novo ordenamento político, e precisamente do republicano, a preocupação de ampliar, em sentido antifeudal, as prerrogativas do poder político, também na Prússia e na Alemanha. Nesses países, no entanto, o poder político continua sendo representado pela monarquia. Só que, à luz precisamente da Revolução Francesa, é o novo ordenamento "republicano" que, dobrando as pretensões da nobreza de modo muito mais radical do que a mais "iluminada" das monarquias absolutas, pôs realmente um fim à "anomalia", típica do feudalismo, de "súditos que pretendem ser mais que cidadãos" (MC, VI, p. 329).

Varrendo de uma vez a pretensão de subtrair-se à universalidade da lei em que a *ideia* via a mais clamorosa manifestação da persistente animalidade do homem, o tema do "senhor" (*der Herr*) revela explicitamente sua carga antifeudal. Há um só *gnädiger Herr* no Estado, e esse é o detentor da soberania, e a ele não se pode opor resistência. Todos os outros, mesmo que se trate dos expoentes mais preclaros da nobreza e até dos príncipes da casa real, são apenas súditos, submetidos à lei à qual todos estão submetidos, "para os quais até o mais humilde dos servos deles, mediante o poder do Estado, deve competir um direito de

---

[63] *Revolutionen und Gegenrevolutionen...*, cit., pp. 435-436 (trad. it., cit., p. 109).

coação". Sendo assim, "nenhuma vontade particular pode impor uma lei ao Estado". Não há lugar para nenhuma jurisdição especial, para nenhum corpo separado que pretenda ser, ele mesmo, fonte de direito" (DC, VIII, p. 294n).

Para captar o real sentido político das posições aqui expressas, basta confrontá-las com um trecho de Gentz, de 1793, o mesmo ano do ensaio kantiano *Sobre o dito comum*. Escreve, portanto, o teórico da reação:

> *Monarquia sem nobreza é um verdadeiro absurdo (unding). Um rei que deve reinar sobre uma nação, onde cada indivíduo é igual ao outro, torna-se em pouco tempo uma nulidade, ou então o mais terrível de todos os déspotas. Até os dias de hoje, onde se viram atuando reis sem classes privilegiadas, tratava-se de tiranos orientais. O primeiro rei elevado sobre as áridas planícies de uma igualdade republicana decaiu na categoria de escravo no mesmo instante em que foram arrancados de seu trono os degraus que o sustentavam.*[64]

A teoria-profecia de Gentz era tanto mais segura pelo fato de que vinha sendo clamorosamente confirmada pelos acontecimentos na França, onde nesse meio tempo da monarquia constitucional se havia passado à república. Mas importa, acima de tudo, observar que, com o trecho acima citado, Gentz denunciava as consequências catastróficas da abolição dos privilégios feudais por obra da Assembleia Nacional Francesa. Mas, então, tendo presente a polêmica ao menos objetiva que acaba se instituindo com o ensaio *Sobre o dito comum*, não se deve ler na teorização que esse último faz do único *gnädiger Herr* no Estado, uma defesa das decisões precisamente tomadas pela Assembleia Nacional?

É certo que Kant infere do princípio acima enunciado importantes consequências no que se refere à luta contra os institutos feudais. Entre soberano e povo não deve existir nenhum corpo intermediário (MC, VI, p. 329). É necessário abolir os morgados porque, de outra forma, o Estado correria o risco de configurar-se como uma espécie de "sistema

---

[64] *Versuch einer Widerlegung der Apologie des Herrn Mackintosh, 1793*, em: A. Schr., cit., vol. II, pp. 137-138.

federativo" de morgados, dotados de uma própria e inviolável autonomia, "como vice-reis (algo análogo aos casos dos dinastas) e sátrapas" (*ibid.*, p. 370). Parece haver, aqui, uma polêmica intencional, e não mais meramente objetiva, em confronto com Gentz, que não havia afirmado que, suprimindo as classes privilegiadas, o rei ou se torna um escravo ou um déspota oriental?

Pelo contrário – parece responder Kant –, onde os privilégios continuam de pé em toda a sua extensão, aí é que o Estado acaba se configurando como uma federação de sátrapas. Mas o Estado não pode ser entendido como uma mera agregação entre isoladas e invioláveis propriedades – era essa a ideologia da aristocracia feudal –, posto que, ao contrário, o soberano é que é o "supremo proprietário" (*dominus territori*), certamente em sentido puramente ideal, ou seja, no sentido de servir para representar "a propriedade privada de todos os indivíduos do povo necessariamente reunida sob um possuidor público e universal", a partir da qual procede posteriormente a distribuição e a divisão (*ibid.*, pp. 323-324). A totalidade estatal, quer se chame esse soberano ou povo, é que é o ponto de partida da propriedade privada, e o Estado não é, ao contrário, uma federação de propriedades privadas já preexistentes, federação, portanto, destituída de real poder político e capaz de garantir apenas o *status quo*.

Pode-se dizer, aliás, que após a experiência da Revolução Francesa, a figura do "senhor" acaba se identificando com o povo. Esse, uma vez legalmente reunido, não pode de maneira alguma ser obrigado a ceder o próprio poder, tomando por base o princípio segundo o qual "ninguém pode servir a dois senhores" (*Herren*), e o povo enquanto autêntico poder legislativo só pode obedecer a si mesmo (MC, VI, p. 342). Retorna a imagem já vista do lenho torto, mas para denunciar dessa vez o arbítrio do monarca: um príncipe não deve, desde a juventude, poder abandonar-se aos próprios caprichos sem encontrar resistência. Deve ser, pelo contrário, educado pelos seus súditos, por um dos seus súditos. Se for de outro jeito, será como uma árvore que cresce "torta" (*krumm*).[65]

---

65 *Ueber Pädagogik* (Ak , IX, p. 448).

A visão do Estado tal como a delineia Kant não pode não excluir o direito de resistência precisamente por reivindicar de forma enérgica a legitimidade e a necessidade da intervenção política com o fito de suprimir os privilégios feudais e a supressão das jurisdições particulares por trás das quais, como corpos separados, se entrincheiravam a nobreza e o clero. Pelo contrário, o direito de resistência parece brotar como consequência necessária da concepção do Estado elaborada por Burke em polêmica contra a Revolução Francesa, e é um direito de resistência que afirma o caráter intangível da propriedade, feudal e mais ainda burguesa, por parte do poder político. O ordenamento estatal vem a ser o resultado de um tratado (*compromise* ou *convention*, *Negotiation* ou *Vertrag*, conforme a tradução de Gentz) entre as diversas partes que o constituem e que são titulares de privilégios e liberdades que de modo algum se podem tocar.[66]

Por conseguinte, desde o início estão muito bem definidos os limites dentro dos quais é lícito ao poder legislativo atuar: os ingleses jamais sonharam que "os parlamentos tivessem o direito de violar a propriedade, de prevalecer sobre as normas prescritivas, de impor o curso de uma moeda fictícia para substituir a única boa, e reconhecida como tal pelo direito das nações".[67] Portanto, o poder político não tem o direito de fazer o que fez a Assembleia Nacional Francesa: atacar a propriedade e os direitos feudais e recorrer ao papel-moeda revolucionário... Há limites intransponíveis ao exercício do poder político. Por exemplo, na Inglaterra, a Câmara Alta jamais poderia ser suprimida, ainda que fosse ela a tomar essa decisão.[68]

As diversas "liberdades", ou seja, os diversos privilégios, devem ser considerados como "*herança inalienável*".[69] Elas não podem ser cedidas por iniciativa autônoma de quem é o seu titular, muito menos por uma intervenção prepotente do poder político. É dos limites rigorosamente fixados à intervenção política que brota o direito de resistência, de sorte

---

[66] *Compromesso o Convenzione* na tradução italiana, cf. *Reflections...*, cit., p. 82 e 121 (tr. it. cit., pp. 195 e 223). Para a tradução de Gentz, na reedição citada, pp. 72 e 106.

[67] *Reflections...*, cit., p. 277 (tr. it. cit., pp. 333-334).

[68] *Ibid.*, p. 57 (tr. it. cit., p. 176).

[69] *Ibid.*, p. 78 (tr. it. cit., p. 192).

que a admissão desse direito acaba por se configurar como a afirmação da inviolabilidade das liberdades e dos privilégios particulares, como a negação, em última análise, do princípio da soberania popular. Quanto à ideia de ter de produzir um novo ordenamento do Estado (*the very idea of the fabrication of a new government*), bastaria – declara Burke – para encher de horror um verdadeiro inglês, e isso não se acha em contradição com a revolução, que também aconteceu na história da Inglaterra. Isso pois, ao contrário, ela visava reconquistar "as antigas e inquestionáveis leis e liberdades" e a "antiga constituição de governo".[70]

3. Violência revolucionária e soberania popular

Mas, para compreender plenamente o sentido da negação kantiana do direito de resistência, é necessário examinar mais de perto as argumentações teóricas que sustentam essa negação. Tentemos proceder por exclusão. É a rejeição da violência como tal? Parece-nos precisamente que não. Kant não só continua mostrando simpatia pela Revolução Francesa, mesmo no momento em que se alastrava com maior violência a guerra civil e mais furibunda era na Alemanha a campanha contra os "horrores" dos jacobinos. Mas, nas suas obras, não se descobre de modo algum sinal daquela denúncia moralista do terror, considerado pela publicidade conservadora e reacionária, simples expressão de perversão e de loucura sanguinária. Sem dúvida, condena-se a execução de Luís XVI, mas por razões totalmente políticas, enquanto constitui a proclamação pública do direito de resistência.

O filósofo que denuncia "o afetado sentimentalismo humanitário" de Beccaria, culpado de ter argumentado a favor da abolição da pena capital (MC, VI, pp. 334-335); o filósofo para o qual, "se desaparecer a justiça, não vale a pena que ainda vivam homens na terra" (*ibid.*, p. 332); e que considera o *Fiat iustitia, pereat mundus* (traduzido por "Reine a justiça, mesmo

---

[70] *Ibid.*, pp. 74-75 (tr. it., cit., pp. 189-190).

que tenham de perecer de uma vez todos os celerados que há no mundo"), embora na sua ênfase, como "um princípio de direito corajoso, que barra todas as vias tortuosas traçadas pela mentira e pela violência", contanto, é claro, que se entenda não em sentido individualista, mas como "obrigação por parte daqueles que têm o poder de não rejeitar ou limitar a ninguém o seu direito, por aversão a ele ou comiseração pelos outros" (PP, VIII, pp. 378-379); esse filósofo não pode ser o teórico da rejeição, em linha de princípio, da violência. Reflita-se em particular sobre essa nova avaliação do aforismo latino. Não era um motivo recorrente da propaganda reacionária a acusação contra os revolucionários franceses de terem provocado, para seguir um "abstrato" ideal de justiça, um monte enorme de escombros e lutos para o seu país e para a humanidade no seu conjunto?

Do ponto de vista dos teóricos da reação, o princípio *Fiat iustitia, pereat mundus* não era o lema que definia a política dos jacobinos e o seu gélido fanatismo destruidor? Mas é precisamente dessa justiça timbrada como "abstrata" que Kant assume a defesa:

> *O direito dos seres humanos deve ser tido como algo sagrado, mesmo que isso possa custar grandes sacrifícios ao poder dominante. Aqui não se pode fazer uma divisão em duas partes iguais e imaginar o meio-termo de um direito pragmático-condicionado (algo entre o direito e oútil), mas toda política deve dobrar os joelhos diante da moral...* (ibid., VIII, p. 380).

Também essa declaração soa como justificação do radicalismo jacobino ou, ao menos, como uma resposta àqueles que acusavam os jacobinos e os revolucionários franceses de não terem sabido conciliar as suas "abstratas" exigências de justiça com os dados da situação objetiva, de não terem sabido ou querido ater-se fielmente aos compromissos necessariamente exigidos pela arte política, de não terem assumido um comportamento suficientemente pragmático. Nós traduzimos *herrschende gewalt* por "poder dominante", mas poderíamos tê-lo traduzido igualmente por "violência dominante".

Esse é um ponto que se deve ter bem presente, dado que perdeu sentido o problema da identificação da autoridade "legítima" tomando por base

I "Duplicidade" da negação kantiana do direito de resistência

critérios dinástico-hereditários ou mesmo sacrais, uma vez que os títulos legais de uma determinada autoridade se avaliam, em última análise, na base do poder real que ela é capaz de exercer, não é mais possível uma crítica moralista da revolução; uma vez identificado o poder como violência. A violência (*gewalt*) revolucionária contra o poder dominante não pode mais ser objeto de indignação moral, mesmo que, naturalmente, em todo ordenamento jurídico, continue sendo perseguida com todo o rigor da lei.

E Kant denuncia a natureza violenta do poder feudal, inclusive ali onde assume feições paternalistas e pacíficas:

> *Um amor que não é limitado e refreado pelo direito do outro é violência* (gewalt), *e abandonar-se a essa condição significa renunciar à própria humanidade, dado que então não mais seria possível lamentar-se por sofrer injustamente alguma coisa. Significa reduzir-se a simples meio* (XXIII, p. 128).

Quando muito, porém, o juízo moral – que nesse caso coincide perfeitamente com o julgamento político – investe, não a gênese de um determinado ordenamento político, mas os seus conteúdos concretos, o grau de realização que nele se expressa da ideia do direito.

E o mesmo Kant denuncia o método hipocritamente moralista que pretenderia reduzir a Revolução Francesa "a fatos e crimes importantes realizados pelos homens, de sorte que aquilo que era grande entre os homens se fez pequeno, e o que era pequeno se fez grande" (C, VII, p. 85). A justificação do radicalismo jacobino torna-se até transparente em um trecho como este:

> *Pode sempre ocorrer que moralistas despóticos (despotisierende moralisten), cometendo erros de aplicação, ofendam desse ou daquele modo a prudência política (staatsklugheit), com medidas tomadas às pressas e aprovadas, mas a experiência desses seus erros contrários à natureza os conduz de volta necessariamente, pouco a pouco, a um caminho melhor* (PP, VIII, p. 373).

Gentz havia declarado que, mesmo que em teoria tivesse sido lícito e justo expropriar o clero e a nobreza dos bens que possuíam, em todo o caso se tratava de medidas contrárias à "prudência política" (*staatsklugheit*).[71] Kant, ao contrário, se empenhou para encontrar justificações ou atenuantes para os "moralistas despóticos". Essa expressão, no entanto, não faz pensar em Robespierre que, em nome da "virtude" cívica e patriótica, desencadeara o terror contra os inimigos da revolução? Kant se mostra decididamente áspero em relação àqueles que, absolutizando o critério da "prudência", escarnecem de qualquer tentativa de construir um ordenamento político fundado sobre a razão e sobre a moral. Esses, "embelezando princípios políticos contrários ao direito, com o pretexto de uma natureza humana *incapaz* de fazer o bem conforme a ideia prescrita pela razão, *impossibilitam*, enquanto o podem, todo progresso rumo ao melhor e perpetuam a violação do direito". O levar a sério a razão e a moral, o querer transformar a realidade política com base em princípios universais, pode também assumir formas tirânicas, ou tendencialmente tirânicas. Todavia, isso sempre é preferível a uma visão desencantada, ou melhor, cínica, que está em última análise a serviço da manutenção do *status quo*, da injustiça e da opressão vigente.

Kant, aliás, chega a inverter as acusações que eram dirigidas contra os "moralistas despóticos". Esses, por terem desejado seguir fanaticamente uma ideia abstrata de razão e de moral, teriam, no fim das contas, provocado à humanidade dores sem fim. Tais acusações são lançadas pelos *moralisierende Politiker*, os políticos que não levam a sério a moral, que veem com olhar superior a aspiração a um ordenamento jurídico mais elevado, fundado sobre a razão e a liberdade, e isso em nome do pragmatismo. Pois bem, esses – declara Kant – "visam apenas exaltar o poder dominante (para não perderem sua privada vantagem), sacrificando o povo e, se possível, o mundo inteiro" (PP, VIII, pp. 372-373).

Quem provoca sofrimentos, quem provoca a perpetuação de sofrimentos sem nome para a humanidade, são precisamente os pragmáticos, os politiqueiros e os ideólogos sem princípios. É necessário não se deixar enganar pela

---

[71] *Versuch einer Widerlegung...*, cit., p. 139.

I "Duplicidade" da negação kantiana do direito de resistência

terminologia abstrata do debate que estamos examinando. Aparentemente se trata de escolher entre imperativo ditado pela razão, de um lado, e regras da prudência, do outro. Mas, na realidade, se trata de escolher entre revolução, de um lado, e contrarrevolução ou conservadorismo, do outro. Seguir o imperativo da razão significa subverter as relações políticas que não correspondem à dignidade humana e ao direito natural; seguir as regras da prudência significa compreender as razões do *status quo* ou, pelo menos, tolerá-lo, contanto que se evitem os sacrifícios e os sofrimentos que inevitavelmente comporta toda reviravolta radical. Por isso, ao defender a Revolução Francesa dos seus detratores, Fichte insiste sobre a prioridade da questão do "direito" (*Recht*) relativamente à questão da "prudência" (*Klugheit*).[72] Eis por que outro autor democrático afirma que "a mera prudência (*klugheit*) nos leva ao nível das bestas"; e a ela contrapõe o "entusiasmo moral" que é, no fim das contas, o entusiasmo em seguir as normas inderrogavelmente ditadas pela razão.[73]

Mas o sentido desse apelo à *klugheit* se destaca com força particular de um esplêndido poema de Hölderlin, que possuímos em duas diferentes versões e que tem por alvo os "conselheiros da prudência" (*kluge ratgeber*). O intento deles é "paralisar o braço do vingador", persuadindo-o "a se adaptar servilmente" (*sich knechtisch zu bequemen*). Por isso, "o conselho do homem prudente" não é de modo algum inócuo. Ele se configura como "a nova arte de assassinar o coração", de bloquear a luta para "o mundo novo e melhor". Em última análise – declara Hölderlin na segunda versão do seu poema –, os "conselheiros da prudência" cumprem apenas um "dever de mercenários" (*söldnerspflicht*).[74] A "prudência" era a receita do filistinismo conservador, que rasgava as vestes diante das dificuldades com que se edificava a nova ordem, para recomendar a substancial bondade dos velhos tempos. É essa "prudência" que também constitui o alvo da polêmica de Kant.

---

[72] *Beiträge...*, cit., p. 57 (tr. it. cit., p. 64) *et al.*

[73] BERGK, J.A. *Untersuchungen aus dem Natur, Staats und Völkerrechte mit Einer Kritik der Neuesten Konstitution der Französischen Republik, 1796*, em *Von der ständischen zur Bürgerlichen Gesellschaft, Politischsoziale Theorien im Deutschland der zweiten Hälfte des 18. Jahrhunderts*, edição de BATSCHA, Z. e GARBER, J. Frankfurt a. M., 1981, pp. 337 e 335.

[74] *An die Kluge Ratgeber* e *Der Jüngling an die Klugen Ratgeber*, 1796, em: HÖLDERLIN, F. *Sämtliche Werke und Briefe*, por MIETH, G. (ed.). Munique, 1970, vol. I, pp. 191-194.

Significativamente, em uma época na qual a propaganda reacionária pinta com as cores mais sombrias o Terror jacobino, e condena como feras sanguinárias os seus protagonistas, o filósofo se preocupa em retorcer a acusação de terrorismo contra os inimigos da Revolução Francesa. O "piedoso visionário" (*fromme schwärmer*) que, a partir dos "horrores que se vão acumulando como montanha", julga que agora se tenha alcançado o ponto extremo da degradação do gênero humano e, por isso, aguarda para breve o juízo final. E ele mesmo se faz o mensageiro de uma "concepção terrorista da história humana" (C, VII, p. 81). A categoria do "terrorismo", portanto, aparece em Kant, não para condenar a ditadura jacobina, mas para condenar a visão da história como constante e irrefreável decadência, definitivamente confirmada – de acordo com os ideólogos da reação – pelo monstruoso desencadear-se das mais ignóbeis paixões que deram origem à Revolução Francesa.

Aliás, não é difícil surpreender em Kant uma crítica vigorosa do filistinismo:

> *O que mais importa são os direitos humanos, e não a ordem (e a tranquilidade). Com uma generalizada opressão também se pode produzir uma grande ordem e uma enorme tranquilidade; da mesma forma, as desordens da comunidade que procedem do desejo de justiça são passageiras* (XV, 612).

É próprio do filisteu, habituado ao "curso tranquilo" (*ruhiger gang*) dos acontecimentos e da sua vida cotidiana, desligar-se passivamente da realidade, sem se por problema algum de justiça e de direito, e "preferir sempre essa condição de passividade à situação cheia de perigos que comporta a busca de uma condição melhor" (DC, VIII, pp. 305-306).

Esse filósofo, não por acaso, foi por Heine comparado a Robespierre, e a declaração acima citada soa quase como uma justificação do terror jacobino. Tomando por base a experiência histórica agora adquirida, é possível e necessário futuramente procurar reduzir os custos da mudança política. Todavia, a Revolução Francesa, mesmo em sua violência, é tão pouco

I "Duplicidade" da negação kantiana do direito de resistência | 57

objeto de condenação moral que, pelo contrário, o interesse e a simpatia com que é acompanhada, constitui a prova decisiva da existência de "uma disposição moral na espécie humana" (C, VII, p. 85).

Sem dúvida, Kant afirma diversas vezes que a reforma e a evolução são preferíveis à revolução. Não se trata, porém, de um imperativo moral; pode-se deixar subsistir por algum tempo "um direito público viciado de injustiça" na tentativa de conseguir modificá-lo com meios pacíficos, evitando o perigo de cair na anarquia. Mas isso entra na categoria das "leis permissivas" (*erlaubnisgesetze*), que tornam um determinado comportamento lícito, mas não moralmente obrigatório (PP, VIII, p. 373n). Estamos nesse caso diante de atos "eticamente indiferentes" (*sittlich gleichgültig*), diante de um *adiaphoron moral* (MC, VI, p. 223 e XIX, p. 231).

O recurso à violência para transformar as instituições políticas não é *de per si* objeto de condenação moral, mas, quando muito, pelos resultados políticos que poderia produzir, isto é, a anarquia e a dissolução do ordenamento jurídico. Tanto é verdade que, na passagem do estado natural ao estado civil, está justificado, ou pelo menos é lícito, o recurso à violência (nesse caso se trata de uma "lei permissiva"). É que somente assim vai ser possível por fim à anarquia e ao arbítrio geral e fundar um ordenamento jurídico vinculante para todos. A violência que alicerça a construção de uma sociedade regulada por leis é inicialmente destituída de qualquer cobertura legal, mas sua justificação está precisamente no resultado que acaba produzindo. Nesse sentido, "sem violência, não pode ser *fundado* nenhum direito, de tal sorte que a violência deve preceder o direito" (XVII, p. 515). Esse é um ponto de vista enfatizado nos apontamentos preparatórios do ensaio *Para a paz perpétua*:

> *O ordenamento da natureza quer que a violência e a coerção precedam o direito, pois, de outro modo, os seres humanos não poderiam tampouco ser conduzidos a se darem uma lei e se unirem. Mas o ordenamento da razão quer que, a seguir, a lei regule a liberdade, a expresse mediante uma forma* (XXIII, p. 169).

A violência é então uma anomalia que se supera definitivamente depois que se baniu o estado de natureza? Talvez não se possa dizê-lo, a julgar pelo menos por essa outra declaração de Kant, que se pode achar nas *Vorarbeiten* para o *Conflito das faculdades*:

> *Para fundar o pactum sociale constitutivo de uma república, é necessário já existir uma república. Por conseguinte, ela não pode ser fundada a não ser mediante violência, e não mediante acordo* (XXIII, p. 426).

Mas, independentemente dessa declaração que se pode ler como uma justificativa da Revolução Francesa, não parece que Kant, observando retrospectivamente o curso da história, julgue com base em uma condenação de princípio da violência. César, que também recorreu à força das armas contra a aristocracia senatorial e as instituições vigentes, deve com certeza ser julgado negativamente, "não por ter arrebatado para si o poder, mas porque, uma vez arrebatado, não o entregou nas mãos de uma comunidade (*Wesen*) racionalmente organizada..." (XV, 627). Nesse caso, a violência não serviu para fundar um ordenamento jurídico superior, e estável.

Por vezes parece também se ouvir nas páginas de Kant uma dura advertência às cortes e aos círculos dominantes para que não estiquem demasiadamente a corda: se, com o pretexto do caráter pecaminoso da natureza humana, não se quer respeitar os direitos dos súditos e se pretende "aplicar entre eles uma ordem com a força", então não é mais lícito escandalizar-se pelas consequências que daí podem provir:

> *Uma vez que não mais se falasse de direito, mas só da força (gewalt), o povo poderia também usar de sua força e tornar incerta qualquer institulção legal (DC, VIII, p. 306).*

No entanto, caso se evoque o espectro da revolução simplesmente como possível consequência objetiva de uma opressão por demais abusiva, continua, todavia, de pé que aqui a condenação moral se exerce menos

I "Duplicidade" da negação kantiana do direito de resistência | 59

sobre o efeito (a violenta reação de um povo oprimido), do que sobre a causa (o caráter arbitrário do poder dominante).

De resto, ao menos em um caso, a defesa, ou melhor, a celebração da violência revolucionária é explícita, visto Kant considerar as agressões externas aumentarem irremediavelmente contra as "armas" dos franceses, que "tinham em vista o *direito* do povo a que pertenciam e do qual se consideravam defensores" (C, VII, p. 86). O filósofo da paz perpétua não só condena a agressão, mas não sente dificuldade alguma para defender a guerra nacional revolucionária do povo francês. Pelo contrário, tira dos acontecimentos uma conclusão de teor geral que parece por em crise a inspiração de conjunto gradualista da sua visão política: a passagem da *respublica noumenon* para a *respublica phaenomenon* não é indolor. A construção de uma sociedade realmente fundada sobre a liberdade "só pode ser conquistada com duro esforço, através de muitas guerras e contrastes". Mas vale a pena lutar por esse objetivo, porque a constituição republicana – acrescenta Kant olhando para a França –, "uma vez conquistada em suas linhas essenciais, se qualifica como a melhor de todas, no intuito de afastar a guerra, destruidora de todo bem" (C, VII, p. 91). O preço de dores e sofrimentos, que a revolução inevitavelmente comporta, pareceria nesse caso estar amplamente compensado.

Será então a recusa da soberania popular que motiva a negação do direito de resistência? Isso tampouco é verdade. O soberano "dá ordens aos súditos cidadãos só pelo fato de ele representar a vontade geral" (DC, VIII, p. 304). "Somente a vontade coletiva do povo é que pode ser legisladora" (MC, VI, p. 314). O soberano, "considerado segundo as leis da liberdade, outro não pode ser senão o próprio povo reunido" (MC, VI, p. 315). E ainda: "Onde Estado e povo são duas pessoas diversas, aí há despotismo" (XXIII, p. 163).

Kant não tem dúvidas sobre o fato de que é no povo "que reside originariamente o poder supremo", tanto que uma vez reunido, mesmo que seja na pessoa dos seus representantes, o próprio rei na prática não conta mais. E é precisamente com base nisso que a passagem de poder, em 1789, de Luís XVI para a Assembleia Nacional deve ser considerada um fato perfeitamente legal e irreversível. Aliás, o empenho que eventualmente um povo assumisse, já reunido na pessoa dos seus representantes, de restituir, após um certo período de tempo, o poder ao rei, seria "írrito e nulo" (MC, VI, p. 342). E também ali onde o povo não tem uma representação legal, continua de pé que, ao julgar a legislação vigente, é necessário ater-se a este princípio: "*Aquilo que um povo não pode deliberar* sobre si mesmo, tampouco o pode o legislador deliberar sobre o povo".[75] E Kant vai servir-se desse princípio para contestar as relações sociais feudais que, consagrando o privilégio, não podem ser consideradas expressão da vontade comum, da vontade do povo e que, por conseguinte, podem ser toleradas só pelo tempo necessário para suprimi-las ou superá-las sem recorrer a reviravoltas violentas. Por exemplo, no que diz respeito à nobreza hereditária, "é impossível que a vontade popular geral consinta em estabelecer uma semelhante prerrogativa sem fundamento, nem o soberano pode, tampouco, fazê-la valer"; só resta, portanto, deixá-la "gradualmente se extinguir" (MC, VI, p. 329). A soberania popular é um ponto tão sólido, que o povo é o único detentor da propriedade do solo, ainda que depois essa propriedade se exerça "não de modo coletivo, mas distributivo" (*ibid.*, pp. 323-324). É verdade que Kant condena a democracia (Kant se refere explicitamente às "antigas repúblicas"), isto é, propriamente, a democracia direta, pelo fato de que, excluindo toda forma de representação, impossibilita a separação do poder executivo do poder legislativo e, por isso, não tem condições de garantir a liberdade (PP, VIII, pp. 351-353). Mas continua sempre de pé que a fonte da soberania é o povo, e esse então a exprime ou deve exprimi-la através de representantes.

Nesse sentido se acha fora de discussão o princípio da soberania popular, e é claro que o povo pode muito bem gozar dos direitos em face ao soberano (o representante).

---

[75] DC, VIII, p. 304. O grifado é de Kant; cf. também MC, VI, p. 329. É um conceito que se encontra já nos escritos precedentes à explosão da Revolução Francesa: cf. W, VIII, pp. 39-40. Com razão, G. Gurwitsch insistiu sobre a "ligação" da teoria de Rousseau com a filosofia de Kant e, de modo mais geral, com a "história do idealismo alemão": cf. *Kant und Fichte als Rousseau-Interpreten*, em *Kant-Studien*, 1922, vol. XXVII, p. 164.

4. Os direitos do povo

Sem dúvida, o povo tem "direitos inalienáveis em relação ao soberano", só que não se trata de "direitos coativos". Kant polemiza a esse respeito com Hobbes, segundo o qual o soberano "não pode cometer injustiça com o cidadão, seja lá como o trate". Essa afirmação só seria válida, "se por injustiça se entendesse a lesão que atribui ao lesado um *direito de coação* (*zwangsrecht*) quanto àquele que lhe faz injustiça" (DC, VIII,pp. 303-304). Os apontamentos preparatórios do ensaio *Sobre o dito comum* rejeitam vigorosamente essa visão que, privilegiando a "prática" em relação à "teoria", atribui ao monarca "somente direitos e, ao invés de obrigações jurídicas, apenas a boa vontade", esquecendo que o "súdito quer ter também, direitos" (XXIII, p. 135). Mas Kant não é também o teórico da obediência enquanto tal: é, ao contrário, o jurista a serviço do poder que:

> *Não quer ver de modo algum enfraquecida a obediência às leis da constituição vigente, não quer tampouco que sejam executadas de má vontade e veta ao filósofo os seus planos para a constituição melhor.*

Mas o filósofo, se permanece fiel à sua missão, embora respeite o ordenamento jurídico existente, coloca-o em discussão mediante a razão (XXIII, p. 164).

Pelo visto, a negação do direito de resistência é acima de tudo a constatação de um fato: um direito não acompanhado pela força para respeitá-lo; não é um direito positivo do qual provém uma obrigação jurídica concreta.

> *Ao monarca não cabe o direito (unrecht) de se opor a esse comando. Com efeito, o status civilis não deve cessar, mas no status civilis não há outro modo de perseguir o próprio direito senão através de um processo. E aqui não há nenhum juiz (que submeta o monarca a um processo); o sucesso (de uma eventual revolução) cria um novo direito. Portanto, não se deve definir como justo tudo aquilo que provém do príncipe, pelo fato de que o súdito deve obedecer* (XIX, p. 533).

Aqui, portanto, não se está exprimindo um juízo moral. Ao rebelar-se contra as autoridades constituídas, o povo não pode invocar o ordenamento político vigente. Mesmo que tenha todas as razões a seu favor, em caso de fracasso da tentativa revolucionária, terá de ser punido com todos os rigores da lei.

É um ponto que Kant frisa vigorosamente:

> *Os direitos do povo são violados, e não se comete injustiça contra o tirano ao destroná-lo: sobre isso não resta dúvida. Também não é menos verdade, todavia, ser extremamente ilegal (unrecht), da parte dos súditos, fazer valer desse modo o seu direito, e não poderiam de modo algum gritar por injustiça, se na luta sucumbissem e tivessem, por isso, de sofrer as penas mais duras* (PP, VIII, p. 382).

As revoluções não ocorrem tendo por base um direito, mas passam a ser fonte de um novo ordenamento jurídico só no caso de vitória. Assim, não resta dúvida de que:

> *Se as revoluções pelas quais a Suíça, os Países Baixos ou também a Inglaterra, conquistaram sua atual constituição, tão louvada, houvessem fracassado, os leitores da história iriam ver no suplício de seus autores, hoje tão enaltecidos, nada mais que a pena devida a grandes criminosos políticos* (DC, VIII, p. 301).

Quando muito, uma revolução pode ser justificada pela história: mas um ordenamento jurídico que autorizasse, ainda que em circunstâncias excepcionais, a desobediência e a rebelião, negar-se-ia a si mesmo. O direito à revolução não pode brotar do ordenamento jurídico em vigor contra o qual se volta, nem pode provir do ordenamento jurídico que dele ainda virá, e que só poderá surgir em caso de vitória da própria revolução. Entre o passado ou o presente que se deve derrubar e o futuro que se deve construir abre-se inevitavelmente um vazio jurídico, que é a recaída no *status naturalis*. Nesse sentido, "todo aperfeiçoamento do Estado mediante revolução é ilegal" (*unrecht*), fora de qualquer norma jurídica.

I "Duplicidade" da negação kantiana do direito de resistência | 63

Isso vale não só para a história política, mas também para a religiosa. A revolta contra "a usurpação de uma autoridade sobre a consciência" – é clara a referência a Lutero – não cria ainda uma confissão já reformada, mas apenas "protestantes", "uma situação de incessante trabalho para reformar": é a destruição do antigo ordenamento religioso sem que ainda se tenha estabelecido e consolidado o novo. E, todavia, Kant fala nesse caso de "direito posto em ato pela liberdade" (XIX, p. 591). A comparação com a revolta de Lutero contra a autoridade papal parece atenuar em Kant o horror pelo estado de natureza que vem a ser a inevitável consequência de toda revolução. No entanto, também nesse caso, não parece que se possa falar de um direito de resistência, mas apenas de uma revolução, exposta a todos os riscos, e que pode ser, quando muito, fonte de direito só depois da vitória.

Deve-se acrescentar que no *Conflito das faculdades* – portanto, em um momento em que as preocupações pela censura haviam se tornado menos graves e se ampliado os espaços de liberdade de expressão – Kant parece avançar até o limiar da teorização do direito de resistência:

> *Porque nenhum soberano jamais ousou, até hoje, afirmar abertamente que ele não reconhece nenhum direito do povo diante dele, que esse povo não deve a sua felicidade senão à benevolência de um governo que a proporciona e que toda pretensão do súdito de ter um direito diante do soberano (pois isso implica o conceito de uma resistência lícita) é insensata e também punível? A razão é esta: é uma declaração pública desse teor levantaria todos os súditos contra ele, ainda que esses, como dóceis ovelhas guiadas por um senhor bondoso e inteligente, bem nutridas e energicamente defendidas, não sofressem coisa alguma no tocante à sua felicidade* (C, VII, pp. 86-87n).

Como dissemos, aqui se chega ao limiar da teorização do direito de resistência, mas não se ultrapassa esse limiar. Sem dúvida, a violação por parte do soberano dos direitos do povo pode tornar de certo modo moralmente admissível (*erlaubt*) a rebelião, mas ainda não se trata de um direito sancionado constitucionalmente e dotado de força coercitiva.

Não se pode falar propriamente de direito, quando aquele que mediante o exercício desse direito fosse sujeito à punição, continua, porém, dispondo das forças para condenar à morte todo rebelde, por mais nobres que sejam as motivações morais desse último. Chegamos aqui a um nó central.

Certamente Kant não quer ser o teórico da força como a fonte exclusiva do direito. Ao contrário, ele acusa disso os ideólogos a serviço do poder. Um dos princípios fundamentais que eles seguem é *fac et excusa*.

> *Aproveita a ocasião favorável para tomar posse arbitrariamente (quer de um direito do Estado sobre o povo, quer de um direito sobre um outro povo vizinho). A justificação se apresentará, fato consumado, mais fácil e elegante, e a violência será mascarada (especialmente no primeiro caso, em que o poder supremo exerce internamente também o poder legislativo, ao qual se tem de obedecer sem muita discussão...).*

Tanto no plano internacional como no interno, os ideólogos atrelados ao poder recorrem a todo tipo de expedientes "para atribuir à violência acompanhada de esperteza a autoridade de ser a origem e o vínculo de todo direito" (PP, VIII, pp. 374 e 376). Os teóricos do fato consumado, sempre dispostos a justificarem as prevaricações do poder contra os cidadãos ou os súditos, os desmandos com os quais o soberano expropria o povo dos seus inalienáveis direitos, são os empiristas que desprezam as teorias gerais, vendo nessas um obstáculo aos caprichos do poder e ao seu servil zelo justificador. Muito diversa é a atitude de quem proclama os direitos do homem e do cidadão, ou aplaude a sua proclamação.

E, no entanto, continua aberto o problema: qual é a força coativa desses direitos diante das violações e dos desmandos da autoridade constituída? Poderiam adquirir força coativa mediante o recurso à violência a partir de baixo. Mas, à parte o fato de que o resultado seria no fim das contas incerto, tal violência sempre seria arbitrária, destituída de qualquer objetividade jurídica. Então, para se restabelecerem os direitos supostamente violados, ela, precipitando de novo a sociedade no estado de natureza, destruiria as condições mesmas que tornam possível o exercício regulado e garantido desses mesmos direitos.

5. *Quis judicabit?* e *Quis cogebit?*

A pergunta com a qual Hobbes negava o direito de resistência – *Quis judicabit?* – se acha igualmente em Kant; em caso de conflito entre o povo e o soberano, "quem é que poderia decidir de que lado se acha o direito? Nenhum dos dois pode ser juiz em causa própria. Deveria existir, acima do soberano, um outro soberano que decidisse entre ele e o povo, coisa contraditória" (DC, VIII, p. 300).[76] Mas Kant vai ainda mais longe, e aqui está a novidade da sua posição. Visto que a existência de direitos do povo frente ao soberano é indiscutível, o problema real é, poderíamos dizer: *Quis cogebit?* Quem, e com que força vai impor o reconhecimento, na prática, desses direitos?

Caso houvesse um órgão que, diante de inadimplências constitucionais, pudesse exercer violência contra o soberano, seria na realidade esse órgão mesmo o detentor da soberania, e então o problema do controle ficaria simplesmente deslocado. É necessário dizer que Kant identifica com grande realismo um problema crucial do funcionamento da máquina do Estado: o exercício da soberania é definido, em primeiro lugar, pela posse de um "poder irresistível" (*unwidersteblische obergewalt*). Sem esse poder não é possível impor o respeito da lei e, portanto, proteger os cidadãos; nem é possível, então, fundar alguma "Constituição Civil". Mas, precisamente por isso, tal poder foge a um efetivo controle legal (PP, VIII, pp. 382-383; cf. também MC, VI, p. 372).

Se é possível e necessária a divisão entre os vários poderes constitucionais – e isso constitui, aliás, o pressuposto para a superação do despotismo –, a *unwidersteblische obergewalt*, essa força militar organizada à qual ninguém tem condições para opor resistência, permanece, porém, sempre concentrada nas mãos de uma pessoa ou de um órgão que passa a ser, portanto, o detentor da soberania efetiva. Isso esvazia de sentido o direito de resistência: se esse direito fosse abertamente

---

[76] Quanto a Hobbes, cf. SPAEMANN, R. *Kants Kritik des Widerstandsrechts*, 1972, em: *Materialien zu Kants Rechtsphilosophie*, cit., p. 347.

proclamado, comprometeria o próprio objetivo que afirma pretender atingir, isto é, poria em guarda os detentores da força militar organizada, sem, todavia, ser capaz de condicioná-los concretamente (PP VIII, pp. 382-383).

Eis por que as reformas a partir de cima são preferíveis à revolução violenta. Com essa última, de fato, "haveria no intervalo um momento em que todo o estado jurídico ficaria aniquilado" (MC, VI, p. 355). Se por ventura, ou por absurdo, fosse possível um processo revolucionário mesmo violento, tal, porém, que evitasse a passagem, na fase de transição, antes da consolidação do novo poder, através de uma situação de dualismo de poderes e de incerteza jurídica, Kant pareceria não ter objeções de peso. É o que se depreende do texto de uma das suas *reflexões*:

> *O povo deve ser em todo o caso representado e, como tal, deve ter não só o direito à resistência, mas também a força* (gewalt), *de sorte que, sem recorrer à sedição* (Aufruhr), *possa recuperar a sua liberdade e recusar a obediência aos governantes. Dever--se-ia propriamente dizer: o povo não deve cessar em momento algum de constituir um todo, caso contrário tudo aconteceria* per turbas, *isto é, mediante um poder usurpado* (usurpierte gewalt), *que não pode ser legalmente transmitido a ninguém. Portanto, deve ser representado, para poder separar-se e resistir legalmente* (XIX, p. 591).

O que Kant rejeita não é a violência, a *gewalt*, mas a que, sem título algum de legalidade, parece implicar a recaída no estado de natureza, com a grave consequência de uma má constituição ser substituída por uma ausência total de constituição e, por conseguinte, não pelo desaparecimento do arbítrio, mas por sua generalização. Por conseguinte:

> *Não com relação ao tirano comete injustiça o povo em revolta, mas quanto ao governo em geral e quanto ao gênero humano, na medida em que esse necessita de um instrumento para se governar* (XIX, p. 523).

I "Duplicidade" da negação kantiana do direito de resistência

A injustiça consiste só no fato de criar uma situação destituída de legalidade. Usando a rebelião como um "meio para reivindicar o próprio direito", o povo comete:

> *Um ato sumamente ilegal, visto que tal meio erigido em máxima torna incerta qualquer constituição jurídica e leva de volta a uma condição de vida inteiramente sem lei (status naturalis), em que todo direito cessa de ter efeito* (DC, VIII, p. 301).

Antes do constituir-se do ordenamento jurídico, portanto no *status naturalis*, pode-se igualmente falar de direitos inalienáveis do homem, mas como "simples ideia" (*blosse idee*) que se realiza concretamente só mediante a "legislação civil" (I, XI, p. 10; é uma carta a H. Jung-Stilling com data posterior a primeiro de março de 1789).

Na rebelião violenta emerge não o povo, mas as facções em luta:

> *Mesmo quando o contrato efetivo do povo com o soberano tenha sido violado, o povo não pode, entretanto, reagir imediatamente como um corpo comum, mas só mediante tumulto* (rottierung). *E isso porque a constituição até então existente foi pelo povo posta de lado, ao passo que não se acha ainda de pé a organização para um novo corpo comum. Surge então um estado de anarquia, com todos os horrores que daí podem advir; e a injustiça acarretada por essa situação é a que uma parte do povo faz à outra* (DC, VIII, p. 302n).

Aquilo que define o povo (ou a nação) é o ser e o agir como "um todo" regulado por leis, ao passo que a parte que se subtrai à lei é a "plebe", cujo ato de "reunir-se ilegalmente é o tumulto" – *agere per turbas* (A, VII, p. 311). Deve-se então frisar que aquilo que distingue a "plebe", o *vulgus*, em contraposição ao *populus*, não é o recurso à violência como tal, mas, ao contrário, o ato de mover-se não como cidadãos no interior de um ordenamento jurídico bem definido, e sim como simples agentes privados, sem qualquer ponto de referência legal, em substância como seres no estado de natureza.

É significativo que na França, também durante o terror jacobino, até no momento da execução pública de Luís XVI, Kant vê atuando o povo francês, e não a plebe, pelo fato de que a "abdicação" do rei, com a convocação dos Estados Gerais e da Assembleia Nacional e a rápida consolidação do novo poder revolucionário tinham impossibilitado que se abrisse um vácuo jurídico.

No caso de haver um órgão que possa responder com autoridade ao problema do *Quis judicabit?* e do *Quis cogebit?*, não se trata mais de tumulto da plebe, não há mais rebelião. A *Reflexão* citada e que explicitamente reconhece ao povo um direito de resistência (*Recht zum Widerstande*) é com toda a probabilidade anterior a 1789. Teria Kant mudado de atitude depois que explodiu a Revolução Francesa? Em que sentido?[77] Tentemos ler um apontamento do mesmo período:

> *A pergunta a respeito de quem deve julgar, quando o pacto é quebrado, pode encontrar facilmente resposta. Mas quem é que deve proferir a sentença, isto é, julgar com a força da lei? Na Inglaterra, quem pode fazê-lo é o Parlamento, porque já tinha o poder* (gewalt) *para tal, mas ninguém no povo per turbas* (XIX, p. 591).

Aqui parece dissipar-se tanto o problema do *Quis judicabit?* Como o do *Quis cogebit?* Há uma autoridade legal, capaz de fazer respeitar o pacto mesmo contra o soberano, sem que por isso se caia de novo no estado de natureza.

Teriam sido então as sublevações ocorridas na França que determinaram uma espécie de involução em Kant? Vejamos, no entanto, os elementos de continuidade que não faltam. Nos apontamentos supracitados emerge claramente a justificação da Revolução Inglesa. Mas importa observar que se trata fundamentalmente das mesmas motivações que são a seguir aduzidas para justificar a Revolução Francesa. Com efeito, a convocação dos

---

[77] Quem chama a atenção para um grupo de reflexões anteriores ao ano de 1789 e que reconhecem um direito de resistir foi HENRICH, D. (cf. *Einleitung* a KANT-GENTZ-REHBERG, *Ueber Theorie und Praxis*. Frankfurt a. M., 1967, p. 27).

Estados gerais, por Luís XVI, é considerada como sua abdicação, como a passagem de poderes, perfeitamente legal, precisamente aos Estados Gerais e à Assembleia Nacional. Quando o povo se acha reunido, mediante uma assembleia eletiva, ele mesmo é o soberano, e ainda que exerça tal soberania contra a vontade do próprio monarca, igualmente não pode ser considerado rebelde. Nesse sentido, não houve rebelião nem na Inglaterra nem na França.

E Kant enuncia uma regra geral: uma vez que o rei "convocou o povo e foi constituída a assembleia, então a sua autoridade não só fica suspensa, mas pode até cessar, assim como na presença do mandante cessa a autoridade de todo representante seu". Com efeito, o monarca é apenas "um representante, um lugar-tenente, com o qual o povo não fechou nenhum contrato, mas ao qual simplesmente deu o encargo de representar os direitos desse povo" (XIX, p. 593). É um ponto de notável importância. Na medida em que é capaz de exprimir-se legalmente, através de uma regular assembleia eletiva, o povo não tem nenhuma obrigação com o monarca. A rebelião é condenável, mas não enquanto viola obrigações contraídas para com a autoridade constituída, mas só enquanto não é e não pode ser a expressão organizada e legal do povo. Pelo contrário, no *agere per turbas*, que define a rebelião, as facções lesam em primeiro lugar o interesse do povo por um sólido ordenamento jurídico que vem a ser a condição para o exercício mesmo dos seus direitos. Em conclusão, onde há rebelião não há povo, e onde há povo não há rebelião, apesar da derrubada, radical e violenta, do ordenamento político e constitucional vigente.

Desse ponto de vista, a negação kantiana do direito de resistência se mostra não só em toda a sua ambiguidade, mas também na sua "duplicidade":

> *Antes de existir a vontade comum, o povo não tem nenhum direito de coação contra a autoridade constituída (*Gebieter, *trata-se de uma autoridade de fato), pois só mediante essa pode o povo juridicamente coagir. Se por conseguinte a vontade geral já subsiste não se daria nenhuma imposição, porque ela mesma seria a autoridade suprema – oberster gebieter* (DC, VIII, p. 302).

Na segunda parte dessa declaração se percebe que a negação do direito de resistência significa negar que se possa considerar resistência ou rebelião o que acontecera na França (e antes ainda na Inglaterra). No conflito entre vontade comum e monarca é a primeira que representa a legalidade. E no que se refere à primeira parte da declaração, trata-se de algum modo de uma simples tautologia: sem investidura através da vontade comum, portanto mediante uma assembleia eletiva que represente o povo, não se pode exercer nenhum direito de coação frente à autoridade constituída, mas só coação sem direito.

Se é um ponto firme, e um elemento de continuidade, a afirmação que o povo legalmente reunido e representado não pode ser acusado de rebelião, é igualmente um elemento de continuidade que uma sublevação popular, mesmo com uma base social muito vasta, se carece de qualquer investidura legal, envolve uma recaída no estado de natureza: "Tudo aquilo que acontece mediante tumulto (*per turbas*) vai contra o direito público" (XIX, p. 591). Nem tem sentido contra o ordenamento jurídico vigente invocar um pretenso direito natural, pelo fato de que ele deve, porém, traduzir-se em uma "lei civil", e "a Constituição Civil deve conter todos os direitos do povo e do soberano". O povo – declara um apontamento anterior à Revolução Francesa – não tem nenhum direito que não esteja consagrado no ordenamento jurídico positivo, e "todos os direitos secretos, que não se deixam declarar em leis externas, são usurpações" (*ibid.*, p. 594).

6. Fichte, Kant e o direito de resistência

Mas, então, à luz das reflexões já feitas, a posição de Kant não difere muito daquela de Fichte, exatamente da expressa no *Fundamento do direito natural*. Nesse entretempo, o jovem filósofo abandonou as precedentes formulações de teor anarquista que, exaltando explicitamente o indivíduo à dignidade de "Estado no Estado", lhe permitiam a qualquer momento

I "Duplicidade" da negação kantiana do direito de resistência | 71

denunciar o contrato social, fazendo um retorno ao "direito natural".[78] É provavelmente por causa dessas formulações que se explicam as reservas ou as críticas de Kant em relação às *Contribuições*.[79]

No *Fundamento*, a posição de Fichte sofreu radical mudança. Nesse ínterim, esta fora submetida a uma crítica penetrante por obra justamente de um discípulo de Kant, e não certamente a partir de um ponto de vista por assim dizer "moderado", dado se tratar de um autor claramente firmado em posições jacobinas. Caso se tome como ponto de partida o princípio do direito absoluto do indivíduo a configurar como lhe aprouver melhor a própria existência – observa Erhard –, é possível justificar a transformação do ordenamento político existente, bem como a resistência ao processo de transformação em ato.[80] Tratava-se então de uma postura de teor anarquista, ainda mais perigosa no momento em que se alastrava com mais vigor a revolta na Vendeia.

Erhard, ao contrário, exprime seu "total apoio" à tomada de posição das *Contribuições* sobre a relação entre o Estado e a Igreja. Nesse caso Fichte defende vigorosamente o "direito" que, "sobre o sistema eclesiástico", tem um Estado "submetido a um processo de transformação revolucionária" (*der umgeschaffen wird*); ele pode até "cancelar (*durchstreichen*) doutrinas da Igreja", agora em contradição com os "novos princípios políticos". Isso porque, se mais tarde – acrescenta Fichte com transparente alusão ao que estava acontecendo na Vendeia – o clero responde com uma "guerra contra o Estado", então esse último, por sua parte, tem direito de "combater" em "legítima defesa".[81]

Mas era possível justificar a repressão, enérgica e impiedosa, que o poder revolucionário praticava, partindo de um ponto de vista de teor anarquista,

---

[78] *Beiträge...*, cit., pp. 147-148 (tr. it. cit., pp. 161-162).

[79] Como se depreende da carta de Fichte a Th. v. Schön (setembro de 1795), em FICHTE, J.G. *Brifwechsel*, edição de H. Schulz, Leipzig, 1930 (reimpressão anastática Hildesheim, 1967, vol. I, p. 505).

[80] Essas observações estão contidas na recensão dos *Beiträge* que J.B. Erhard faz no *Philosophisches Journal einer Gesellschaft teutscher Gelehrten*, dirigido por F. I. Niethammer (sucessivamente em colaboração com Fichte), 1795, II, 1, pp. 49-50.

[81] *Ibid.*, p. 83 e *Beiträge...*, cit., pp. 273-274 (tr. it. cit., p. 291).

que afirmava a "legitimidade", não só "das revoluções em geral", mas também, "por via de consequência, de cada uma em particular", portanto a legitimidade de qualquer forma de resistência, independentemente dos objetivos concretamente visados, contra o poder constituído?[82] Mas era possível justificar a repressão da revolta vendeana partindo de um ponto de vista que autorizava o "indivíduo" – leitura que das *Contribuições* era feita pelo jovem Niebuhr – a declarar "guerra ao Estado inteiro?".[83] Um leitor certamente não prevenido, como Baggesen, observava que "tal doutrina da revolução", inusitada até para o "clube jacobino" mais radical, seria capaz apenas de destruir "toda sociedade humana".[84] Em todo o caso, dificilmente teria condições de consolidar, em um momento tão difícil, o novo poder revolucionário.

Essa era, no entanto, a dúvida que emergia da recensão publicada no *Philosophisches Journal*, e Fichte deve de certo modo ter percebido isso se, na abertura do *Fundamento*, julga necessário citar os "excelentes insights" contidos nos vários escritos de Erhard.[85] Sem dúvida, agora o ponto de partida, a problemática, é a kantiana: como pode haver uma mudança radical de constituição e de governo, uma revolução, sem recair no estado de natureza? Fichte acredita resolver a dificuldade mediante a instituição do eforato, convocado precisamente para exercer "contínua vigilância sobre a conduta do poder público". Mas a configuração do problema é a mesma já vista em Kant:

> *Quem julga, em última instância, é o poder executivo. Não cabe recurso algum contra o seu juízo definitivo. Como essa inapelabilidade é a condição para todo o relacionamento jurídico, a ninguém é lícito invalidar os juízos desta ou lhes suspender a execução. E ninguém pode fazê-lo, dado que o poder executivo tem uma preponderância de força diante da qual todo poder privado é infinitamente pequeno.*

---

[82] *Beiträge...*, cit., p. 105 (tr. it. cit., p. 116).

[83] Veja a carta de G.B. Niebuhr (o futuro grande historiador) aos pais (16/11/1794), em: *Fichte im Gespräch*, edição de F. Fuchs, em colaboração com R. Lauth e W. Schieche, Stuttgart-Bad Cannstatt, 1978 e s., vol. I, p. 94.

[84] Nota de diário (Berna, maio-junho de 1794), em *Fichte im Gespräch*, cit., vol. I, p. 94.

[85] *Grundlage des Naturrechts nach Prinzipien des Wissenschaftslehre*, 1796, em: *Fichtes Werke*, cit., vol. III, p. 12.

I "Duplicidade" da negação kantiana do direito de resistência

Se o poder executivo é não só o depositário da legalidade constituída, mas também o detentor da força militar, se diante dele o cidadão, ou também um grupo numeroso de cidadãos, é um privado, destituído de mandato legal e, ainda por cima, tremendamente débil e impotente, de que maneira "se devem obrigar os detentores do poder" a respeitarem o contrato e a legalidade constitucional?[86] A resposta de Fichte é conhecida: os éforos podem fulminar os detentores do poder com a "interdição do Estado", rebaixando-os imediatamente ao grau de simples cidadãos e convocando então a comunidade para as decisões a tomar. Mas isso é quando muito a resposta ao *Quis judicabit*?, e não ao *Quis cogebit*?, e nenhuma engenharia constitucional, com os acordos sugeridos para assegurar a independência e a autoridade do eforato, pode garantir *de per si* a solução do segundo problema, de sorte que o elaborado mecanismo constitucional, que deveria, por um lado, evitar ou anular as prevaricações do poder e o golpe de Estado, pelo outro, evitar e tornar supérflua a rebelião, mostra todos os seus limites e dá margem a um confronto decidido em última análise com base nas relações de força. E o que é que viria a suceder se, não obstante todos os acordos, os éforos fizessem causa comum com o poder dominante e contra o povo? O espectro da rebelião, que o instituto do eforato fora chamado para exorcizar, aparece de novo.

Talvez seja útil, então, recapitular os pontos fundamentais de acordo e divergência entre Fichte e Kant, em torno do problema do direito de resistência. Segundo o *Fundamento*, até prova em contrário, é o poder executivo que representa a vontade comum. Portanto, não só não é lícito ao cidadão privado resistir, como tampouco pode convocar por iniciativa sua a comunidade para questionar o comportamento do poder executivo e por em xeque sua legitimidade. Esse ato equivale já à rebelião, porque tem objetivamente como fim a busca de um contrapoder para opor ao poder da autoridade constituída. Essa é também a opinião de Kant, para o qual não é lícito indagar sobre a legitimidade do soberano.

---

[86] Para essa e as sucessivas citações de Fichte, até o fim desse tópico, remetemos, salvo indicação contrária, à *Grundlage des Naturrechts*, cap. III, 5-16; cf. *Fichtes Werke*, cit., vol. III, pp. 148-184. Utilizamos a tradução italiana em: FICHTE, J.G. *Lo Stato di Tutto il Popolo*, editado por N. Merker, Roma, 1978, pp. 183-193, e que por sua vez reproduz, com algumas modificações, a versão contida em *Storia Antologica dei Problemi Filosofici*, edição de U. Spirito, *Politica*, por F. Valentini (ed.), Florença, 1969-1970, vol. II, pp. 265-279.

Outro é o caso que vê o povo já legalmente convocado e reunido. Declara o *Fundamento*:

> *O povo não é jamais rebelde, e a expressão rebelião usada a seu respeito é o maior absurdo já proferido: pois o povo é de fato e de direito o poder mais alto, acima do qual não existem outros, e é a fonte de todos os outros, e é responsável só diante de Deus. Quando o povo se reúne, o poder executivo perde, de fato e de direito, o seu poder.*

Se temos presente a advertência de Fichte, feita em nota ("entenda-se bem, estou falando de todo o povo"), pode-se constatar que, à parte a linguagem mais retumbante e agitadora, também nesse ponto não há substancial diferença quanto a Kant. Para ele, na França de 1789, a legal convocação e reunião dos representantes do povo significara automaticamente a abdicação de Luís XVI e a passagem de poder à Assembleia Nacional, sem que houvesse qualquer rebelião.

Nenhum indivíduo privado pode convocar o povo, mas uma vez convocado e reunido, o povo é indiscutivelmente o soberano. Quanto a esse ponto, estão de acordo Kant e Fichte. Mas aqui precisamente reside a dificuldade que o *Fundamento* formula nestes termos: "Só a comunidade pode se declarar comunidade; ela, por isso, deveria ser comunidade antes de o ser; e isso, obviamente é contraditório".

E aqui é que começam a divergir as posições dos dois filósofos. Para Kant, essa contradição é insolúvel: ou se dá a "abdicação" legal, como no caso de Luís XVI, ou então a resistência contra o poder constituído só pode ocorrer *per turbas*, ou seja, através de uma multidão, desprovida de qualquer investidura legal, no curso de um conflito de sucesso incerto, que anula a certeza do direito e que implica a recaída no estado de natureza. Em conclusão, ou o povo está legalmente convocado e reunido, e nesse caso não há rebelião, dado que o povo mesmo é o soberano, ou então, se há rebelião, não é o povo que está atuando, mas uma facção mais ou menos numerosa. Com efeito, quando há povo, então há um ordenamento jurídico preciso, ao passo que o aglomerar-se e o reunir-se de uma multidão,

I "Duplicidade" da negação kantiana do direito de resistência | 75

violando o ordenamento vigente e sem que tenha ainda tomado corpo o novo direito, é a recaída na anarquia, em uma situação de desagregação do povo em indivíduos e facções que se empenham em uma guerra recíproca. Em outras palavras, a contradição formulada no *Fundamento* é para Kant insolúvel, e isso confirma a ilegalidade da rebelião.

Para Fichte, porém, há uma saída, "a contradição só pode ser eliminada assim: através da constituição o povo, em casos determinados, é previamente declarado comunidade". Ou seja, em casos graves, os éforos têm o poder, não só de destituir os governantes, mas também de convocar assembleias e reuniões populares, às quais de antemão se conferem todas as unções da legalidade e que, por conseguinte, são expressão não de cidadãos privados ou de uma facção, mas da autêntica vontade coletiva. O espaço vazio, que Kant considerava inevitável entre a destituição da antiga autoridade e o estabelecimento da nova, é antecipadamente preenchido pela norma constitucional que institui o eforato e lhe define os poderes e as competências, afastando, portanto, o perigo da anarquia e tornando supérflua a rebelião. Mas, à parte o fato de que a norma constitucional não constitui *de per si* uma resposta ao *Quis cogebit?*, no caso de aliança entre eforato e poder executivo na violação da constituição, no golpe de Estado – caso que Fichte considera improvável, mas que não pretende excluir –, de novo se abriria o próprio problema do *Quis judicabit?*, no sentido de que não haveria autoridade legal chamada a constatar a violação da constituição e a convocar regularmente a comunidade.

Volta à baila o problema da rebelião, se é lícita ou não. Também nesse caso, a posição de Fichte não é, no fim das contas, muito diferente da de Kant. O *Fundamento* prevê dois possíveis cenários: a opressão é tão forte que une contra si o povo como um só homem ou em todo o caso desperta forças suficientes para derrubar a autoridade constituída, e nesse caso os promotores da rebelião se tornam heróis e guardiões da nova legalidade constitucional: os éforos. Em outro cenário, a rebelião não consegue encontrar consensos suficientes (ou porque a autoridade constituída não é opressiva como se pintava e é, em todo o caso, tolerável, ou porque o povo ainda não está maduro para uma radical mudança), e então os promotores "são punidos como rebeldes segundo um direito exterior plenamente válido, ainda que diante do direito interior, ou seja, diante da própria consciência, possam ser mártires do direito". Não há um direito de rebelião, ela se torna lícita, quando muito, *post factum*. Mas também para Kant, como já se viu, uma vez consolidado o poder revolucionário, torna-se perfeitamente legal, e não tem mais sentido e não é lícito por em questão sua legitimidade.

Mas, a concordância entre os dois filósofos está, sobretudo, nisto: à exaltação da revolução na França corresponde uma atitude de enorme cautela na Alemanha. E, a partir dessa divergência, é possível compreender as perplexidades e as oscilações sobre o tema do direito de resistência. Desse modo, a defesa da Revolução Francesa não pode nem deve soar como apelo a derrubar a autoridade constituída na Alemanha; e isso não só porque não o permitiriam a censura e as reais relações de força, mas também porque essas relações de força estão, por assim dizer, interiorizadas e acabam, portanto, atuando profundamente na própria estrutura do pensamento, inibindo até a formulação de uma teoria consequente da Revolução Burguesa. A radical diversidade da situação alemã, sua "excepcionalidade", não só determina um comportamento mais cauteloso, no plano prático, mas se infiltra e se reflete no próprio interior da atividade especulativa.

A defesa e a celebração que Fichte faz da Revolução Francesa cai em um momento em que setores consistentes da opinião pública se retraem, horrorizados, diante do tTerror jacobino que, usando os termos de Marx, utilizava métodos plebeus para se desembaraçar dos inimigos da burguesia; mas o mesmo filósofo, que defende ou justifica a violência plebeia dos jacobinos, afirma em seguida que ninguém "seria tão incapaz quanto a multidão" (*Menge*) de interpretar a vontade comum e denunciar as suas violações.[87] E, também nesse horror pela multidão e a plebe, Fichte não se afasta fundamentalmente de Kant.

---

[87] *Grundlage*..., cit., p. 15. Quanto ao juízo de Marx sobre o Terror jacobino, artigo publicado na *Neue Rheinische Zeitung*, 15/12/1848 (agora em: MARX-ENGELS. *Werke*, Berlim, 1955 e s., vol. VI, p. 107).

7. Da Revolução Inglesa à Revolução Francesa

Mas agora voltemos a Kant. É possível surpreender uma mudança de posição sobre um problema de grande relevância. Em caso de violação do *pactum* fundamental pelo *summus imperans*, o povo pode "reivindicar sua liberdade" mediante os direitos consagrados na constituição, em virtude de uma lei que atribui os vários poderes, mas lhes fixa também os limites (XIX, p. 590). Essa é a ideia de uma divisão de poderes, de sorte a garantir permanentemente os cidadãos contra qualquer abuso. É essa ideia, elaborada inspirando-se na constituição e na história inglesa, que vai cair após 1789. A soberania é, na realidade, indivisível e, se para dirimir as controvérsias entre soberano e povo, fosse instituído um órgão dotado de autoridade e força tal que pudesse aplicar a sentença proferida, seria então esse órgão o verdadeiro soberano. Mas por quem, por sua vez, seria então controlado? (DC, VIII, p. 300).

Mas, à parte as motivações teóricas desse posicionamento, é necessário examinar a situação histórica e o concreto debate político que motivam Kant. Se a atitude dele muda após ter explodido a Revolução Francesa e se torna mais enérgica a negação do direito de resistência, isso não se dá seguindo a onda da reação das cortes e da propaganda contrarrevolucionária, mas, pelo contrário, justamente na tentativa de opor uma barreira a essa onda. Junto com o apoio à revolta vendeana e aos movimentos de revolta contra o novo poder que se afirmara na França, era a celebração da Constituição Inglesa o outro cavalo de batalha dos ideólogos da reação. Para evitar que surja o desejo da rebelião – declarava Gentz –, para conseguir de fato que os cidadãos ou os súditos não se achem nunca diante do dilema de ter que escolher entre a submissão a um despotismo injusto, intolerável, e uma revolta sanguinolenta e destruidora do ordenamento legal, faz-se necessário ter "uma *boa constituição*, tal que impossibilite o abuso do poder supremo, mediante a sua própria organização".

E, tornando mais explícita e mais direta a polêmica contra o ensaio de Kant, *Sobre o dito comum*, Gentz prosseguia:

> *Se é em si contraditório que haja leis exteriores, coativas, em contraste com a autoridade suprema do Estado, é, no entanto, perfeitamente pensável que, graças a uma feliz relação entre as diversas partes constitutivas (entre os participantes) da suprema autoridade, sejam impostas limitações internas às suas operações.*

Sem dúvida, não se pode jamais excluir de todo o perigo de violação de tais regras, mas se trata de um perigo bastante reduzido mediante "uma constituição cuidadosamente equilibrada e bem balanceada". Muito mais graves, porém, se tornam os riscos, quando se está na presença do "férreo cetro de um ilimitado despotismo", quer exercido por uma só pessoa, quer pelo "monstro de mil cabeças de um povo que se autogoverna (de uma nação soberana)".[88]

O despotismo e, em primeiro lugar, o despotismo da Assembleia Nacional Francesa, torna inevitável o desejo da revolta, e para abafar esse desejo não basta certamente a negação kantiana do direito de resistência. Faz-se necessária, isto sim, uma "boa constituição". Gentz não menciona explicitamente o nome de nenhum país. Mas, para o tradutor de Burke, claro que o modelo é a Inglaterra. Somente um povo cuja constituição se caracteriza por uma "sábia e funcional divisão do poder público é capaz de olhar cara a cara, sem terror, o terrível princípio segundo o qual toda rebelião é um crime".[89] É significativo o fato de Gentz também, no fim das contas, substancialmente rejeitar a negação kantiana do direito de resistência: em face de um poder político que, como na França, se arroga prerrogativas e funções tão amplas, a ponto de pretender atacar, em nome da indivisível soberania popular, privilégios e invioláveis direitos históricos, é inevitável, se não a revolta, pelo menos o desejo de se revoltar, um desejo, outrossim, mais cedo ou mais tarde fadado a se traduzir em ato, sem levar em conta qualquer escrúpulo legal.

---

[88] GENTZ, F. *Nachtrag zu dem Räsonnement des Herrn Professor Kant über das Verhältnis zwischen Theorie und Praxis*, em: KANT-GENTZ-REHBERG, *op. cit.*, pp. 107-108.

[89] *Ibid.*, p. 107.

I "Duplicidade" da negação kantiana do direito de resistência

Compreende-se então a polêmica de Kant. Já o ensaio *Sobre o dito comum* – fora já publicada em Berlim a tradução alemã da obra de Burke, *Reflexões sobre a Revolução Francesa* – destaca que:

> *Na Constituição Inglesa, que aquele povo tanto enaltece, como se ela devesse constituir o modelo para o mundo inteiro, nada se fala do poder que cabe ao povo, caso o monarca ousasse quebrar o pacto de 1688* (DC, VIII, p. 303).

Em outras palavras, por que é que os teóricos da reação se apressam tanto a reivindicar para o povo francês, melhor, para a Vendeia, um direito de resistência que *não* está previsto nem mesmo na Inglaterra, ou seja, no país que eles tanto enaltecem?

Mas Kant não se limita a essa espécie de retorsão polêmica. Na realidade, o que ele visa, precisamente a fim de destruir uma das bases da ideologia contrarrevolucionária, é desmascarar o "mito" da Inglaterra, um país cuja constituição não só era desfraldada como um modelo por Burke, Gentz, Rehberg *et al.*, mas também pelos setores timidamente liberais, assustados com a radicalização do processo revolucionário na França. Fala-se – declara a *Metafísica dos costumes* – de "constituição moderada" (*eingeschränkte verfassung*), mas nesse caso "não se permite nenhuma resistência ativa", porém:

> *Só uma resistência negativa, ou seja, uma recusa do povo (no parlamento) de consentir sempre naquilo que o governo impõe sob o pretexto do bem do* Estado (MC, VI, p. 322).

> *Pelo contrário, se isso não acontecesse, seria sinal certo de que o povo está perdido, que os seus representantes são venais, que o chefe supremo do governo faz do seu ministério um instrumento de despotismo e que o próprio ministro é um traidor do povo* (MC, VI, p. 322).

O texto apenas citado não diz explicitamente o nome de nenhum país, mas é igualmente claro a quem alude. Hume – sobre cujos escritos políticos também chamara a atenção um artigo publicado na *Berlinische Monatsschrift* (bm 1793, XXII, p. 43n) – já não havia se referido à Inglaterra como uma *limited monarchy* (monarquia limitada)?[90] O termo *eingeschränkt* aplicado por Kant à "constituição" parece ser precisamente a tradução do *limited* que se acaba de ver. E na Inglaterra também pensava Wilhelm von Humboldt, o teorizador dos limites da ação do Estado quando, em uma carta a Schiller, no fim de 1792, escrevia:

> *As constituições livres e as suas vantagens de modo algum me parecem ser em si coisas importantes e benéficas; pelo contrário, é antes a monarquia moderada que impõe vínculos menos restritivos ao desenvolvimento do indivíduo isolado.*[91]

Também Wieland, por seu turno, *contrapõe* o exemplo de uma "monarquia moderada" (*eingeschränkte monarchie*) como a Inglaterra ao processo de radicalização democrática e jacobina que, a certa altura, investe a Revolução Francesa.[92]

Todavia, independentemente da referência a um país determinado, tratava-se agora de uma palavra de ordem, cara aos adversários da Revolução Francesa: o próprio Mallet du Pan, então um dos mais célebres teóricos da reação, não falava também de *constitution limitée*?[93] Na vertente oposta, um escritor democrático – trata-se de Johann Adam Bergk – distinguia três tipos de regime, a "república democrática", com uma clara referência à França revolucionária, a "monarquia absoluta" (*uneingeschränkte monarchie*) e a "monarquia moderada" (*eingeschränkte monarchie*). Essa última, porém, poderia a qualquer momento transformar-se em absoluta.[94] É clara a intenção dos partidários da revolução, em desacreditar a

---

[90] Cf. *Essays, Moral, Political and Literary*, Part I, 1742, em: D.H., *The Philosophical Works*. Londres, 1882 (reimpressão anastática, Aalen, 1964, vol. III, p. 122.

91 Em: HUMBOLDT, W. v. *Stato, Società e Storia*, edição de N. Merker, Roma, 1974, p. 214.

[92] *Zufällige Gedanken über die Abschaffung des Erbadels in Frankreich*, 1790, em: *Wieland's Werke*, edição de H. Düntzer, Berlin s. d., vol. XXXIV, p. 110.

[93] Cit. por SCHEEL, H. *Süddeutsche Jakobiner*, Vaduz/Liechtenstein 1980 (2ª ed.), p. 242.

[94] *Untersuchungen aus dem Natur, Staats- und Völkerrechte...*, cit., pp. 339-350.

I "Duplicidade" da negação kantiana do direito de resistência

Inglaterra, assimilando-a substancialmente aos outros *partners* da coligação antifrancesa, ou seja, às monarquias feudais de direito divino.

O autor há pouco examinado exprime sua admiração pela "república democrática" em um escrito de circulação mais ou menos clandestina, que nem mesmo trazia a indicação da cidade. Compreendem-se, então, as cautelas de Kant ao abordar o tema. Se o primeiro denuncia a hipocrisia da "monarquia moderada", o segundo ressalta que em uma "constituição moderada" – não casualmente a expressão escolhida é mais ambígua e não deixa claramente transparecer o alvo real da polêmica – o parlamento tem no máximo a possibilidade de rejeitar as exigências financeiras do governo (trata-se, como veremos, dos créditos de guerra), mas nada mais, ou seja, não exprime nenhuma real capacidade de iniciativa, nenhuma real soberania popular. Se a seguir, na prática, o parlamento continua sistematicamente dizendo "sim" ao chefe do Estado, isso então é:

> *Um sinal certo de que o povo está perdido, que os seus representantes são venais, que o chefe do Estado governa despoticamente através do seu ministério e que ele é um traidor do povo.*

Quisemos retomar esse trecho para deixar claro que não estamos diante de um exemplo imaginário. Kant está descrevendo a situação da Inglaterra, sem dúvida como ele a vê. Tentemos reconstruir, indo além das cautelas verbais, o raciocínio do filósofo. A prova dos nove do caráter despótico da constituição, ou da vida política inglesa, é a adesão, ou a aquiescência, do parlamento à guerra contrarrevolucionária contra o povo francês.

De resto, se o texto acima citado apresenta ainda reticências – pois ainda estava vivo Frederico Guilherme II –, após sua morte e após o fim, portanto, da era Wöllner, tendo-se afrouxado as malhas da censura, o *Conflito das faculdades* fala bem mais explicitamente:

> *O que é um monarca absoluto* (absolut)? *É aquele que quando comanda – Tem de haver guerra – a guerra segue. O que é, ao contrário,*

> *um monarca limitado* (eingeschränkt)? *É aquele que antes deve perguntar ao povo se tem de haver guerra ou não. E se o povo diz – Não deve haver guerra –, ela para. A guerra é uma condição de coisas em que todas as forças do Estado devem ser postas ao serviço do chefe do Estado. Mas o monarca britânico fez muitas guerras sem pedir o consentimento do povo. Ele é, portanto, um monarca absoluto [...].*

Na verdade, a constituição prevê de outro modo, mas, distribuindo cargos e funções, a coroa pode abafar os escrúpulos constitucionais. Naturalmente, o pressuposto para que esse "sistema de corrupção" tenha êxito é a reticência, a falta de "publicidade". Mas, justamente por isso, não se deve ficar na aparência, ainda mais que o véu que envolve uma monarquia despótica e corruptora é "muito transparente" (C, VII, p. 90n).

Polemizando, Kant chega até a representar de modo caricatural o Parlamento inglês:

> *Todo o mundo bem sabe que a influência do monarca sobre esses representantes é tão grande e tão infalível, que nessas Câmaras não se decide outra coisa senão o que ele quer e propõe por meio dos seus ministros.*

Caso se rejeite alguma proposta do rei, isso quer dizer que foi apresentada de propósito para que fosse rejeitada e, assim, salvaguardar a aparência de um mínimo de autonomia para o parlamento. O objetivo político dessa implacável polêmica é esclarecido pelo próprio Kant. Deve-se desmascarar a Constituição Inglesa, a fim de destruir:

> *A ilusão de não ser necessário buscar a verdadeira constituição em conformidade com o direito; e isso para que se acredite que foi encontrada em um exemplo já existente, e uma propaganda mentirosa engana o povo com a lisonja de uma monarquia limitada pela lei desejada por ele mesmo, ao passo que os seus representantes, corruptos, o submeteram secretamente a uma monarquia absoluta* (C, VII, p. 90).

A condenação da Constituição Inglesa está em função da celebração da nova realidade política suscitada pela Revolução Francesa que Kant, por conseguinte, não só defende dos ataques dos ideólogos da reação, mas apresenta como um modelo também para um país como a Inglaterra, que, por sua vez, tinha às costas a Revolução Burguesa. A contraposição da França revolucionária à miséria política inglesa se faz explícita nas *Reflexões*. Partindo sempre do problema da guerra e da paz, não apenas se frisa que a Inglaterra é dominada por um "monarca absoluto", mas dessa vez, explicitamente, a essa realidade se contrapõe o exemplo da "República francesa" e do Diretório que, para poder declarar a guerra, é obrigado a pedir a aprovação dos representantes do povo. Só nesse caso é que se pode falar de "poder moderado" (*eingeschränkte gewalt*), ou também de "monarca de poderes limitados" (*beschränkter Monarch*). Só nesse caso é que se pode falar de um "povo livre".

Significativo é o fato de Kant retorcer os argumentos dos ideólogos da reação. É na França que existe efetiva limitação do poder do soberano por iniciativa do povo, ao passo que, no tocante à Inglaterra, só criancinhas podem ser ofuscadas pelo fato de que as despesas de guerra têm de ser aprovadas pelo Parlamento. Nesse meio tempo os representantes do povo são chamados a intervir demasiado tarde, quando a guerra já foi declarada; e o monarca e seus ministros não têm então particulares dificuldades para obter *a posteriori* a aprovação do parlamento, mediante a distribuição de postos no exército e na administração do Estado, para não falar das sinecuras, distribuição que na prática *é* subtraída a qualquer controle. Concluindo, a Constituição Inglesa não é a de um "povo livre", mas é apenas "uma máquina política... para executar a vontade absoluta do monarca". Pode-se até dizer, ao contrário, que o povo inglês não só não é livre, mas "oprimido" (*unterjocht*). E é uma opressão tão intolerável:

> *Que não se pode absolutamente pensar no progresso do gênero humano em uma parte considerável dele e que, não obstante o florescer e o desenvolver-se das artes possam protelar a ruína por algum tempo, deve-se, todavia, prever com certeza, mais cedo ou mais tarde, uma queda, e então ainda mais perigosa* (XIX, pp. 606-607, passim).

Desse modo, Kant intervém com autoridade em um áspero debate político que se abrira com a decisão da Assembleia Nacional, em maio de 1790, de deixar para o rei só a faculdade de propor a paz ou a guerra, reservando a si mesma a decisão final. Mas essa medida constituía, para Burke, mais um motivo para se acusar os revolucionários franceses:

> *Como vão poder os Estados estrangeiros tratar com alguém (o rei francês) que não tem o poder de paz ou de guerra, nem tampouco em um único voto seu ou dos seus ministros nem de ninguém que se ache sob a sua influência? Uma situação em que é objeto de desprezo não se dá ouvido a um príncipe: seria melhor tê-lo matado.*

Era necessário, ao contrário, ter deixado ao rei "o direito de paz e de guerra", limitando ou controlando esse direito através de outros instrumentos, como aqueles em uso na Inglaterra.[95]

Entre outros, quem já respondia a Burke era Paine (um dos ideólogos da Revolução Americana, que depois se tornou cidadão honorário francês) em uma obra traduzida também na Alemanha. Bem se fizera na França tirando "o poder de declarar guerra do rei e dos ministros", atribuindo-o, em vez disso, "àqueles que suportam suas despesas", ou seja, ao povo. O remédio celebrado por Burke que, no tocante à Inglaterra, teria como objetivo impedir qualquer abuso por parte do monarca, ou seja, o fato de ser obrigado a dirigir-se ao Parlamento para a cobertura das despesas de guerra e a imposição de novos tributos, era pior do que o mal:

> *Nos governos despóticos, as guerras são o efeito do orgulho. Mas os governos para os quais elas se tornam um meio de tributação estão bastante prontos a travá-las, porque são um caráter constitutivo e permanente deles.*

Aliás, "considerando a história do governo inglês, das suas guerras e dos seus impostos, um observador que não estivesse cego pelo preconceito,

---

[95] *Reflections...*, cit., pp. 362-364 (tr. it. cit., pp. 392-393).

I "Duplicidade" da negação kantiana do direito de resistência 85

nem desviado pelo interesse, afirmaria que não se cobravam as taxas para travar as guerras, mas ao contrário, provocavam-se as guerras para continuar cobrando as taxas". E quanto ao Parlamento, ao qual caberia controlar a Coroa, a regra era "um conluio entre as duas partes servindo de escudo para ambas".[96]

O texto de Paine, logo traduzido em alemão e publicado em Berlim em 1792 –, conhece uma impressionante repercussão na Alemanha – ao texto alude Gentz, com desprezo![97] –, não deveria ser desconhecido a Kant. Leve-se em conta que a revista berlinense, na qual o filósofo colaborava, faz referência ao debate em curso na Europa, citando também explicitamente os nomes de Burke, Paine e Mackintosch (bm, 1792, XX, pp. 479-490). Pois bem, Kant vai intervir no debate com voz autorizada, dando seu firme apoio às teses dos defensores da Revolução Francesa e alinhando-se na prática, ao menos em suas *Reflexões* privadas, com aqueles que almejavam ou previam para a Inglaterra uma nova tempestade revolucionária.

A partir desse momento, a Constituição Inglesa não pode mais ser um modelo ou ponto de referência. A prova dos nove de seu caráter potencialmente despótico são os poderes concedidos ao rei para desencadear a guerra e o fato de que a Inglaterra dirige a coligação contrarrevolucionária e a agressão armada à França. Um país que vai à guerra, sob qualquer pretexto, não pode ser "republicano". E, até o fim, Kant não tem dúvida alguma sobre as responsabilidades do conflito em curso. A própria conformação insular da Inglaterra, enquanto "protege suficientemente (os ingleses) de ataques de fora, impele ainda mais a se tornarem agressores" (A, VII, p. 314). Deve-se também observar que, enquanto "de modo geral os franceses amam e são cheios de respeito e admiração pela nação inglesa", ela, ao contrário, "de modo geral odeia e despreza" seus vizinhos de além-mar. E essa diferença de atitude também não se pode fazer remontar à rivalidade

---

[96] *I diritti dell'uomo I*, em *I diritti dell'uomo*, edição de T. Magri, Roma, 1978, pp. 154-156, *passim*.

[97] PAINE, TH. *Die Rechte von Menschen. Eine Antwort auf Herrn Burke's Angriff gegen die französische Revolution*, vol. I, Berlim 1792, vol. II e III, Kopenhagen, 1792-1793 (na capital prussiana só foi possível publicar o volume I; as preocupações com a censura forçaram a mudar o local de publicação). Gentz fala das "loucas diatribes de Paine": *Versuch einer Widerlegung...*, cit., p. 111.

entre os dois países. Na realidade, é o "espírito comercial" que, exatamente como o "espírito nobiliárquico", os torna "insociáveis" (*ungesellig*). Para os ingleses, os estrangeiros não são propriamente homens (*ibid.*, p. 315n).

Burke não havia celebrado o fato de que a Constituição de seu país falava não abstratamente de direitos universais do homem, mas apenas dos direitos conquistados pelos ingleses, histórica e hereditariamente? A celebração desse fato se transforma em Kant em um duro ponto de acusação... No choque de gigantes em ato, não se trata, portanto, de simples rivalidade, estão em jogo importantes princípios políticos. Para Kant, além disso, não resta dúvida de que a Inglaterra representa a causa da aristocracia, nobiliárquica ou comercial, a causa da reação. Do outro lado da barricada vemos um "contagiante espírito de liberdade", capaz de provocar um "entusiasmo perturbador", embora não destituído de movimentos extremistas: em termos gerais, o povo francês é *liebenswürdig* (digno de ser amado) (*ibid.*, pp. 313-314).

Que essas formulações e esses juízos são condicionados, ou determinados, pelo entusiasmo pela Revolução Francesa é o que demonstra o fato de que, em época anterior, Kant elabora uma caracterização bem diversa dos dois povos em questão. Os franceses são no fundo superficiais, enquanto os ingleses nutrem "pensamentos de profundo conteúdo". Também no que se refere ao relacionamento com os outros, é verdade que são frios ao primeiro contato, mas, assim que travam amizade, estão prontos a honrá-la de modo concreto. No todo, nesse momento – estamos em 1764, e não ocorreu ainda nem a Revolução Francesa nem a Americana –, a comparação é toda a favor dos ingleses; e que se trata de um juízo político, é o que mostra o próprio Kant, quando, em uma nota, relaciona os diversos caracteres nacionais também com o diferente "modo de governar" (*Regierungsart*).[98]

A radical mudança da caracterização nacional é motivada politicamente. Está claro quem representa a causa do progresso, da razão, dos universais direitos humanos. Muito mais duro e explícito se mostra Kant em suas conversas privadas:

---

[98] *Beobachtungen über das Gefühl des Schönen und Erhabenen*, II, pp. 242-248, *passim*.

I "Duplicidade" da negação kantiana do direito de resistência 87

> *Os ingleses são no fundo a nação mais depravada [...]. O mundo inteiro é para eles a Inglaterra. Os demais países e homens são somente um apêndice, um acessório.*[99]

Sobremodo interessante é o testemunho de Borowski, dado que esse esboço biográfico, como se sabe, foi pessoalmente revisto por Kant. Conforme esse testemunho, portanto, o filósofo acompanhava com apaixonado interesse a evolução da situação internacional, "as relações recíprocas dos Estados", isto é, o andamento da guerra e do choque de gigantes que se travava entre a França e a coligação antifrancesa liderada pela Inglaterra, cujo comportamento era, sobretudo, acompanhado com particular atenção: tratava-se da nação que Kant, "até então sempre exaltara com entusiasmo", mas que a essa altura representava a causa não mais da "liberdade e cultura", e sim da "escravidão e barbárie".[100]

É nesse mesmo período que Hegel constata como decaiu "a consideração do país britânico também entre muitos dos seus mais convictos admiradores". As motivações aduzidas não diferem muito daquelas que já conhecemos em Kant: a nação não se acha de fato representada no Parlamento, que muitas vezes se reduz a um mero instrumento nas mãos do governo. Em tempos mais recentes, "foi limitada tanto a liberdade pessoal, com a suspensão da Constituição, como os direitos políticos por força de certas leis positivas" (é uma referência polêmica à legislação adotada para enfrentar o perigo da França e da agitação revolucionária na própria Inglaterra).[101]

---

[99] ABEGG, J.F. *Reisetagebuch von 1798*, edição de W.J. Abegg em colaboração com Z. Batscha, Frankfurt a. M., 1976, p. 186. Para a importância desse diário, publicado a primeira vez naqueles anos, já chamara a atenção VORLÄNDER, K. *Immanuel Kant. Der Mann und das Werk*, Hamburg, 1977 (2ª ed.), vol. II, p. 307. Mas o discurso vale em geral para as conversas de Kant com os seus contemporâneos. Só agora se anuncia uma edição dessas conversas em Meiner, aos cuidados de R. Malter.

[100] *Immanuel Kant. Sein Leben in Darstellungen von Zeitgenossen*, edição de F. Gross. Berlim, 1912 (reimpressão Darmstadt 1980), pp. 76-77. Quanto à história desse esboço de biografia, cf. a carta de Borowski a Kant, de 12/10/1792 (L, XI, pp. 373-374) e a resposta do filósofo, de 24/10/1792; ao mandar de volta o esboço biográfico, ele aconselha adiar a publicação para depois de sua morte e ao mesmo tempo comunica tomara a liberdade de "cancelar ou modificar algumas coisas" (L, XI, pp. 379-380).

[101] *Aus den Vertraulichen Briefen...*, cit., p. 249 (tr. it. cit., p. 335).

Depois que rebentou a Revolução Francesa e, sobretudo, depois que foi desencadeada a guerra contrarrevolucionária, toda a Europa se vê investida por um inflamado debate ideológico, e é nesse debate que Kant toma posição. Os argumentos dos que defendem a Inglaterra são claros: só uma Constituição que preveja contrapesos entre os diferentes poderes tem condições para bloquear o despotismo monárquico e o despotismo ainda mais perigoso dos revolucionários. Em outra vertente respondia Robespierre:

> *A Inglaterra tem uma Constituição "viciosa", que só podia parecer livre no momento em que os franceses haviam "descido até o último grau da escravidão.*[102]

Kant não pensava muito diversamente sobre esse ponto:

> *A Inglaterra, que há um tempo podia contar com a simpatia dos melhores homens do mundo por ter corajosamente mantido a sua (aparente) liberdade tantas vezes ameaçada, agora decaiu completamente dessa simpatia, após ter manifestado a intenção de derrubar a (muito mais radicalmente livre) Constituição projetada na França, e de derrubá-la, correndo o risco de também derrubar a sua própria Constituição.*

A Inglaterra que, durante um certo período, fora o símbolo da liberdade, transformou-se na ponta avançada da reação:

> Pitt, *que pretende até que em um Estado vizinho tudo se mantenha na velha ordem ou seja reconduzido aos velhos trilhos, caso em que se tenha saído desses, é odiado como um inimigo do gênero humano, enquanto os nomes daqueles que na França instauram a nova ordem, a única digna de se manter para sempre, são recordados para colocá-los um dia no templo da fama* (XIX, p. 605).

---

[102] Discurso de abril de 1791, em ROBESPIERRE, M. *Textes Choisis*, cit., vol. I, 69 (tr. it. cit., p. 31).

I "Duplicidade" da negação kantiana do direito de resistência

É possível reconstruir a evolução da imagem da Inglaterra em Kant e perceber que essa evolução é marcada não por um tempo todo dentro da especulação, mas pelos grandes acontecimentos que mudam a face do mundo. Um apontamento, com data em torno de 1788, depois de ter afirmado que o gênero humano é ainda jovem com todo um futuro à frente, apoiando essa visão, observa: "Só há cem anos temos o sistema da Constituição Civil de um grande Estado, na Inglaterra" (XV, p. 634). A *Glorious Revolution*, à qual evidentemente se faz alusão, é vista como a primeira ruptura da cadeia do despotismo, a aurora de uma nova época. De resto, o interesse e a simpatia de Kant já pela primeira Revolução Inglesa são atestados indiretamente na sua admiração por Milton e o *Paraíso perdido*.[103] Enfim, por uma carta de Marcus Herz a Kant (9 de julho de 1771) ficamos sabendo como "o inglês Smith" é admirado por Kant (L, X, p. 121).

E, no entanto, o prestígio da Inglaterra tinha começado a empalidecer gravemente por ocasião de uma outra revolução, a saber, a americana:

> *Na história da Inglaterra dos dias de hoje, o fato de submeter a América compromete seriamente sua imagem cosmopolítica. Pretende que eles se tornem súditos e carreguem o peso dos outros* (XV, p. 630).

Mas é com o estouro da Revolução Francesa e das guerras contrarrevolucionárias que o quadro mundial se modifica radicalmente. A linha demarcatória entre o progresso e a reação exige total redefinição; melhor ainda, à luz dos novos acontecimentos, deve ser repensada a própria história política e constitucional da Europa moderna.

---

[103] Quem o relata é Borowski, cf. *Immanuel Kant...*, cit., p. 78. Milton era uma das ovelhas negras de certos ambientes reacionários como sinônimo de subversivo e revolucionário. Cf. o artigo publicado em *Neues Patriotisches Archiv für Deutschland*, de F.C.v. MOSER, *Von dem göttlichen Recht der Könige, vom Ursprung landesherrlichen und obrigkeitlichen Gewalt und von der Natur und Gränzen des Gehorsams*, 1792, agora em: GARBER, J. *Kritik der Revolution. Theorien des deutschen Frühkonservatismus 1790-1810. Band I: Die Dokumentation*. Kronberg/Ts. 1976, p. 176.

8. A Revolução Francesa provoca uma reflexão

Vejamos, porém, como se altera o quadro da situação mundial. Um apontamento, que talvez seja pouco anterior a 1789, observa:

> *A história dos Estados deve ser escrita de tal modo que o mundo veja qual a vantagem que obteve de um governo. As revoluções da Suíça, Holanda e Inglaterra são a coisa mais importante da época moderna* (XV, p. 628).

Da revolução nesses três países se fala de novo no ensaio *Sobre o dito comum*, e se frisa que "a sua atual Constituição, tão louvada" é o resultado de uma revolta violenta (DC, VIII, p. 301). Contrapor então a Suíça e a Inglaterra à França revolucionária, como fazia a propaganda reacionária e moderada, é uma operação sem sentido. Mas Kant não se limita a essa constatação, pois, à luz da evolução da luta política na esfera internacional, faz um reexame das estruturas políticas internas desses países. É o que se viu para a Inglaterra.

No tocante à Suíça e à Holanda, as revoluções mencionadas por Kant são aquelas que, ao término de uma luta contra os Habsburgos e contra a Espanha de Filippo II, asseguram a independência aos dois países. Eles, junto com a Inglaterra, gozavam ainda do prestígio conquistado com sua luta. Mas, depois que explodiu a Revolução Francesa, não podiam sem dúvida continuar sendo um modelo, ou talvez pudessem continuar a sê-lo apenas para quem pensasse em contrapor a moderação que havia caracterizado naqueles países a mudança político-social às violentas reviravoltas e à ruptura radical com o passado, marca registrada da ação revolucionária francesa. Assim se explica a referência irônica, no ensaio *Sobre o dito comum*, à "tão louvada" Constituição da Holanda. Ainda mais que, naquele momento, não só na propaganda, mas até nos campos de batalha, a Holanda apoiava a reação, engajada como estava na guerra contra a França.

As declarações, irônicas ou explicitamente condenatórias, feitas por Kant a respeito da situação na Holanda ou na Bélgica, são objetivamente

I "Duplicidade" da negação kantiana do direito de resistência 91

um apoio ao projeto da Grande Nação de modificar em vantagem própria a situação naqueles países. O apoio à Grande Nação se faz explícito na atitude assumida por Kant a propósito da Suíça. Uma testemunha põe na boca do filósofo, em 1798, estas significativas palavras:

> *Os suíços não querem dar nada; todavia a república suíça deve ser mantida e fundada mediante soldados franceses. Devem os franceses nutrir também essas tropas?*[104]

Para compreender o sentido dessa declaração, é preciso levar em conta o movimento revolucionário na Suíça que, em 1797, alcançara a vitória graças também à intervenção do exército francês.

Kant, portanto, não só toma posição a favor do novo estado de coisas, mas rejeita as críticas ao comportamento chauvinista e hegemônico da França que partiam de consideráveis setores dos ambientes democráticos helvéticos. Não se deve esquecer que a intervenção das forças armadas francesas, mais ainda que assegurar a vitória do movimento revolucionário, visava refreá-lo e controlá-lo, para impedir a formação de um país de fato independente. Para usar as palavras de um observador contemporâneo:

> *A Suíça, que tinha iniciado a sua revolução como um país independente, cai por fim sob o domínio estrangeiro dos franceses. E isso decerto levou a bom termo a transformação socioeconômica, mas, ao mesmo tempo, apresentou traços inegavelmente antidemocráticos e rapinantes.*[105]

Transparece aqui a pouca atenção dedicada por Kant – mas esse é um traço comum da cultura de seu tempo – à questão nacional: mas não é esse que agora nos interessa. Fica de pé, todavia, que a mudança do julgamento de Kant sobre a Inglaterra, a Holanda e a Suíça reflete as mudanças da situação objetiva em nível internacional e a evolução da opinião pública.

---

[104] ABEGG, J.F. *Op. cit.* pp. 249-250.
[105] SCHEEL, H. *Süddeutsche Jakobiner*, cit., p. 378.

Era frequente, antes de 1789, a alusão nos meios progressistas a esses três países, uma monarquia e duas repúblicas, contrapostas ao desolador quadro da Europa do despotismo.[106] A *Reflexão*, já citada, demonstra que também Kant era sensível a essa evocação, mas ele muda de atitude depois que rebentou a Revolução Francesa, ao passo que esses países começam a ser apresentados tomando justamente uma posição antifrancesa.

À luz da nova situação histórica e da evolução política no âmbito internacional, o Parlamento inglês que, na reflexão anterior a 1789, era o instrumento para recusar em casos de excepcional gravidade a obediência ao soberano, sem com isso cair no estado de natureza e, em uma situação normal, para lhe contrabalançar o poder, parece, depois de 1789, um odioso instrumento do despotismo:

> *A assim chamada constituição moderada, como constituição do direito interno do Estado, é, portanto, um nonsense, e ao invés de um princípio de direito, não passa de um princípio de prudência que visa, quanto possível, não obstaculizar o poder violador dos direitos do povo a sua arbitrária influência sobre o governo, mas a encobri-la sob a aparência de uma oposição concedida ao povo* (MC, VI, p. 320).

Mas não só para a Inglaterra, também para a França, os teóricos da reação afirmavam a necessidade de um órgão que controlasse e limitasse o poder, agora não do monarca, mas da Assembleia Nacional. Era justamente a onipotência desse órgão legislativo, "fanático" defensor de "abstratas" teorias, que constituía o pior despotismo e, precisamente diante dele, fazia-se mais que necessário um órgão de controle. Burke condena duramente a supressão, na França, daqueles corpos, daquelas instituições que constituíam uma forte barreira às pretensões do poder político de regulamentar todos os aspectos da vida social:

---

[106] Veja os textos apresentados em *Von deutscher Republik*, cit., pp. 27-36. Enfim, não se deve esquecer como Schiller havia celebrado a luta do povo holandês, às vésperas do início da Revolução Francesa: veja, de modo particular, a "Einleitung" (publicada separadamente em janeiro de 1788 no *Teutscher Merkur*, dirigido por Wieland) à *Geschichte des Abfalls der Vereinigten Niederlande von der spanischen Regierung*. O eco dessa admiração se percebe obviamente também no *Don Carlos*.

> *Eles eram o resultado de corpos políticos permanentes* (permanent bodies politic, *que Gentz traduz, significativamente, por* Korporationen), *estabelecidos para resistir a toda inovação arbitrária; e davam certeza e estabilidade às leis mediante a sua constituição corporativa* (corporate constitution) *e a maior parte das suas formas. Em todas as revoluções desse ou daquele gênero, propiciaram sempre um asilo seguro às leis e punham a salvo esse sagrado depósito confiado a eles pela pátria durante o reinado de soberanos despóticos e as batalhas de facções arbitrárias, mantendo vivas a memória e a recordação escrita da Constituição. Eles foram sempre a grande garantia da propriedade privada que se pode dizer, na França, quando ainda não existia a liberdade individual, era tão bem guardada como em outros países.*[107]

Essas instituições, úteis para refrear o poder do monarca, eram também decisivamente indispensáveis em regime republicano e democrático: elas deveriam constituir um dique contra "os males de uma democracia frívola e injusta" e, por conseguinte, em vez de serem oprimidas, deveriam ser organizadas de modo a se tornarem um contrapeso ao "supremo poder de um Estado", e gozarem de independência, como se fossem "uma coisa de exterior ao Estado".[108] Essas instituições que, com o pretexto de vigiar contra os abusos do poder político, deveriam bloquear as picaretadas da atividade legiferante contra o edifício feudal, são chamadas por Burke de tribunais ou *parliaments*.[109]

Por sua vez, também Gentz, polemizando com a propaganda revolucionária, se lança em defesa dos *Parlamenter*,[110] ou seja, dos "parlamentos" que, encarregados de registrar as leis, mesmo partindo muitas vezes de posições corporativas e do apego à tradição feudal, tinham desempenhado uma função de contrapeso ao absolutismo da monarquia, de Luís XVI, fazendo-se objetivamente intérpretes, no período que precede

---

[107] *Reflections...*, cit., pp. 366-367 (tr. it. cit., pp. 395-396).
[108] *Ibid.*, p. 369 (tr. it. cit., p. 396).
[109] *Ibid.*, p. 367 (tr. it. cit., p. 395).
[110] *Versuch einer Widerlegung...*, cit., pp. 141-142.

imediatamente a revolução, do descontentamento popular contra a corte. Após o 14 de Julho, os parlamentos tentaram bloquear a Assembleia Nacional e a radical legislação antifeudal e foram, por isso, dissolvidos já pelo fim de 1789.[111]

Se a dissolução dos "parlamentos" era celebrada também na Alemanha pela propaganda democrática e jacobina,[112] esses parlamentos, ou instituições análogas, eram citados, em vez disso, pela propaganda contrarrevolucionária para celebrar a "constituição moderada" vigente na Inglaterra e que o radicalismo democrático e jacobino pretendera sufocar no nascedouro na França. Eis então que aqueles institutos que, antes de 1789, com base na experiência da Revolução Inglesa, Kant saudava como possível instrumento de expressão da vontade popular, dotados de atribuições e de um poder (*gewalt*) próprios, independentes do soberano, são agora celebrados pela propaganda contrarrevolucionária como necessário contrapeso, imprudente e desastradamente suprimido pela Assembleia Nacional.

Se os teóricos da reação afirmavam a necessidade de órgãos de resistência ao poder legislativo e à soberania popular, cujos componentes eram vitalícios e, aliás, transmitiam o cargo hereditariamente, diversa e oposta era a preocupação de Kant: afirmar a legitimidade da enérgica atuação transformadora, empreendida na França pela Assembleia Nacional, da realidade político-social, impedir todo pretexto de subversão contrarrevolucionária. A posição assumida por Kant sobre esse ponto é tão pouco motivada por preocupações políticas conservadoras, que não é difícil detectar aqui uma certa analogia com as posições radicais e jacobinas. Também para Robespierre, na Inglaterra "o ouro e o poder do monarca fazem constantemente pender a balança para o mesmo lado". As aparências enganavam, pois "o fantasma da liberdade aniquila a própria liberdade" e "a lei consagra o despotismo".

---

[111] Deve-se ter presente FURET, F. e RICHET, D. *Op. cit.*, pp. 51-61 e MICHELET, J. *Storia della Rivoluzione Francese*, tr. it. de C. Giardini, prefácio de G. Cipriani, Milão, 1981, vol. I, pp. 261-269.

[112] Cf. os textos de W.L. Wekhrlin e K. Clauser reportados em: *Von deutscher Republik*, cit., pp. 106, 123 e 126.

Diante dessa realidade, que importância poderiam ter "as combinações que equilibram a autoridade dos tiranos?". Por esse motivo, Robespierre se declarava cético acerca da eficácia da instituição tribunícia como o órgão que deveria "por os diques" para "defender a liberdade pública do excesso do poder dos magistrados". Não era esse o instrumento adequado para "diminuir a potência dos governos em favor da liberdade e da felicidade dos povos". Todavia, nunca se pode "impedir que os depositários do poder executivo sejam magistrados muito poderosos".[113] Robespierre insiste em que é necessário que "a legislação e a execução sejam separadas muito cuidadosamente", mas, quanto ao resto, ele julga que todo o complexo sistema de poderes e contrapoderes próprio da Inglaterra, enquanto não elimina, mas simplesmente adorna o despotismo monárquico, por outro lado mostra a sua eficácia ao impossibilitar uma obra de radical renovação das relações políticas e sociais existentes e ao obstaculizar a expressão da soberania popular.

Firmes continuando, é claro, todas as outras diferenças, também sobre esse ponto Kant não pensa de modo muito diverso. Às declarações acima reportadas e que sublinham a substancial cumplicidade do parlamento inglês com o monarca, pode-se acrescentar uma outra:

> *Na Grã-Bretanha não se pode dizer que o rei representa o povo, mas que ele somente junto com os grupos sociais constitui o povo, e é com relação a eles o primus inter pares.*

Paradoxalmente, na França foi bem mais fácil a passagem da monarquia absoluta ao governo republicano. Precisamente enquanto o rei representava todo o povo, que uma vez reunido, o rei perde todo o poder: é esta "a sorte do rei";

> *Visto que representa o todo, torna-se nada quando faz reunir esse todo, do qual já não é parte alguma, mas só o seu representante.*

---

[113] Discurso de 10/5/1793, em: *Textes Choisis*, vol. II, pp. 147-149 *passim* (tr. it, p. 1335, *passim*).

> *Se dele fosse uma parte, então, sem o seu consenso não poderia jamais constituir-se o todo nem surgir daí uma vontade comum, que exercesse em primeiro lugar o poder legislativo* (XIX, p. 596).

Mas esse é justamente o caso da Inglaterra: onde a soberania popular, a vontade comum está fracionada e como que paralisada; aquilo que para a propaganda contrarrevolucionária parecia o mais alto mérito, constitui aos olhos de Kant o mais grave limite. O direito de resistência contra o despotismo era, para alguns ideólogos da reação, esse fracionamento da soberania popular chamado a impossibilitar a fúria legisladora e a prepotência da Assembleia Nacional. A instituição não se detinha diante de nenhum direito histórico e, nessa loucura, não era freada por nenhuma instituição e por nenhum contrapeso.

Emerge também aqui a ambiguidade da negação kantiana do direito de resistência. Dada a distinção entre os poderes legislativo, executivo e judiciário, podemos então colocar-nos a pergunta: a qual dos poderes não se pode em caso algum resistir? A resposta de Kant não é unívoca. Por um lado se frisa vigorosamente que é o legislativo constitui o soberano, enquanto o executivo, quer se trate do rei ou do governo ou do diretório, é apenas o regente, e "está submetido à lei e, por conseguinte, mediante ela, é obrigado por um outro, isto é, pelo soberano". E, com efeito, o soberano pode destituir o regente, ou "reformar a sua administração", Isso, na prática, significa redefinir a sua colocação no âmbito constitucional reduzindo-lhe os poderes (MC, VI, p. 317). Foi o que aconteceu, precisamente, na França: como se viu, Kant julga perfeitamente legítima a redefinição do papel de Luís XVI como monarca constitucional e a subsequente destituição efetuada pela Assembleia Nacional.

Nesse sentido, a negação kantiana do direito de resistência não difere substancialmente das doutrinas revolucionárias francesas que, partindo da afirmação da soberania popular, consideravam o rei como o verdadeiro rebelde, por se permitir opor resistência à vontade do poder legislativo, isto é, do povo, o único autêntico soberano. E, com efeito, para Kant, "um governo que fosse, ao mesmo tempo, legislador, poderia justamente chamar-se despótico, em oposição ao governo patriótico" (*ibid.*, pp. 316-317). Em outras palavras, existe despotismo quando o monarca, ou o poder executivo, não está submetido à autoridade da lei e do poder legislativo, em última análise, ao povo. Verdade é que o soberano não pode submeter a julgamento ou condenar o monarca ou o governo, pois esses, nesse sentido, não se acham submetidos à coerção; mas se acham submetidos à coerção na medida em que podem ser destituídos. E, até no que diz respeito ao plano mais propriamente judiciário, o monarca ou o governo não podem ser submetidos a julgamento pela atividade desenvolvida no exercício de suas funções, mas podem perfeitamente ser julgados e condenados pelas eventuais iniciativas tomadas depois de sua destituição, ou seja, depois que tiverem sido reduzidos a simples pessoas privadas.

Há, portanto, despotismo quando não existe a possibilidade, para o povo (o soberano), de destituir o governo ou o monarca, e de reduzi-lo a simples cidadão privado. Esse, a partir desse momento, fica submetido ao controle da autoridade judiciária, como outro cidadão qualquer, sem que se dê a confusão de poderes que seria prejudicial para a legalidade republicana e a liberdade de todos. Quando, pois, Kant, esboçando o ordenamento de um Estado autenticamente republicano, afirma que, no seu âmbito, o poder executivo é "irresistível", isso vale só na medida em que o governo ou o monarca que o detêm, executam efetivamente a vontade do soberano, do poder legislativo, pois só ela é "irrepreensível" (*ibid.*, p. 316).

Mas, o que fazer quando se está diante de um governo de ordenamento despótico? Também nesse caso a resposta de Kant é muito mais ambígua e fugidia do que se possa perceber à primeira vista:

> *Uma mudança na constituição (defeituosa) do Estado pode muito bem ser às vezes necessária, pode, portanto, ser executada somente pelo próprio soberano, através de* reformas, *mas não pelo povo e, portanto, não por uma* revolução.

Tal declaração foi lida muitas vezes como apoio a um programa de reformas a partir de cima, através do monarca. Mas, na realidade, aqui se está falando da França, e também não se deve esquecer que, pouco antes, é o poder legislativo que é identificado como o autêntico soberano. A declaração em pauta é, por conseguinte, a transcrição, em chave de reforma, do processo revolucionário que está em andamento na França a partir da convocação dos estados gerais. E isso tanto é verdade que, logo após, Kant acrescenta: "se ocorre uma revolução, ela só pode atingir o poder *executivo*, e não o poder legislativo" (*ibid.*, pp. 321-322). É justamente o que ocorrera na França, onde a reforma-revolução desencadeada pelo soberano (pelo poder legislativo) levara primeiro à transformação e, depois, à destituição do poder executivo (o monarca). Concluindo, trata-se de uma declaração que põe em xeque não o poder da Assembleia Nacional para destituir Luís XVI e revolucionar as relações políticas e sociais existentes, mas que quando muito se deve ler como crítica dos movimentos de rua, das pressões e das demonstrações de força extraparlamentares causando dano ao poder legislativo, isto é, ao soberano.

9. Revolução Francesa, Termidor e direito de resistência

Na verdade, o tema do direito de resistência fora objeto de ásperos e acalorados debates no curso da Revolução Francesa. A Constituição de 1791 define como "direitos naturais e imprescritíveis" do homem "a liberdade, a propriedade, a segurança e a resistência à opressão". Espaço muito maior ocupa o direito de resistência na Constituição de 1793, que até lhe dedica três artigos da *Declaração dos Direitos*. Afirma-se que "há opressão contra o corpo social (inclusive) quando um só dos seus membros é oprimido", e proclama-se que, "quando o governo viola os direitos do povo, a insurreição é para o povo e para cada parte do povo o mais sagrado dos direitos e o mais indispensável dos deveres".[114]

Mas não se deve crer que a proclamação do direito de resistência seja em si uma expressão de radicalismo jacobino. O projeto girondino de

---

[114] SAITTA, A. *Costituenti e Costituzioni della Francia Moderna*, Turim, 1952, pp. 66 e 121.

I "Duplicidade" da negação kantiana do direito de resistência

Constituição e de *Declaração dos Direitos* também lhe consagra dois artigos que o sancionam solenemente, embora se esforçando para canalizá-lo legalmente:

> *Os homens reunidos em sociedade devem ter um meio legal de resistir à opressão, um meio que deve ser regulado pela Constituição.*[115]

A proclamação do direito de resistência servia para justificar a revolução contra o velho poder feudal e monárquico, para justificar, no tocante aos jacobinos, as manifestações de rua e a intervenção extraparlamentar das massas que expulsara as correntes moderadas, para justificar a execução de Luís XVI, mas, com certeza, não para fundar um direito permanente à rebelião com base em um arbitrário julgamento individual. A proclamação do direito de resistência visava mais ao passado do que ao futuro. Era, na realidade, um instrumento, não de subversão, mas de legitimação e, portanto, de consolidação do novo poder revolucionário. Nisso residia a sua contradição.

Logo o perceberam os jacobinos. Assim que chegaram ao poder, promulgaram uma lei, a do dia 25 de ventoso do ano II (13 de março de 1794), que punia com a pena capital "a resistência ao governo revolucionário e republicano",[116] qual fosse a sua motivação. E pouco antes, Robespierre havia denunciado o perigo que sobreviria à República, com certeza, da "atitude aristocrática daqueles que governam", mas também do "desprezo do povo pelas autoridades que ele mesmo constituiu".[117] O problema do controle do poder não deveria fazer esquecer o problema de estabelecer um poder revolucionário, sólido e estável, subtraído à incerteza de contínuos golpes. Sobretudo, enquanto com mais força se alastrava a luta com a reação, Robespierre observara que o problema principal não era "proteger os

---

[115] *Ibid.*, p. 131.

[116] AULARD, A. *Histoire Politique de la Révolution Française.* Paris, 1926 (6ª ed., reimpressão Aalen, 1977), p. 365.

[117] Discurso do dia 18 de pluvioso do ano II (5 de fevereiro de 1794), em *Textes Choisis*, cit., vol. III, p. 128 (tr. it. cit., p. 128).

indivíduos contra o abuso do poder público", mas, ao contrário, defender o poder público "contra todas as facções que o atacam".[118]

Pelo contrário, a palavra de ordem do direito de resistência logo passa a ser uma palavra de ordem antijacobina. Depois do golpe violento de 2 de junho de 1793, com o qual a multidão de Paris e a Guarda Nacional impõem a prisão dos cabeças da Gironda, quem apela ao direito de resistência é Condorcet: "Quando a Convenção Nacional não é livre, as suas leis não obrigam mais os cidadãos".[119] A última sublevação popular promovida pelos jacobinos, se podia aduzir a seu favor, de certa maneira, o direito de resistência, tornava-se também o momento de virada, pois, a partir de então, o direito de resistência contra os jacobinos e, de fato, contra o novo poder revolucionário, acabava sendo invocado não só pela reação feudal e clerical, a Vendeia, mas também pela oposição moderada e girondina.

Mas, já anteriormente, sem falar da Vendeia, até no curso dos debates parlamentares não tinham faltado casos em que, invocando o direito de resistência, surgiram forças que propunham de novo não acelerar, mas frear ou bloquear o processo revolucionário. No curso do debate que precedeu a aprovação da Constituição de 1793, o deputado Isnard afirmara a existência, antes de qualquer lei constitucional, de um "contrato social", que comprometia apenas aqueles que o tinham estipulado:

> *Os outros têm o direito de deixar a sociedade com seus bens, contanto que isso não se dê para entrar em estado de guerra contra ela; caso se ponha obstáculo a essa vontade com a força e se pretenda englobá-los contra a vontade na sociedade, violam-se não só contra eles todos os direitos naturais, mas são oprimidos. Com efeito, o voto da maioria pode obrigá-los, só enquanto houverem anteriormente, e uma primeira vez, consentido nesse primeiro compromisso.*[120]

---

[118] *Discurso de 25/12/1793*, ibid., p. 99 (tr. it. cit., p. 146).

[119] *Lettre de Condorcet à la Convention Nationale*, s/d, ma 1793, em: *Oeuvres*, cit., vol. XII, p. 682; sobre este ponto, cf. VENDITTI, P. *Filosofia e Política in Condorcet*, em: "Il contributo", outubro-dezembro de 1980, pp. 57-58.

[120] Referido por SAITTA, A. *Costituenti e Costituzioni...*, cit., p. 104.

I "Duplicidade" da negação kantiana do direito de resistência

É significativo que essa intervenção, do dia 10 de maio de 1793, ocorreu poucos dias depois da intervenção com a qual Robespierre trovejava contra "a extrema desproporção das fortunas", frisando a necessidade de se limitar de alguma forma o exercício do direito de propriedade. A ideia de um "pacto social", que apenas comprometeria aqueles que o tinham voluntariamente assinado, servia para consolidar a absoluta intangibilidade do direito de propriedade. Caso não se quisesse recorrer à opressão e, portanto, justificar a resistência, impunha-se consentir, a quem o desejasse, abandonar a sociedade, não sem nada, mas com todos os seus bens. Não é por acaso que o discurso de Isnard desencadeia a furibunda reação dos jacobinos. Marat, em particular, declara: "A noção de pacto social não tende na realidade, senão a dissolver a República, levando-nos a ideias de governo federativo".[121] Desmascarava-se, desse modo, a tentativa de frear de antemão a atividade do poder legislativo e bloqueá-lo, não mais diante da inviolabilidade da propriedade feudal, mas da propriedade privada burguesa.

Dessas breves considerações emerge também a ambiguidade de sinal que caracteriza a história do direito de resistência, inclusive no referente à França, também quanto à esfera mais restrita da história do debate constitucional que se abriu com a revolução. Provavelmente, negando o direito de resistência, além de negar a legitimidade da rebelião vendeana (enaltecida não só pelos teóricos da reação, mas também pelos emigrantes que, em ondas sucessivas, se haviam transferido para a Alemanha), Kant fazia votos para uma estabilização da situação e do novo poder revolucionário, com uma sólida base burguesa, depois que cessassem os diversos e contrapostos golpes violentos.

O estado de natureza, temido como fruto da resistência, e mais ainda da proclamação do direito à resistência, com o olhar voltado para a Alemanha, configurava-se como a consagração da prepotência feudal com a nobreza resistindo a qualquer reforma imposta de cima, promovida pela própria monarquia absoluta, mas, olhando para a França, configurava-se

---

[121] *Ibid.*, pp. 104-105.

como o contínuo suceder-se de golpes violentos, que impediam a definitiva consolidação do novo poder revolucionário e faziam aparecer ao fundo o espectro dos *sans-culotte*. Uma nota muito anterior a 1789 vê no estado de natureza uma lesão dos direitos dos cidadãos, pois nele fica faltando qualquer segurança "e a propriedade está sempre em perigo" (XIX, pp. 476-477). Mas é claro que a deflagração e os desdobramentos da Revolução Francesa solicitaram uma ulterior reflexão de Kant. Ao apresentar o projeto do qual sairia a Constituição de 1795, o relator Boissy declarava:

> *Um país governado pelos proprietários está na ordem social; aquele em que os não proprietários governam se acha no estado de natureza.*[122]

Um pensamento de Kant, que se poderia datar em torno de 1795, observa:

> *Os direitos reais devem autorizar a sentar-se na Câmara alta; de outro modo, os pobres despojariam e matariam os ricos, os miseráveis matariam os proprietários.*[123]

Nesse sentido também se deve ler a polêmica contra a afirmação atribuída a Danton que, a partir do pacto social considerado como fato historicamente consumado, pretenderia anular de todo a organização jurídica por estar em contradição com o pacto social, considerar "írritos e nulos todos os direitos proclamados na Constituição Civil realmente existente e toda propriedade". O pacto social deve ser, ao contrário, considerado apenas como uma "ideia", como um "critério racional para avaliar toda possível constituição jurídica pública" (DC, VIII, p. 302), como um instrumento, portanto, de transformação também radical e profunda do existente, mas não ao ponto de atacar ou por em perigo a propriedade burguesa.

---

[122] SAITTA, A. *Costituenti e Costituzioni...*, cit., p. 146.

[123] XXI, p. 462; trata-se de uma *loses Blatt*, que foi parar por engano no fascículo IV do manuscrito do *Opus Postumum*.

No caso dos jacobinos, o que deixa Kant mais preocupado não é tanto o terror, na medida ao menos em que serve para vencer as resistências feudais, mas os atentados também contra a propriedade da burguesia, o recurso à ditadura pequeno-burguesa e plebeia. Por outro lado, a democracia, compreendida como democracia direta é condenada por Kant, precisamente enquanto vai desaguar fatalmente na "oclocracia". Então, para que haja liberdade e uma ordenada constituição jurídica, deve o povo limitar-se a escolher os representantes que vão governá-lo (XXIII, p. 161). Ao negar o direito de resistência, e criticando assim os movimentos de rua e as pressões extraparlamentares das massas parisienses, Kant exorcizava, de certo modo, o espectro da democracia direta e da "oclocracia".

Também, por esse motivo, deve ter considerado favoravelmente a virada termidoriana, com a consequente afirmação do liberalismo e a volta às eleições censitárias, sobretudo com o definitivo esclarecimento segundo o qual a *égalité* não podia e não queria ser nada diferente ou nada mais do que a igualdade perante a lei, sem nenhuma pretensão de intervir na distribuição da riqueza. A afirmação da Constituição de 1795, segundo a qual "a soberania repousa essencialmente na universalidade dos cidadãos", e "nenhum indivíduo, nenhuma reunião parcial de cidadãos pode arrogar-se a soberania",[124] parece corresponder perfeitamente às ideias de Kant: com a consolidação da sociedade burguesa madura, desaparece o direito de resistência, que se configura como a pretensão de uma parte substituir o todo.

Mas nesse mesmo quadro podemos então colocar a evolução de Fichte. Se as *Contribuições* se caracterizam por uma "radicalização anárquica do liberalismo",[125] a revolta vendeana e, de modo mais geral, a tomada de consciência da necessidade de uma estabilização do processo revolucionário devem ter provocado a virada. Na mesma carta em que registra as reservas de Kant a respeito das *Contribuições*, Fichte declara que não mais compartilha seu conteúdo, e não por ser demasiadamente radical, por ter ido "longe demais"

---

[124] SAITTA, A. *Costituenti e Costituzioni...*, cit., p. 153.
[125] *Einleitung* de SCHOTTKY, R. à edição por ele preparada dos *Beiträge*. Hamburg, 1973, p. 26-35. De "individualismo anárquico" já falava GUÉROULT, M. *Fochte et.*, cit., p. 219.

(*zu weit*), mas pelo motivo oposto.[126] A negação daquela espécie de direito de resistência individual, formulado nas *Contribuições* (a qualquer momento, o indivíduo poderia denunciar o contrato social), essa negação não é percebida como uma involução de tipo moderado, e com efeito não o é.

Certamente, na Introdução ao *Fundamento do direito natural*, Fichte não apenas se diz substancialmente de acordo com Kant, mas, ao se declarar de acordo, rejeita explicitamente as posições expressas nas *Contribuições*. Ou seja, assim que o indivíduo:

> *expressa a vontade de entrar em determinado Estado e esse o acolhe, em virtude dessa simples declaração recíproca ele se acha imediatamente submetido a todas as limitações que a lei jurídica estatui para aquele conjunto de homens.*[127]

O direito de resistência é, na prática rejeitado. A introdução do eforato é uma operação de engenharia constitucional. Impedindo as prevaricações do poder, deveria tornar supérfluo o apelo à insurreição e a recaída da legalidade no estado de natureza. Enquanto isso, na França, a Constituição do Ano III (1795) previa uma Alta Corte de Justiça, que seria encarregada de julgar também os membros do Diretório e, portanto, do Executivo.[128] Deve-se relacionar o eforato do *Fundamento* com a nova realidade política que se estava desenhando no Além-Reno. Não escapava aos contemporâneos que a evolução do filósofo era fortemente condicionada pela evolução constitucional em andamento na França.[129] Desse modo, Fichte expressava a sua adesão à estabilização pós-termidoriana das conquistas obtidas com a revolução.

---

[126] Carta a Th. v. Schön (setembro de 1795), em: *Briefwechsel*, cit. vol. I, p. 505.

[127] *Grundlage...*, cit., p. 14.

[128] *Costituenti e Costituzioni...*, cit., p. 176.

[129] O eforato é assimilado à *jurie constitutionnaire* proposta por Sieyès: veja a carta de G.A.v. Halem a J.F. Herbart (14/3/1797) e a resposta de Herbart (28/1/1798), em *Fichte im Gespräch*, cit., vol. I, p. 412 e p. 479. Na mesma direção vai a interpretação de GUÉROULT, M. *Fichte et.*, cit., p. 221. Todavia, mais que ver no eforato fichteano o reflexo de uma proposta tecnicamente determinada, parece-nos preferível relacioná-lo com a evolução constitucional da França no seu conjunto.

I "Duplicidade" da negação kantiana do direito de resistência

Mas, ainda uma vez, essa é também a atitude de Kant que, em 1798, exprime um juízo positivo sobre o Diretório.[130] Um implícito juízo positivo se acha igualmente nas *Reflexões* (XIX, pp. 606-607) e, de modo cauteloso e alusivo, em um texto no prelo, a *Metafísica dos costumes*, onde se usa *Directorium*, decerto, não por acaso, como sinônimo de "governo", no âmbito de uma correta divisão dos poderes que assegure a liberdade (MC, VI, p. 316).

Aliás, nesses anos até se espalhou na Alemanha o boato de que Sieyès, membro do Diretório, teria enviado ao autor da *Crítica da razão pura* o texto da Constituição (evidentemente de 1795), para que "cancelasse o que continha de inútil e indicasse o que continha de melhor" (L, XII, p. 64); assim relata um interlocutor de Kant em carta de 15/3/1796). Segundo um biógrafo seu, o filósofo teria recusado por motivos patrióticos e para não se intrometer nos assuntos internos de outro país.[131] Mas, na realidade, se efetivamente nenhum contato ocorreu entre o estadista francês e o filósofo alemão, deve-se procurar o motivo determinante nas pressões das autoridades prussianas. É o que se depreende de uma carta enviada a Kant por um discípulo seu. Trata-se de Kiesewetter que, depois de ter informado o mestre sobre os esforços realizados para introduzir na França o conhecimento da filosofia crítica, continua assim:

> *Haveria naturalmente um caminho mais curto para alcançar a meta; um homem que agora está entre nós, em Berlim, daria de bom grado o seu apoio, só que o governo aqui levantou uma barreira, ao menos para mim, insuperável. Penso que o senhor me entenderá* (L, XII, p. 267; carta de 25/11/1798).

Esse homem, cujo nome se cala, por motivos de cautela, não pode ser outro senão Sieyès, àquela altura enviado do Governo francês a Berlim.[132]

Na França pós-termidoriana, esgotada pelos precedentes eventos sanguinários e aspirando à estabilização, por conseguinte totalmente alheia

---

[130] ABEGG, J.F. *Op. cit.*, p. 180.
[131] *Immanuel Kant...*, cit., p. 175.
[132] Sobre o interesse de Sieyès na filosofia kantiana e sua ida para Berlim, na qualidade de *Gesandte*, informa uma carta de W. v. Humboldt a Schiller, datada de 23/VI/1798, que se acha em; L, XIII, 490.

à teorização do direito de resistência, são plenamente reconhecidos Kant e Fichte. Também esse, ao menos em sua correspondência, invocando o texto anteriormente citado da *Metafísica dos costumes*, fala dos *Direktorenr*, isto é, dos membros do Diretório substancialmente como sinônimo de governo.[133] Justamente nesse período Fichte acalenta a ideia de se fazer cidadão da Grande Nação.[134]

Desse modo se está tão longe de teorizar o direito de resistência, que ele chega a ser negado em certa medida também no que tange às relações internacionais. Na medida em que vinha à tona o caráter expansionista e predador da política que a França pós-termidoriana efetuava na Alemanha, aqui explodiam as primeiras revoltas camponesas, assumindo muitas vezes o caráter de guerrilha contra aquele que sempre mais se comportava e sempre mais era sentido como exército de ocupação. Fichte, que muitos anos depois vai desempenhar um papel de primeiro plano estimulando a resistência popular contra a ocupação napoleônica, mas em 1795-1796, ao contrário, está indignado:

> *É muito pouco honroso – declara – o surgimento dos franco-atiradores (scharfschützen) de tocaia que, de emboscada e a sangue frio, posicionados em local seguro, enquanto miram o homem como um pino. Neles, matar é um fim em si mesmo. É um comportamento absolutamente fora da lei.*[135]

Mais ou menos nesse mesmo período de tempo, Kant também condenava "os assim chamados franco-atiradores que armam emboscadas contra elementos isolados" (MC, VI, p. 347). Tal como Fichte, Kant também apoia a política do Diretório, inclusive no plano internacional. Pouco antes, o filósofo tinha recebido uma carta que parece expressar ideias comuns ao remetente e ao destinatário. A carta em pauta falava do que ocorria em Würzburg, das "duras requisições" efetuadas pelas tropas francesas, do seu

---

[133] Carta a J.J. Wagner, de 9/IX/1797, em *Briefwechsel*, cit., vol. I, p. 570.
[134] Cf. o esboço de carta, presumivelmente de abril de 1795 e, ainda presumivelmente, endereçada a J.J. Baggesen, em *Briefwechsel*, cit., vol. I, pp. 449-450.
[135] *Grundlage des Naturrechts*, cit., p. 376.

comportamento opressivo, sobretudo na zona rural, o que levara os camponeses a um levante em massa. Desse modo, os próprios franceses punham "limites às suas vitórias", afastando assim as simpatias da opinião pública. Dessa consideração surgem as reservas e as críticas do interlocutor de Kant. Este, porém, acrescenta que, analisando a situação "de um ponto de vista cosmopolítico", os sofrimentos impostos à Alemanha eram de pouca monta se comparados com a causa do progresso da humanidade:

> *O caminho tomado pela natureza conduz constantemente à consecução do seu sábio escopo e, se agora milhares são infelizes, um dia milhões se tornarão felizes, sobretudo, uma vez que se haja realizado a "paz perpétua"* (L, XII, pp. 101-102).

Objetivo para o qual, segundo o autor da carta, mas provavelmente também de acordo com o seu destinatário, a vitória das armas francesas, apesar de tudo, fazia a humanidade avançar.

Tal como em Fichte, em Kant também o justo entusiasmo pela Revolução Francesa constitui, no entanto, ao mesmo tempo um obstáculo para se compreender o caráter expansionista que agora a política exterior da França estava assumindo. Compreende-se então por que o Moniteur Universel, órgão oficial do governo francês, cita nesse período com enorme simpatia "Kant e o seu discípulo Fichte", e compreende-se igualmente a perplexidade expressa por Goethe a propósito dessa citação.[136]

10. Obediência cristã e novo poder revolucionário

Quando se passa da França para a Alemanha, também se vê confirmado o fato de que a palavra de ordem do direito de resistência não era certamente

---

[136] O texto do *Moniteur* se acha reportado em *Fichte im Gespräch*, cit., vol. I, p. 262. A perplexidade de Goethe se expressa em uma carta a Schiller, de 16/5/1795, em: *Der Briefwechsel zwischen Schiller und Goethe*, edição de E. Staiger, Frankfurt a. M., 1977, vol. I, p. 106.

monopólio dos ambientes revolucionários. Em 1792, em plena Revolução Francesa, enquanto se dissolviam as ilusões de reduzir o processo a uma "ordenada" reforma constitucional de cima para baixo, e Luís XVI, de volta de sua inglória tentativa de fuga, surgia agora claramente como prisioneiro da Assembleia Nacional e do povo de Paris, em uma revista alemã aparecia um ensaio de F.C. von Moser que significativamente, já no título, reafirmava a origem divina da realeza, enquanto se interrogava sobre os "limites da obediência". Sim, na verdade toda autoridade vem de Deus, e a esse propósito era citada a *Epístola aos Romanos*. Desse ponto de vista era denunciada e rejeitada como ridícula a ideia de contrato social que, no entanto, infelizmente se espalhava como "gripe" contagiosa. Portanto, "um verdadeiro cristão também é sem dúvida e sempre, no pleno sentido da palavra, o melhor dos súditos". Isso, porém, não exclui tampouco o recurso à "autodefesa" (*selbsthilfe*), sem dúvida em casos extremos, contra um opressor cruel e incorrigível: uma obediência cega e incondicional, que se dobra diante de uma violência injusta, seria contrária não só ao sentido moral cristão, mas estaria no fim das contas em contradição com a Constituição do Império e de alguns estados alemães.[137]

Aqui, os "limites da obediência" são sublinhados, aludindo até ao Sacro Império Romano, na defesa dos privilégios e das "liberdades" feudais contra a atividade reformadora da própria monarquia absoluta. Mas esses limites ganham uma atualidade toda nova em conexão com os intoleráveis "horrores" da Revolução Francesa, à qual não por acaso se refere Moser. E o próprio Moser vai citar outro texto que apareceu, quando o seu ensaio já estava no prelo, e que da mesma forma sublinha os limites do princípio cristão da obediência à autoridade constituída. É um princípio consagrado pela Bíblia, que "impede as desordens no Estado com mais eficácia do que todos os outros meios conhecidos" e, todavia, a sua aplicação não se pode procurar no texto sagrado, mas só "mediante a reflexão humana, com o auxílio da história". A religião convida, isto sim, à paciência e ao espírito de sacrifício.

---

[137] F.C. von Moser, *Von der göttlichen Recht der Könige...*, cit., pp. 169-183, *passim*.

I "Duplicidade" da negação kantiana do direito de resistência

> *Todavia, não pretende, em caso algum, que entreguemos tudo e nos deixemos despojar de tudo, ficando totalmente passivos diante de injustiças que bradam aos céus por vingança, quando temos o direito de impedi-lo.*[138]

É clara a referência aos acontecimentos no Além-Reno, e não por acaso essas reflexões sobre os "limites da obediência" são contemporâneas dos apelos que se faziam cá e lá, particularmente nos círculos dos franceses que tinham emigrado para a Alemanha, às vítimas da "opressão revolucionária", para não mais tolerarem injustiças que bradavam aos céus por vingança. É um dado de fato que os teóricos da reação se acham, a essa altura, na obrigação de enfrentar um problema análogo, só invertido especularmente ao de Kant. Se ele tinha que dar provas de lealdade às cortes alemãs, embora continuando a defender para a França a nova ordem resultante da revolução, para os teóricos da reação tratava-se de justificar o direito de resistência contra a "tirania" jacobina, embora continuassem considerando um sacrilégio negar a obediência à legítima autoridade, isto é, aos monarcas consagrados pelo Senhor.

Tomando por base essas considerações gerais, pode-se compreender a evolução de um autor como Rehberg. Sem dúvida, suas investigações polemizam duramente contra a proclamação, feita na França pela Assembleia Nacional, do direito de "resistência à opressão" que abria as portas ao arbítrio e à dissolução de toda obrigação legal.[139] Mas não se esqueça que se trata de artigos publicados entre 1791 e 1792. É claro que se põe a ênfase sobre a negação do povo francês à revolução: o problema não era ainda justificar a contrarrevolução, mas barrar o processo revolucionário em andamento, apelando à obediência a Luís XVI e à legítima autoridade.

Mas já na tomada de posição acerca do ensaio *Sobre o dito comum* se pode surpreender uma incerteza. Rehberg parece quase querer lançar

---

[138] *Ibid.*, p. 183. Moser remete à intervenção de um pregador, CALLISEN, J.J. *Ueber den Freiheitssinn unserer Zeit*, Altona, 1791.

[139] *Untersuchungen über die Französische Revolution nebst kritischen Nachrichten von den merkwürdigen Schriften welche darüber in Frankreich erschienen sind*, I. Theil, Hannover e Osnabrück, 1793, p. 121.

uma sombra de dúvida sobre a sinceridade de Kant: as declarações com as quais ele "procura proteger as constituições existentes contra o fanatismo dos revolucionários" são indubitavelmente dignas de louvor, mas é pena que estejam em total contradição com as "premissas" antes enunciadas. É significativo que nessa ocasião, embora aproveite o ensejo para denunciar, "entre os inúmeros delírios" da Assembleia Nacional, o longo debate constitucional sobre o direito de resistência, enfim Rehberg assume também sobre esse problema uma posição contrária à de Kant:

> *Esse direito do povo é tão pouco perigoso para os governantes que, ao contrário, só mediante ele fica reforçado o seu prestígio. Se, com efeito, fosse negado ao povo, tampouco no caso de revolta de um usurpador favorecido pelo destino poderia assumir a defesa dos seus legítimos governantes. Afirmando a obrigação de obediência incondicional* (passive obedience), *toda a autoridade do chefe de Estado é simplesmente deixada como presa de uma conquista violenta do poder.*[140]

Está claro: agora Rehberg, mais do que barrar o processo revolucionário, que a essa altura já se alastrara para lá de qualquer contenção e que, com a execução de Luís XVI, expulsara a autoridade tradicional e a substituíra por uma nova, preocupa-se em justificar a contrarrevolução em andamento. Kant é, por conseguinte, suspeito de também assumir posições revolucionárias ao negar o direito de resistência. Garve, por seu turno, observa que a posição kantiana:

> *assegura a usurpação assim como a dignidade régia; desse modo a rebelião, uma vez que se impôs e encontrou um líder, adquire a mesma solidez e inviolabilidade da majestade contra a qual se levantou.*

---

[140] REHBERG, A.W. *Ueber das Verhältnis der Theorie zur Praxis*, em: KANT-GENTZ-REHBERG, *op. cit.*, pp. 128-129, e pp. 126-127.

I. "Duplicidade" da negação kantiana do direito de resistência

Mas isso é particularmente perigoso em períodos de crise e de reviravoltas, pois acaba em última análise por minar os fundamentos da legítima autoridade, posta no mesmo nível de uma simples autoridade de fato.[141]

E, com efeito, em Kant o problema da identificação da legítima autoridade perde totalmente o sentido. Assim se desintegra e se dissolve um dos esteios da ideologia da contrarrevolução. Reforçando o poder revolucionário na França, com isso mesmo a negação do direito de resistência minava o poder legítimo e, de modo paradoxal, transformava-se em reconhecimento do fato da revolução, reconhecimento que não se limitava ao passado, mas também projetava sua sombra inquietante sobre o futuro: resultado denunciado pela propaganda conservadora ou reacionária.

Contudo, sempre no tocante a Rehberg, já nas *Investigações* afloravam tons bem diferentes daquele da negação do direito de resistência: será que se podia considerar lícita a radical subversão do ordenamento político-social que era efetuado na França? A nova Constituição o motivava com base no princípio da soberania da nação. Todavia, não faziam parte da nação também os grupos sociais despojados das suas propriedades e dos seus direitos e que certamente não podiam estar de acordo com as medidas vexatórias de que eram vítimas? Poder-se-ia então invocar o direito da maioria, mas com base em quais critérios deveria ser calculada? E, sobretudo, seria lícito chamar os não proprietários para legislarem sobre os proprietários? Admiti-lo seria na realidade o mesmo que justificar toda a sorte de furto e de rapina.[142] Ao olhar para o passado, Rehberg condenava a revolução e, por conseguinte, o direito de resistência, mas olhando para o presente e para o futuro, negava à Assembleia Nacional o poder de legislar em setores que deviam ser rigorosamente protegidos do arbítrio do poder legislativo. Portanto, ao menos de forma tendencial, ele era levado a justificar a rebelião da aristocracia contra as medidas de espoliação e contra a opressão das novas autoridades políticas.

---

[141] GARVE, *Über die Grenzen des bürgerlichen Gehorsams und den Untershied von Theorie und Praxis, in Beziehung auf zwei Aufsätze in der* Berlinischen Monatsschrift, em apêndice a KANT-GENTZ-REHBERG, *op. cit.*, pp. 145-146.

[142] *Untersuchungen über die Französische ...*, cit., vol. I, pp. 75-76.

Atitude semelhante se poderia detectar em Burke e, sobretudo, no Burke traduzido por Gentz. Polemizando contra a celebração, em alguns órgãos de imprensa, do patriotismo de certos distritos franceses que aplicavam lealmente as medidas baixadas pela Assembleia Nacional (confisco da propriedade eclesiástica etc.), não obstante as graves desvantagens que daí advinham inicialmente, as *Reflexões* condenavam, como expressão de "selvagem fanatismo" (*dire fanaticism*) a calma com a qual a população francesa suportava "sem a menor resistência" (*ohne den geringsten Widerstand*) – precisava Gentz, com tradução um tanto livre –, "a total ruína, o empobrecimento e a mais gritante injustiça".[143]

De resto, a teorização da admissibilidade da revolta, certamente em situações excepcionais, contra o poder constituído, é bastante explícita em Burke. A linha demarcatória entre "obediência" e "resistência" é muito lábil e a "revolução" deve ser vista como o "recurso extremo do homem sensato e honesto",[144] e, no caso da França, diante de um "inaudito despotismo" (*unheard-of despotism*), ou, como traduzia Gentz, diante do "mais horrendo despotismo que jamais tenha existido", a situação excepcional parece estar já presente.[145] E se podia ainda ler nas *Reflexões* de Burke:

> *Parece que recentemente os habitantes de Lyon se recusaram a pagar os tributos. E por que não deveriam recusar-se? Que autoridade legítima existe que possa obrigá-los a pagar? Alguns desses tributos tinham sido impostos pelo rei, ou os mais antigos tinham sido ordenados pelos antigos estados. Agora, eles podem dizer à Assembleia: "Quem são vocês, que não são o nosso rei, nem os estados que elegemos, nem respeitam os princípios segundo os quais os elegemos? E quem somos nós, que não podemos julgar quais os tributos que deveríamos pagar ou não, se não nos podemos valer dos mesmos poderes cuja validade vocês aprovaram em outros...?".*[146]

---

[143] *Reflections...*, cit., p. 279 nota (tr. it. cit., p. 335 nota); para a tradução de Gentz remetemos à edição citada, p. 237 nota.

[144] *Ibid.*, p. 74 (tr. it. cit., p. 189).

[145] *Ibid.*, p. 277 (tr. it. cit., 334); para a tradução de Gentz (*der Greulichste Despotismus der je Existiert Hat*) remetemos à edição citada, p. 235.

[146] *Reflections...*, cit., pp. 400-401 (tr. it. cit., p. 417).

I "Duplicidade" da negação kantiana do direito de resistência

O problema de justificar e apoiar a revolta contra o poder revolucionário francês, de justificar e apoiar a revolta na Vendeia, mesmo dentro da geral ideologia conservadora em cujo âmbito a tranquilidade e a obediência constituem o primeiro dever dos cidadãos ou dos súditos, esse problema se apresenta de novo em Gentz. Diante de "revoluções totais", diante da insensatez dos "revolucionários profissionais" – *revolutionisten* ou *revolutionsstifter von profession*, é assim que os chama Gentz com uma expressão que imediatamente faz pensar em Lenin – que pretendem anular em um golpe os antigos direitos e privilégios (*alte gerechtsame*), torna-se inevitável a resistência, mesmo que o novo poder revolucionário contasse com o consenso da maioria. Por que é que deveriam obedecer à regra da subordinação à maioria aqueles que estão ameaçados, injustamente, de expropriação e destruição? O dever da obediência somente subsistiria se a pretensão de realizar instituições completamente novas sobre as ruínas do velho edifício do Estado, que é a característica das "revoluções totais", tivesse por apoio o consenso unânime dos cidadãos. De resto, em nome do quê seria possível apelar à obediência quando se destruiu a continuidade histórica e a tradição, quando "não sobrou de pé nenhum monumento, pelo qual a alma atônita possa reconhecer o antigo terreno da sua pátria?".

Parece, aliás, possível surpreender na tomada de posição de Gentz uma polêmica direta contra Kant, que, negando o direito de resistência, invocara a máxima latina *salus publica suprema civitatis lex est*. Qualquer outra consideração deve estar subordinada à necessidade de salvar "a constituição legal (*gesetliche verfassung*) que garante a cada um a sua liberdade mediante a lei", a "liberdade geral segundo a lei" (DC, VIII, p. 298). Esse enérgico apelo à salvação do todo, pelo momento em que se dá (estamos em 1793), só pode levar a se pensar na luta desesperada pela sobrevivência travada pela França revolucionária, naquele momento o único país, pelo menos aos olhos de Kant, dotado de uma Constituição capaz de garantir a liberdade dos cidadãos. É o que em todo o caso insinuam os apontamentos privados: pode-se falar de *salus publica* sempre que se trata de defender uma "condição de liberdade", de manter "todo o *status* de uma liberdade garantida" (XXIII, p. 129). Deve-se perguntar, então, se as expressões *salus publica* ou *öffentliches heil*, usadas por Kant, não seriam a tradução de *salut public*. Ou seja, deve-se perguntar se não nos achamos diante da defesa, apenas camuflada, do "Comitê de salvação pública" contra o qual em vão se chocava a resistência, e o direito de resistência da reação na Vendeia.

Não há dúvida de que do outro lado da barricada, Gentz, após ter afirmado o caráter totalmente ilegal e ilegítimo das "revoluções totais", acrescenta ser inútil então tentar escapar (ausweichen) a essa questão de fundo,

> *escondendo-se atrás de certas máximas gerais com as quais, em circunstâncias ordinárias, se reprime a resistência dos indivíduos contra operações de grande e reconhecida excelência. "O bem do inteiro seja a lei suprema' – é um princípio praticável e digno de veneração, sempre que remete ao bem-estar geral. Mas esse princípio, e os outros parecidos, perdem sentido e significado, assim que não há mais nenhum inteiro".*[147]

Uma vez que se produziu uma revolução total, que não se limita a reformas parciais deixando de pé o organismo estatal e constitucional, mas que ataca esse mesmo organismo na sua inteireza, não tem mais sentido sublinhar o dever da obediência.

Alguns anos depois, um órgão da reação, o periódico *Eudaemonia*, polemizando contra a teorização fichteana do direito do povo a desobedecer às autoridades constituídas e à revolução, escreve:

> *A esse ponto, boa noite, príncipes da Alemanha, mas boa noite também, Convenção francesa, visto que, segundo os princípios do autor e sua explícita admissão, são legítimas todas as revoluções, portanto, também uma contrarrevolução na França...*

---

[147] GENTZ, F. v. *Ueber die Moralität in den Staatsrevolutionen*, 1793; o texto se acha agora inserido na já citada antologia *Kritik der Revolution...*, à qual remetemos (pp. 147-151, *passim*).

I "Duplicidade" da negação kantiana do direito de resistência

Eudaemonia ironiza o fato de que Fichte teria alcançado um resultado oposto ao declarado. Aliás, tendo em vista a habilidade e a agudeza que se lhe deve reconhecer, poder-se-ia quase pensar que tudo aquilo não seria casual:

> *Construindo o seu grande edifício da revolução, ao mesmo tempo ele o mina pela base. Ao declarar legítima toda revolução, santifica toda nova revolução, e toda nova revolução é um documento que certifica a ilegitimidade da precedente [...]. Em todo o caso, das afirmações, dos princípios, da exposição do autor resulta claramente que a causa da Convenção não poderia cair em mãos piores, ao passo que a causa da contrarrevolução e da monarquia não poderia cair em melhores mãos do que as desse defensor da legitimidade da Revolução Francesa e de todas as revoluções.*[148]

Se for assim, deve-se dizer que a defesa da revolução, e dos resultados obtidos por ela na França, é mais habilidosa em Kant, mesmo passando pela negação do direito de resistência. De resto, aos olhos de um contemporâneo, que mostra uma disposição favorável quanto à Revolução Francesa, Kant "atrás do escudo de sua teoria da ilegalidade de toda insurreição afirma as verdades mais esplêndidas que, em parte alguma, são expostas de modo tão conciso e sóbrio" e que, no primeiro livro das *Contribuições* de Fichte são expostas só "de modo mais eloquente".[149]

É necessário acrescentar que, durante longo tempo, o apelo ao direito de resistência continuará sendo uma arma ideológica nas mãos da reação feudal. Apenas alguns anos depois, Hegel recorda como os esforços para se criar na Alemanha um Estado nacional unitário, com um poder central moderno, esbarravam no apelo ao "direito de insurreição" sancionado ou em discussão na França.[150] Ainda em plena Restauração, um dos seus

---

[148] *Eudaemonia*, 1796, cit. por LEON, X. *Fichte et Son Temps*. Paris, 1922-1927, vol. I, p. 543.

[149] Veja a já citada carta de G.A.v. Halem a J.F. Herbart, (14/3/1797), em: *Fichte im Gespräch*, cit., vol. I, p. 412; no tocante a Halem, cf. o trecho aduzido em: *Von deutscher Republik*, cit., pp. 108-111, e MERKER, N. *Alle Origini...*, cit., p. 49.

[150] *Die Verfassung Deutschlands*, em *Schriften zur Politik und Rechtsphilosophie*, edição de G. Lasson, Leipzig, 1913, pp. 178-179 (tr. it. Em: *Scritti Politici*, cit., p. 71).

ideólogos conclamará o povo espanhol à resistência e à revolta contra a "usurpação" representada pela nova Constituição espanhola, embora consagrada, ao menos aparentemente, pelo juramento de fidelidade do próprio rei.[151]

Se de um lado a reação apelava ao direito de resistência, na Alemanha não faltavam revolucionários declarados – e ativamente engajados no processo revolucionário – que negavam o direito de resistência, para sublinhar, ao contrário, o dever de obediência à autoridade constituída. É o caso do "jacobino Cotta", como ele mesmo se define, que procura convencer os habitantes de Mogúncia a prestarem o juramento de fidelidade à recém-constituída república germânico-romana, invocando precisamente o Apóstolo Paulo:

> *"Cada um se submeta à autoridade que tem poder sobre ele!". E deveríamos negar-nos a ser submissos à autoridade que tem poder sobre nós, deveríamos negar-nos a nos comprometer solenemente a isso com um juramento de fidelidade?*[152]

Ao Apóstolo Paulo, que fora invocado por Moser, finalmente, portanto, invocaria o jacobino Cotta. Naturalmente, os conteúdos políticos e sociais desse apelo eram diferentes e contrapostos, pois o primeiro pretendia celebrar a obediência ao legítimo soberano (salvo, depois, para justificar a rebelião não só contra o poder revolucionário, mas também contra as excessivas ambições reformadoras do absolutismo iluminado), e o segundo salvar de algum modo a república da Mogúncia do ataque da contrarrevolução.

Mas, afinal, também vai apelar ao Apóstolo Paulo, mesmo não o citando explicitamente, o próprio Kant, e em um sentido que não difere muito daquele visto em Cotta: a afirmação segundo a qual "toda autoridade vem de Deus" não tem sentido histórico real, mas serve apenas

---

[151] *Analisi della costituzione della Cortès di Spagna, opera del Signor Carlo Luigi di Haller*, Modena, 1821 (tradução da edição francesa organizada pelo mesmo autor), pp. 137-138.
[152] COTTA, F. *An die welche noch nicht geschworen haben*, tr. it. cit., p. 273.

I "Duplicidade" da negação kantiana do direito de resistência

para "representar" a santidade e inviolabilidade do ordenamento jurídico, "como se (*als ob*) necessariamente proviesse não de homens, mas de um legislador altíssimo e irrepreensível"; serve para significar que "é necessário obedecer ao poder legislativo atualmente existente, seja qual for que tenha sido sua origem". Deve-se levar em conta que quem deveria preocupar-se com uma investigação sobre sua origem outro não deveria ser senão o poder revolucionário, desprovido de títulos de legitimidade do ponto de vista do sistema político e da ideologia então dominantes na Europa. Quanto à pretensão de distinguir o poder existente nos vários países mediante pesquisas cansativas (*ergrübeln*) e sutilezas sofísticas (*vernünfteleien*), é uma operação, por um lado, sem sentido e, por outro, subversiva do ordenamento jurídico existente (MC, VI, pp. 318-319).

A essa altura podemos compreender melhor a ambiguidade e a "duplicidade" ínsita nessa negação kantiana do direito de resistência. Pode ser ulteriormente esclarecedor a esse propósito o significativo precedente de um debate que sem dúvida era conhecido de Kant, dado que conhecia bem os seus protagonistas. Trata-se de um debate que precede em alguns anos o desencadear-se da Revolução Francesa –, mas atrás já se acha a experiência da Revolução Inglesa – e no debate estão empenhadas duas personalidades de notável relevo como Wieland e Jacobi. O primeiro afirma que se deve obediência "não só exclusivamente aos reis e monarcas, mas à autoridade como tal, ou àqueles que, segundo a sensata expressão de São Paulo, têm autoridade sobre nós".[153] É uma tomada de posição que, no entanto, defende o absolutismo iluminado: na maior parte dos casos, são "os mais poderosos entre a nobreza e o clero" que assumem o papel de representantes do povo.[154]

Por outro lado, essa tomada de posição, que laiciza a visão da autoridade política, possibilita igualmente a legitimação do poder que surgiu da

---

[153] *Ueber das göttliche Recht der Obrigkeit oder Ueber den Lehrsatz: "dass die höchste Gewalt in einem Staat durch das Volk geschaffen sei"*, no "Teutscher Merkur" de novembro de 1777, republicado em *Wieland's Werke*, cit., vol. XXXIII, p. 105.

[154] *Ibid.*, p. 111. Sobre Wieland e seu posicionamento diante do despotismo iluminado, cf. STOLL, K. *Christoph Martin Wieland. Journalistik und Kritik. Bedingungen und Massstab politischen und ästhetischen Räsonnements im "Teutschen Merkur" vor der Französischen Revolution*, Bonn, 1978.

revolução. Com certeza, devia-se obediência também a Cromwell, "o destruidor da constituição estatal da própria pátria, o assassino do próprio rei", mas também – note-se como o discurso é ambíguo – "o biltre mais valoroso, mais virtuoso, mais fervorosamente religioso que jamais existiu", e que não por acaso demonstrou possuir tamanha força para conquistar o poder. Se Cromwell foi, na sua época, reconhecido por reis e monarcas, talvez aparentados com Carlos I, por que não deveriam tê-lo reconhecido os seus súditos?[155]

Mas, fundamentando a legitimidade da autoridade política sobre o direito do mais forte, não se abririam as portas a um exercício do poder sumamente arbitrário e tirânico? Sim e não, enquanto "a natureza já providenciou para que o poder tirânico e arbitrário se destrua por si só"[156]. Fala-se de natureza, mas está claro que se trata de revoluções e convulsões violentas que produzem um novo poder. E esse poder, dadas as premissas de Wieland, se no início é só *de facto*, enquanto privado da tradicional consagração dinástica e religiosa, uma vez tendo-se estabilizado, há de ser reconhecido também como *de iure*. Paradoxalmente, a afirmação do "direito divino" da autoridade como tal se transformava em possível fonte de legitimação do poder revolucionário.

A ambiguidade dessa impostação não escapa a Jacobi que, justamente evocando o exemplo de Cromwell e Carlos I, comenta: portanto, "regicídio é um grande crime, em teoria, se e até o momento em que ainda não foi levado a termo". Uma vez tendo-se afirmado e consolidado, o poder do regicida tem os mesmos títulos de legitimidade das mais ilustres e antigas dinastias.[157]

Com efeito, a afirmação do direito divino da autoridade não impedia Wieland de saudar com entusiasmo, alguns anos depois, a Revolução

---

[155] *Ibid.*, pp. 110-111.

[156] *Ibid.*, p. 109.

[157] *Ueber Recht und Gewalt, oder philophische Erwägung eines Aufsatzes von dem Herrn Hofrath Wieland, über das göttliche Recht des Obrigkeit*, publicado originalmente no *Deutsches Museum*, 1781, republicado em: JACOBI, F.H. *Werke*, cit., vol. VI, pp. 427-428. É significativo que, nos ambientes do iluminismo berlinense, a posição que se deveria olhar com suspeita era a de Jacobi, não a de Wieland; VERRA, V.F.H. *Jacobi. Dall'Illuminismo all'Idealismo*. Turim, 1963, p. 27.

I "Duplicidade" da negação kantiana do direito de resistência | 119

Francesa. Entre os dois posicionamentos não se percebe contradição alguma. Não escrevera ele já em 1777 que a própria natureza provê a queda dos regimes particularmente odiosos? E a Revolução Francesa, como veremos melhor a seguir, é comparada a uma catástrofe natural.

Mas, nesse ínterim, é interessante ver de que modo Wieland rejeita os argumentos dos partidários da insurreição legitimista a favor dos Burbons: "A revolução política na França é *fato consumado* (*eine geschehene sache*). A essa altura, não tem cabimento perguntar se o povo francês teria o direito de fazer isso".[158] E pouco depois, pressionado por aqueles que denunciavam a ilegalidade do poder revolucionário na França e, por isso, justificavam e enalteciam a revolta na Vendeia, Wieland novamente cita São Paulo, e lembra a advertência do Apóstolo sobre a leal submissão à autoridade constituída como tal.[159] Deve-se acrescentar que, mesmo depois de ter tomado distância da Revolução Francesa após a virada radical e jacobina, para rejeitar o ponto de vista da reação e afirmar a necessidade de reconhecer o poder agora existente na França, Wieland continua apelando ao "princípio cristão" já visto, e a propósito desse se frisa que é "completamente justo".[160]

Já aludimos à ambiguidade implícita na negação do direito de resistência. E certamente não se pode ignorar o caráter instrumental do insistente recurso a São Paulo em um autor profundamente anticlerical, profundamente impregnado, como justamente se notou, de "espírito voltaireano",[161] e isso polemizando com os partidários de uma contrarrevolução que enaltecia os princípios do cristianismo. Nessa justificação indireta da Revolução Francesa, usando argumentos colhidos na tradição religiosa e no arsenal ideológico da reação, torna-se evidente o elemento de autocensura.

Não é menos claro, porém, o elemento do compromisso implícito nessa atitude: querer determinar as condições em que um povo pode

---

[158] *Sendschreiben an Herrn Professor Eggers in Kiel*, 1792, em: *Wieland's Werke*, cit., vol. XXXIV, p. 150.

[159] *Zusatz Wieland's zu der Antwort des Professor Eggers auf das vorstehende Sendschreiben*, 1792, em *Wieland's Werke*, cit. vol. XXXIV, p. 180.

[160] *Meine Erklärung über Einem im St. James Chronicle. January 1800 abgedruckten Artikel, der zur Überschrift hat: Prediction concerning Bonaparte*, em *Wieland's Werke*, cit., vol. XXXIV, pp. 371-372.

[161] DROZ, J. *L'Allemagne et la Révolution Française*, cit., p. 324.

legitimamente revoltar-se contra a autoridade constituída – declara Wieland – pode ser perigoso para todos, pode simplesmente servir para inflamar a população nos vários países europeus.[162] É muito claro o sentido do discurso: justificar a revolta na Vendeia poderia ter consequências perigosas também na Alemanha. Assim, a plataforma do compromisso é identificada na aceitação do *status quo* tanto de um lado do Reno como do outro, com o acréscimo, sem dúvida, de que a renúncia a qualquer projeto revolucionário para a Alemanha não significa a renúncia a reformas a partir de cima.

Não é essa também, substancialmente, a atitude de Kant? A diferença está só na firmeza e na coerência com que ele continua defendendo a Revolução Francesa, inclusive no momento em que a virada radical e jacobina afastou dela muitas simpatias, inclusive a de Wieland.

---

[162] *Zusatz Wieland's...*, cit., pp. 180-181.

II
Desordens naturais, casuística e justificação da revolução

1. Inundações, terremotos e revoluções

Para Robespierre, a insurreição, mesmo constituindo obviamente um direito natural do povo contra a tirania, comporta um retorno ao estado de natureza, ao menos no que tange às relações entre o próprio povo e o soberano. Mas não é um conflito que se possa resolver mediante "tribunais" e "processos judiciários":

> *É uma grosseira contradição supor que a Constituição possa presidir a essa nova ordem de coisas. Isso seria como supor que ela (isto é, a Constituição ou a ordem jurídica derrubada pela revolução) sobrevive.*[163]

Essa ideia da insurreição como recaída no "estado de natureza", ou até no "estado de guerra" e, portanto, como um fato que não se pode regular ou legitimar por normas constitucionais, é singularmente próxima das teses de Kant. Isso embora o comum pensar sobre o sentido mais profundo da resistência diante do soberano determine uma atitude prática diversa e contrastante no político jacobino e no filósofo idealista.

Continua valendo, porém, que a revolução pode ser um fato, não um direito. É a própria "natureza", segundo Kant, que provoca as revoluções.

---

[163] Discurso pronunciado na Convenção aos 3/12/1792, em: *Textes Choisis*, cit., vol. II, p. 73 (tr. it. cit., p. 94).

E a sabedoria política consiste em ouvir esse "grito da natureza" (*Ruf der Natur*) e proceder assim às necessárias reformas em profundidade. Portanto, a revolução não só não é um direito, mas não poderá jamais ser efetivamente sancionada como direito. Enquanto convulsão violenta da ordem existente, é sempre ilegal. Só se pode falar de "direito" (*Recht*) para "aquilo que é conforme a uma regra" (XIX, p. 231). A revolução, precisamente por se configurar como a resposta a uma situação excepcional, é ilegal por definição. Mas, ao mesmo tempo, ela é um fato que, no país onde ocorreu deve ser sempre reconhecido como tal, abandonando qualquer pretensão de voltar à situação precedente, e nos outros países não deve ser tomado como pretexto "para enfeitar uma opressão ainda maior", mas para realizar "uma constituição legal baseada sobre os princípios da liberdade", ainda que não mais através da violência, e sim mediante uma "radical reforma". A autêntica "sabedoria política" (*Staatsweisheit*), no atual estado de coisas, assumirá como dever realizar reformas em conformidade com o ideal do direito público (PP, VIII, p. 373n).

Esse "grito da natureza", que é a revolução, não só não pode e não deve ser sufocado pela força das armas – como o tentaram as coligações contrarrevolucionárias -, mas deve ser ouvido também nos países que permaneceram imunes a essa convulsão violenta. Deve-se levar em conta que o ato de comparar a uma convulsão natural a Revolução Francesa, para justificá-la, estava notavelmente difundido na propaganda progressista da época. Aos que se interrogam sobre a legitimidade da Revolução Francesa, é necessário fazer que notem – escrevia Wieland – que as revoluções políticas são "efeitos de causas naturais, e na maior parte dos casos ocorrem com base em uma lei natural tão necessária, que um conhecedor e fino observador das coisas humanas poderia prever, quase com certeza, onde e quando se há de verificar algo semelhante". Basta estudar as condições da França antes de 1789, para perceber que a convulsão verificada é apenas o "efeito irresistível de causas precedentes". Portanto, levantar a questão em torno da legalidade desse fato é como se perguntar se é conforme ao direito "um terremoto na Calábria ou um furacão na Jamaica".[164]

---

[164] WIELAND, M. *Sendschreiben...*, cit., pp. 150-151.

II   Desordens naturais, casuística e justificação da revolução

Ainda antes da Revolução Francesa –, com a experiência da revolução na Inglaterra e na América – Herder escreveu que "o mecanismo das revoluções... é necessário para o nosso gênero, tanto como as ondas para o rio, para não se tornar um pântano de águas mortas". Por isso é errado "ver só ruínas sobre ruínas nas revoluções da terra, eternos inícios sem fim, ciclos do destino sem um escopo permanente".[165] Mas, a assimilação da revolução política a uma convulsão natural conhece a maior difusão após os acontecimentos verificados no Além-Reno. Eis como se exprime Einsiedel – autor não por acaso estimado por Herder:

> *As coisas políticas têm um andamento análogo às físicas. Por algum tempo se pode deter o curso da natureza e barrá-lo com meios que o desaceleram. Ao fim, porém, se não se é capaz de eliminar as causas do mal, a enfermidade explode. O mesmo acontece nas revoluções religiosas e políticas.*[166]

É um tema que, com algumas variantes, se acha de novo em Fichte: "Quando se impede o progresso do espírito", é muito provável que se verifique uma convulsão. Acontece como

> *quando o curso da natureza, que se quer retardar, irrompe violentamente e destrói tudo aquilo que encontra pelo seu caminho, e então a humanidade se vinga dos seus opressores do modo mais cruel, e as revoluções se tornam necessárias.*

Nem, por outro lado, dever-se-á ver nessas catástrofes naturais somente um fato negativo, ou seja, apenas o elemento da destruição. Existe uma ordem providencial que

---

[165]   *Idee per La filosofia della Storia dell'Umanità*, tr. it. de V. Verra, Bolonha, 1971, pp. 218-219 (*Sämtliche Werke*, cit., vol. XIII, pp. 352-353).
[166]   MERKER, N. *Alle Origini dell'Ideologia Tedesca*, cit., p. 195. Como se sabe, as *Ideias* de Einsiedel são conhecidas pelos cadernos de extratos de Herder.

> *dos escombros da devastação reedifica novos mundos e da podridão da desintegração faz surgir novos corpos vivos; que faz prosperar férteis vinhedos sobre as ruínas de antigos vulcões; que faz os homens habitarem, viverem e se alegrarem sobre túmulos.*[167]

O tema em pauta se acha depois largamente presente em Forster. Aí se acha a imagem da doença, cara a Einsiedel:

> *O Estado que é sacudido pelas revoluções se assemelha a um enfermo com febre: uma robusta força vital conduz a luta contra o elemento estranho que ela deve expelir ou ao qual deve sucumbir. Crises salutares e furiosos paroxismos se sucedem um ao outro, até que a natureza mais forte alcança uma vitória decisiva ou então o organismo desintegrado se torna presa da morte e da decomposição.*[168]

E ainda:

> *A revolução apresenta completamente todos os sintomas de uma doença violenta, com a qual a natureza liberta o corpo de uma matéria estranha ou putrefata que, quando a sua secreção é por demais abundante, dá origem primeiro a uma geral estagnação e, após, a uma igualmente geral dissolução. Isso, com efeito, é muito mais que simples comparação; é uma verdadeira semelhança em sentido próprio, uma afinidade, uma correspondência da natureza material com a moral, e do homem individual com a sociedade.*[169]

Aí se acha a imagem da inundação, cara a Fichte. Sim, "a revolução rompeu todos os diques", mas deve também levar em conta que "um fenômeno natural que ocorre muito raramente, para que se conheçam as suas leis específicas, não se deixa confinar e determinar por regras da

---

[167] *Zurückforderung der Denkfreiheit von den Fürsten Europas die sie bisher Unterdrückten*, em *Fichtes Werke*, cit., vol. VI, pp. 6 e 27 (tr. it. em: *Sulla Rivoluzione Francese*, cit., pp. 7 e 30).

168 *Darstellung der Revolution in Mainz*, 1793, em: *Werke in vier Bänden*, cit., vol. III, pp. 658-659 (tr. it. cit., p. 127).

[169] *Parisische Umrisse*, cit., p. 744, nota (tr. it. cit., pp. 163-164 nota).

II Desordens naturais, casuística e justificação da revolução | 125

razão, mas deve ter livre o seu curso".[170] Aí se encontra, enfim, a imagem do "vulcão" e do "terremoto" que já se vira em Wieland.[171] Por tudo isso, a revolução não pode ser condenada, mas, ao contrário, "há de se considerar como obra da justiça da natureza".[172]

Outras vezes, enfim, a revolução é comparada à convulsão que ocorre em um organismo enfermo; a "febre revolucionária" é comparada com a "varíola", e isso nas palavras de um democrata radical, como era então Görres.[173]

A assimilação da revolução a uma convulsão natural permitia repelir a denúncia da Revolução Francesa como resultado de uma perversa maquinação ou da depravação moral; permitia justificar a Revolução Francesa, de um ponto de vista objetivo, sem que tal justificação implicasse um envolvimento pessoal ou pudesse ser interpretada como a elaboração de um programa político para a Alemanha.

Mas, se a assimilação do que acontecia no Além-Reno a uma convulsão natural podia servir para tranquilizar em certos casos as cortes alemãs, não enganava em todo o caso os teóricos da reação que lhe percebiam o real significado político: são os "defensores" da Revolução Francesa que a consideram como um evento "surgido da natureza das coisas e de uma necessidade indomável", silenciando totalmente sobre o momento da responsabilidade subjetiva dos seus iniciadores.[174] E Rehberg, com o qual polemiza Fichte,[175] também se exprime contra o fato de que "se comparem as revoluções aos fenômenos da natureza".

Era transparente o caráter justificacionista da assimilação que vimos acima, e às vezes acabava emergindo de modo explícito:

---

[170] *Ibid.*, p. 730 (tr. it. cit., p. 153).

[171] Carta a Voss, de 21/12/1792, em *Werke in...*, cit., vol. IV, p. 809 (tr. it. cit., p. 198).

[172] *Geschichte der englischen Literatur vom Jahre 1790*, 1791, em: *Werke in*, cit., vol. III, p. 326 (tr. it. cit., p. 101). Sobre a revolução como fenômeno natural em Forster, cf. GRIEWANK, K. *Il Concetto di Rivoluzione nell'età Moderna* (tr. it. de G.A. De Toni, apresentação de C. Cesa, Florença. 1979, pp. 178-179).

[173] Cf. o seu artigo *Die Blattern und das Revolutionsfieber, eine Medizinisch-Politische Parallele*, em "Das rothe Blatt", 1798, I trimestre, n. 7-10; o jornal foi depois reproduzido no âmbito da edição dos *Gesammelte Schriften* de J.G., preparada por W. Schellberg, e de onde citamos o vol. I, Köln 1928, p. 164.

[174] *Versuch einer Widerlegung...*, cit., pp. 128-129.

[175] *Zurückforderung...*, cit., p. 27 nota (tr. it. cit., p. 30n).

> *Os movimentos de um povo levado ao desespero são, por sua própria natureza, tempestuosos, e por suas consequências podem ser considerados responsáveis só aqueles que, com medidas insensatas e tirânicas, levaram o povo a esse desespero.*

Quem fala com essa brutal clareza é Wieland, em uma Weimar pacífica e adormecida, menos exposta do que Berlim aos raios da censura e da reação. Mas, não por acaso, ao invés de fazer diretamente essa declaração, Wieland prefere colocá-la na boca de um dos protagonistas de um imaginário colóquio contraditório, cujo tema é precisamente a Revolução Francesa.[176]

Da constatação da convulsão político-natural, que se verificara além do Reno, decorria em geral, no tocante à situação alemã, não um apelo à revolução, mas à reforma, um apelo para não se porem barreiras ao curso da natureza, mas para segui-lo, pois seria o único modo para canalizá-lo e evitar que abrisse caminho com inaudita violência, como havia precisamente acontecido na França. É o que se depreende da intervenção de Fichte: é tempo afinal para que

> *se abram os diques (que, alhures, com aquele espetáculo diante do olhar, se acredita opor ainda ao avançar do espírito humano), caso não se queira que os derrube violentamente e leve uma terrível devastação aos campos em redor.*[177]

Ou, nas palavras de Forster: "o vulcão da França poderia salvar a Alemanha do terremoto".[178] Justificar a Revolução Francesa como um fato objetivamente natural e apelar às cortes alemãs para que, com um corajoso programa reformador, evitassem provocar uma nova catástrofe natural na própria Alemanha, não seria também o intuito de Kant definindo a Revolução Francesa como um "grito da natureza?".

---

[176] *Eine Unterredung über die Rechtmässigkeit des Gebrauchs, den die Französische Nation Dermalen von ihrer Aufklärung und Stärke macht*, in *Wieland's Werke*, cit., vol. XXXIV, p. 14.
[177] *Zurückforderung...*, cit., p. 6 (tr. it. cit., p. 7).
[178] *Lettera a Voss* (Mains, 21/12/1792), em *Werke in...*, cit., vol. IV, pp. 809-810 (tr. it. cit., p. 198).

2. Kant, a casuística e a revolução

Falar de casuística a respeito de Kant não deve ser motivo de espanto ou, pior, de escândalo. O filósofo não atribui nenhum sentido negativo ao termo. Trata-se do "exercício de como deve (*solle*) ser 'procurada' a verdade". Ao contrário, a casuística faz parte, com todo o direito, da arquitetônica da "doutrina da virtude". Por outro lado, não é só a *Metafísica dos costumes* que consagra amplo espaço às "questões casuísticas". Originariamente, o *Conflito das faculdades* também previa uma seção dedicada às "questões casuísticas" no campo da exegese bíblica, e o título dessa seção foi modificado só na última hora, com uma carta ao editor.[179]

Feita essa observação preliminar, pode-se perguntar: será deveras total, em Kant, a negação do direito à resistência e à revolta contra o poder constituído? Na realidade, essa regra geral sofre inúmeras exceções, toda vez diversamente motivadas. A Revolução Francesa é energicamente defendida, embora com uma concepção paradoxal, ou seja, na medida em que se nega que seja uma revolução, para ser comparada a uma reforma imposta de cima para baixo. Mas não se trata de uma ficção que não merece muito crédito? O bonito é que é o próprio Kant que desmascara uma análoga ficção presente no *Bill of Rights*. Ele explica o fim da dinastia dos Stuart com "a abdicação do ex-rei Giacomo II", que tornara "o trono vacante".[180] Na realidade, os líderes da Revolução Gloriosa, para esconder a sua rebelião contra a autoridade constituída,

> *preferiram atribuir* (angedichtet) *ao monarca, por eles posto em fuga à força* (weggeschreckt), *uma renúncia espontânea ao poder, em vez de se arrogarem o direito de destituí-lo, fato que teria posto a constituição em aberta contradição consigo mesma* (DC, VIII, p. 303).

---

[179] Quanto à *Metaphysik der Sitten*, cf. VI, pp. 411, 413s; quanto ao *Streit der Fakultäten*, cf. VII, pp. 68-69; a carta a Nicolovius do dia 8/5/1798, em L, XII, p. 244.

[180] Veja em *Documenti Storici. Antologia*, edição de R. Romeo e G. Talamo, vol. II, Turim, 1979, p. 175.

Desse modo se demonstra que uma constituição não pode codificar nem admitir o direito à resistência. Mas a ficção que se surpreende nos autores do *Bill of Rights*, motivada pela necessidade de evitar a contradição procedente do fato de querer fundamentar uma ordem jurídica, ainda que nova, com base na proclamação da legitimidade da desobediência, não é a mesma ficção a que recorre Kant para conciliar a defesa da Revolução Francesa com a negação do direito à resistência, um direito dificilmente enunciável ou mesmo só pensável na situação concreta da Alemanha?

Mas não se trata só da Revolução Francesa. Segundo o abalizado testemunho de um biógrafo seu, Kant apoiou com entusiasmo a Revolução Americana, com tal entusiasmo, também na presença de um inglês desconhecido, que teria chegado a desafiá-lo para um duelo.[181] O testemunho em questão não traz a motivação aduzida pelo filósofo. Mas, nesse caso, dadas as características assumidas pela Revolução Americana de guerra travada por um país em luta pela independência contra um país opressor, não deveria ter havido particulares dificuldades de Kant para justificá-la.

A revolta irlandesa contra a Inglaterra também foi saudada com simpatia pelo filósofo que, aliás, se preocupava que ela não ficasse isolada, almejando que também se rebelassem, por sua vez, os escoceses,[182] na esperança, evidentemente, de ser finalmente dobrado o mortal inimigo da França revolucionária. Augurar que a revolta escocesa se somasse à irlandesa, para que ficasse garantida a vitória definitiva de uma terceira e mais importante revolução, é necessário convir que representa atitude singular para o teórico da negação do direito de resistência, atitude, aliás, totalmente inconciliável com a imagem de um filósofo propugnador de uma incondicional obediência à autoridade constituída.

Ainda mais importante é notar que não se trata de vazias veleidades, mas do eco de acontecimentos e projetos reais, dado que para os anos de 1796-1797, e para 1798, o ano então do citado colóquio de Kant, fora preparada na Irlanda uma

---

[181] KANT, Immanuel.... Cit., pp. 153-154.
[182] ABEGG, J.F. *Op. cit.*, p. 248.

II Desordens naturais, casuística e justificação da revolução

> *insurreição que deveria rebentar simultaneamente com um desembarque francês e com levantes fomentados na Inglaterra e na Escócia por associações revolucionárias organizadas conforme o modelo dos irlandeses: os ingleses unidos e os escoceses unidos.*[183]

O resultado não foi certamente o previsto por Kant, e os líderes do movimento revolucionário irlandês foram enforcados. Todavia, permanece de pé que, também nesse caso, o filósofo que negava o direito de resistência não estava certamente do lado da autoridade constituída.

Foi precisamente observado que Kant, embora considere insustentável, por ser intrinsecamente contraditório, o direito de resistência, em face dos acontecimentos que apresentavam "um autêntico caráter revolucionário", vai depois assumir uma atitude "casuística".[184] Por outro lado, a condenação de Kant contra a Inglaterra, a propósito da questão irlandesa, é pública e explícita:

> *A religião (em sua manifestação), [...] mesmo que monárquica (papal), não pode ser por nenhum poder civil nem imposta nem proibida ao povo. E não se deve tampouco (tal como se faz na Grã-Bretanha quanto à nação irlandesa) excluir dos serviços públicos, e das vantagens daí resultantes, os cidadãos por causa de uma religião diferente daquela da corte* (MC, VI, p. 368).

Não é certamente casual que esses posicionamentos sejam contemporâneos do desenvolvimento da agitação revolucionária na Irlanda. E ainda mais significativo é o fato de Kant enquadrar as relações entre a Irlanda e a Inglaterra no âmbito do discurso sobre a guerra, indicando a condição da primeira como a de nação vencida e subjugada. A relação entre a primeira e a segunda é aquela que se dá entre uma colônia e a sua metrópole (*mutterstaat*):

---

[183] GODECHOT, J. *La Grande Nazione*, cit., pp. 179-180.
[184] HENRICH, D. *Einleitung* a KANT-GENTZ-REHBERG, *op. cit.*, p. 32.

> *Uma colônia ou uma província (aqui entendida no sentido latino do termo) é um povo que tem, é verdade, sua própria constituição, sua legislação, o seu território, sobre o qual aqueles que pertencem a outro Estado são apenas estrangeiros, mas que, por outro lado, está sujeito ao supremo poder executivo de outro Estado, chamado metrópole. O Estado colonial (Tochterstaat) é dominado por ela, mas se governa por si (mediante o seu próprio parlamento, quando muito sob a presidência de um vice-rei). Metrópole foi Atenas em relação a várias ilhas, e o é agora a Grã-Bretanha em relação à Irlanda* (MC, VI, p. 348).

O sentido desse posicionamento está claro: apesar de em 1782, no final de uma outra onda revolucionária, haver obtido a autonomia legislativa, apesar de outras concessões lhe terem sido feitas em 1793, a Irlanda continuava sendo uma colônia. Os termos usados "Estado filho" (*Tochterstaat*) e "Estado mãe" (*Mutterstaat*) sublinham o rigor da condenação da política inglesa na questão irlandesa. Não diz Kant que o "governo paternalista", que trata os súditos como "filhos menores", constitui "o pior despotismo que se possa imaginar?". (DC, VIII, pp. 290-291). Nesse caso, está sendo privada de seus direitos uma nação inteira, e uma nação europeia. Um fato absolutamente injustificado. Mesmo depois de perder uma guerra,

> *o Estado vencido, ou os seus súditos, não perdem a liberdade civil com a conquista do país, a ponto de um descer ao grau de colônia e os outros ao de escravos...* (MC, VI, p. 348).

E, no entanto, a Irlanda, vencida e subjugada pela Inglaterra, decaiu ao *status* de colônia.

Se a Revolução Francesa era justificada... como simples reforma a partir de cima, a Revolução Irlandesa era justificada como guerra de libertação nacional. E essa consideração deveria também valer para a Revolução Escocesa, que Kant não se limita a justificar *post factum*, mas na qual aposta mesmo antes de se verificar, aliás, sem que depois ocorra. Para a Irlanda, poderia depois valer um outro motivo de justificação, a saber, a defesa da liberdade religiosa.

II Desordens naturais, casuística e justificação da revolução

Com efeito, a casuística de Kant configura muitas exceções à negação do direito de resistência. A resistência e a revolta contra a autoridade constituída é sempre ilegítima, exceto em casos "que não podem de modo algum reentrar na *unio civilis*, por exemplo violação da liberdade religiosa (*religionszwang*), coação a cometer pecados contra a natureza; homicídio covarde (*Meuchelmord*) etc." (XIX, p. 594). Mesmo sem esse "etcétera etcétera", que parece abrir um campo ilimitado à determinação de exceções a uma regra que, todavia, continua sendo considerada, no plano formal, absolutamente válida, resta o fato de que já os casos explicitamente enunciados por Kant permitem subsumir não só a regra, e sim sob a exceção, fazendo, portanto, explodir a cláusula que legitima a resistência, a maior parte das guerras de agressão e não poucos comportamentos e atos concretos dos soberanos e dos governantes do seu tempo (e não só do seu tempo).

Deve-se perguntar, ao contrário, se nas exceções explicitamente enunciadas por Kant não se ouve o eco ou a referência a dramáticos acontecimentos de que era espectador: o edito do Duque de Brunswick que ameaçava contra o povo francês, empenhado na construção de um novo Estado, não só uma intervenção absolutamente contrária ao direito internacional, mas também a destruição de Paris e o fuzilamento dos membros da Guarda Nacional flagrados com armas em punho, não se incluíam naquele *Meuchelmord*, que automaticamente explodia a cláusula que dissolvia a obediência? Nas *Contribuições*, Fichte se refere às ameaças de "extermínio" proferidas pelo Duque de Brunswick contra os parisienses. Dificilmente poderia ser desconhecido de Kant um manifesto que tamanho eco, e tão grande indignação, provocara na opinião pública alemã.[185]

Por outro lado, eis o que se afirma expressamente na *Religião*: se as autoridades ordenarem algo "diretamente contrário à lei moral, não se tem nem a faculdade nem o dever de lhes obedecer". E esse é, por outro lado, o único caso em que se admite a desobediência, contrariamente ao que pretende a propaganda reacionária que, com o pretexto segundo o qual

---

[185] *Beiträge...*, cit., p. 56 (tr. it. cit., p. 63). Quanto à polêmica democrática e jacobina contra o edito em questão, também MERKER, N. *Alle Origini...*, cit., pp. 165-169.

"importa obedecer mais a Deus que aos homens", mina a autoridade civil em prol das vantagens do clero. É contra essas pretensões que Kant enfatiza a obrigação que compete a todo cidadão, exceto em casos excepcionais, de respeitar a lei:

> *Quando a uma lei político-cívica em si não imoral se opõe uma lei estatutária tida como divina, então há motivo para supor que ela é apócrifa, pois vai contra um dever claro sem que se possa jamais provar, mediante evidências empíricas, que ela é realmente também um mandamento divino tal que, para obedecer seja lícito transgredir um dever, aliás, bem estabelecido* (R, VI, p. 99n).

É um texto do mais alto interesse: a negação do direito de resistência é atenuada com exceções explícitas e de grande alcance. Mas, na medida em que se enfatiza, volta-se com força contra a propaganda clerical, contra a contestação vendeana do poder revolucionário na França.

Muito importante, a esse propósito, a defesa do cristianismo como "revolução", e não em sentido metafórico. Do ponto de vista de Kant, Jesus subvertia realmente o ordenamento político em vigor e, por isso,

> *não se pode dizer que o Sinédrio tenha cometido algo ilegal no plano jurídico, dado que a constituição jurídica era legal (bürgerlich) e visto que ele fomentava uma sublevação (aufruhr)* (XXIII, p. 435).

Mas esse não é um motivo para se condenar, no plano moral, o cristianismo, que aliás, é interpretado e defendido como uma verdadeira revolução política no pleno sentido, uma "revolução pública da fé". A ênfase é do próprio Kant – não se trata de um processo *in interiore homine!* –, visando à "derrubada (*stürzung*) da fé cerimonial (que anula toda disposição moral) e do prestígio dos seus padres". A esse escopo visava ao "recrutamento dos discípulos". Mas, infelizmente, ainda hoje se deve deplorar o fato de que essa revolução "não chegou a cabo" e de que, após a morte de Cristo, o cristianismo "se tornou apenas uma revolução que age no silêncio e se estende só gradualmente e em meio a muitos sofrimentos" (XXIII, p. 105).

A gradualidade se configura aqui como característica negativa, como o resultado de um fracasso e de uma involução.

Mas, mesmo admitindo que o recurso à resistência seja sempre ilegal, quem deve ser considerado responsável quando explode a revolução, o povo sublevado, ou o poder que, com o seu despotismo, provocou e na prática tornou inevitável essa sublevação? A pergunta é plenamente legítima, a julgar pela severa acusação de Kant contra os empiristas que desprezam a teoria e estão prontos a justificar em todos os casos o poder, passando por cima de qualquer escrúpulo e de qualquer consideração de caráter moral. Um dos princípios que inspiram sua conduta é descrito assim:

> Si fecisti, nega *(Se você fez, negue). Do mal que tu mesmo fizeste, por exemplo, levar teu povo ao desespero e, portanto, à insurreição, nega que seja sua a culpa, mas afirma que é do espírito de resistência dos súditos...* (PP, VIII, p. 374).

É uma pergunta que em todo o caso se punham os discípulos de Kant. Assim, Jakob, depois de ter negado que seu mestre havia teorizado a obediência a todo o custo ao soberano, observava a propósito da irrupção da revolução:

> *Não se deve esquecer que somente uma longa série de opressões generalizadas e de estúpidas crueldades pode unir o povo no desespero, de sorte que, em última análise, surge o problema se o responsável pelas crueldades e pelos atos desumanos, cometidos pelo povo no curso dos tumultos, não seria o próprio tirano que, antes, levou o povo ao desespero e à fúria.*[186]

Há outro fato singular que se deve ter em conta. Como vimos, há um fervoroso discípulo de Kant, Johann Benjamin Erhard, que publica

---

[186] JAKOB, L.H. *Antimachiavel oder über die Grenzen des Bürgerlichen Gehorsams. Auf Veranlassung zweyer Aufsätze in der Berliner Monatsschrift (Sept. und Dec. 1793) von den Herren Kant und Gentz.* 2 Aufl., Halle, 1796, cit. por GURWITSCH, A. *Immanuel Kant und die Aufklärung*, 1935, em: *Materialien zu Kants Rechtsphilosophie*, cit., p. 340.

um texto que, já no título, não teoriza certamente a negação do direito de resistência. Qual a atitude do mestre diante de um posicionamento na aparência em tão claro contraste com as suas teses, por obra de um autor conhecido como um discípulo seu e que, portanto, corria o risco de algum modo de envolvê-lo e comprometê-lo? Talvez se pudesse esperar uma pública reprovação, instrumento ao qual recorreu Kant em outras ocasiões. Mas, não ocorreu nada disso. Como se depreende da correspondência, continuam sendo excelentes as relações com Erhard, o qual acredita ter mantido a linha de pensamento do mestre também no tocante à filosofia política (L, XII, p. 144). E Kant, por seu turno, cita publicamente, aprovando, o seu discípulo, mas apoiando a tese da necessidade de avançar rumo à constituição republicana, não mediante "revolução", e sim mediante "evolução", todavia através de uma evolução do tipo daquela verificada na França com a Grande Revolução! (C, VII, pp. 87-88).[187]

Observa a esse propósito, Nicolai, com particular referência justamente a Erhard, e formulando implicitamente a suspeita do duplo sentido:

Sabe-se que muitos adeptos da filosofia crítica, mediante o recurso a princípios puros, defendem o recurso à revolução (Revolutionieren).[188]

---

[187] Erhard publica, além disso, no *Philosophisches Journal* uma "Apologie des Teufels" (sobre isso cf. a nota introdutória de B. Croce à tr. it., Bari, 1943) e a já citada recensão aos *Beiträge* de Fichte. Quanto a essa recensão, Erhard declara que desejaria conhecer a opinião de Kant sobre ela (carta a Kant de 15/11/1795, vol. XI, p. 52).

[188] NICOLAI, J.Ch.F. *Neun Gespräche zwischen Christian Wolff und einem Kantianer über Kants metaphysische Anfangsgründe der Rechtslehre und der Tugendlehre.* Berlim e Estetino, n. 1798 (reimpressão anastática Bruxelas, 1968), p. 46.

III
Revolução, censura e criptografia

1. Caráter alusivo do discurso kantiano

Uma estranha discrepância é possível destacar-se, a propósito da Revolução Francesa, se não no juízo, em todo o caso no tom, entre o texto kantiano, de um lado, e os testemunhos dos contemporâneos, do outro. Segundo um desses testemunhos, o filósofo, assim que recebeu a notícia que fora proclamada a república na França, teria exclamado: "Senhor, deixa agora morrer em paz o seu servo, porque eu vi a salvação do mundo!".[189]

Mesmo que se queira por em dúvida, como muitos fizeram, mas sem aduzirem razões particularmente persuasivas, a validade desse testemunho, existem diversos outros indo todos na mesma direção, no sentido de apontarem uma atitude caracterizada por entusiasmo sem reservas diante da Revolução Francesa, vista não em uma única fase, mas, substancialmente em todo o arco da sua evolução. Kant estimava "a causa dos franceses com toda a alma"; sem que se deixasse desviar em seu juízo pelas "explosões de imoralidade", considerava que as consequências da revolução teriam sido "grandes, infinitamente grandes e benéficas".[190]

É, principalmente, a partir da Revolução Francesa que explode a paixão do filósofo pelos "jornais" aguardados e devorados com impaciência. Sua conversa chega a se tornar monótona, toda centrada em torno desse único tema, e mesmo intolerante em face de opiniões excessivamente em

---

[189] Assim Varnhagen von Ense relata em seus *Tagebücher*, declarando que o soubera através de Stägemann, cf. K. VORLÄNDER, *Immanuel Kant. Der Mann und das Werk*, cit., vol. II, p. 220.
[190] ABEGG, J.F. *Op. cit.*, pp. 147 e 249.

contraste com assuas.[191] Mesmo o terror não parece ter produzido uma virada como em muitos dos seus contemporâneos. Kant, aliás, teria continuado a falar como um "democrata radical" (*völliger demokrat*), dando até razão aos jacobinos pelo fato de que os lutos e os sofrimentos provocados por esses últimos representavam pouca coisa em confronto com aqueles que teriam inevitavelmente comportado a vitória do despotismo[192]. Enfim, no choque de gigantes entre França e Inglaterra, a última é considerada – como já vimos – o baluarte da "escravidão e da barbárie".[193]

É possível tentar redimensionar esses testemunhos, mas não é fácil contestá-los em bloco, dada a sua multiplicidade e convergência. Inegavelmente, neles aparece uma imagem do filósofo muito mais "radical" do que aquela que emerge dos seus textos. A razão dessa discrepância poderia ser detectada nas seguintes palavras, atribuídas sempre a Kant: "Quem professa livremente as próprias ideias sobre a Revolução Francesa é logo acusado de jacobinismo...",[194] identificação bastante arriscada em um momento em que se acirravam a reação e a censura. Trata-se, então, de ver se e em que medida a grave situação objetiva poderia ter influído sobre as formulações mais discretas no texto escrito.

Interessante é observar de que modo, em suas obras, Kant nunca toma posição diretamente sobre a Revolução Francesa, com um ensaio com temática dedicada a esse evento, mas sempre de forma indireta, servindo-se de argumentos remotos e aparentemente inócuos, da maneira que menos desse na vista, com posicionamentos muitas vezes colocados em notas de rodapé que poderiam escapar ao leitor menos atento, escritas como estão, entre outras coisas, com linguagem alusiva e emaranhada. A própria expressão Revolução Francesa não aparece nunca no texto de Kant.

A primeira tomada de posição se acha em uma nota, bastante cautelosa, da *Crítica do juízo*. O motivo é fornecido pela análise de "ser organizado" na natureza, que não pode ser uma "simples máquina" dotada de

---

[191] *Immanuel Kant...*, cit., pp. 76, 179-180 e 59.
[192] VORLÄNDER, K. *Immanuel Kant. Der Mann...*, cit., vol. II, p. 221.
[193] *Supra*, p. 89.
[194] ABEGG, J.F. *Op. cit.*, p. 179.

III Revolução, censura e criptografia   137

uma única força motriz, mas que pressupõe uma diferente relação entre as partes do todo, sem que nenhuma fique relegada a um papel meramente passivo. Se isso for verdade acrescenta então a nota:

> *Quando se trata da empreitada de total transformação de um grande povo em um Estado, se empregou muitas vezes e de modo muito oportuno a palavra organização para designar a disposição das magistraturas etc., e afinal, de todo o corpo do Estado. Isso porque, em um todo como esse cada membro deve ser não só meio, mas também fim; e enquanto concorre para a possibilidade do todo e, por sua vez, determinado pela ideia do todo, relativamente ao seu posto e à sua função.*[195]

A poucos meses do grande evento que modificaria a face da França e da Europa, Kant frisava a consonância entre a Revolução Francesa e sua filosofia prática, que podia assim ver na "total transformação" (*gänzliche umbildung*) – termo "revolução" ausente – que se efetuava Além do Reno, a realização dos princípios por ela enunciada. Assim, com a supressão dos privilégios feudais e a realização de uma comunidade política fundamentada na liberdade e na igualdade jurídica, o homem seria concretamente reconhecido como um fim em si. O homem como *Selbstzweck* tomava corpo no *citoyen*. Quando – declara mais tarde a *Metafísica dos costumes* – o homem é reconhecido como fim em si, e não como simples meio. E nesse instante, na qua qualidade de cidadão, é considerado "no Estado como um membro do poder legislativo" (MC, VI, p. 345). A realização moral do homem pressupunha, portanto, uma radical modificação das relações políticas e sociais existentes e uma ética aparentemente tão formal acabava se reconhecendo nos conteúdos formados a partir da Revolução Francesa.

Significativamente, nos anos que se passam entre a publicação da *Crítica do juízo* e a da *Metafísica dos costumes*, um jacobino, aliás, uma das personalidades mais conspícuas produzidas pelo jacobinismo alemão, pode formular o seu credo político em linguagem explicitamente kantiana:

---

[195] *Kritik der Urteilskraft*, nota ao # 65 (V, p. 375) (tr. it. de A. Gargiulo, revista por V. Verra. Roma-Bari, 1979, p. 243).

> *Creio que o homem não deve ser nunca um meio, mas sempre um fim, ao passo que no atual ordenamento dos nossos Estados, mais de dois terços dos habitantes são usados como meios para fins imorais* (mittel zum unmoralischen zwecken), *pelo terço restante que é afinal, precisamente, a parte mais desprezível, a do status nobilárquico.*[196]

A *Crítica do juízo* se exprime cautelosamente, mas pelas *Reflexões* privadas sabemos como estava cheio de sentido o termo "organização", usado por Kant: é "o governo despótico" que transforma o "organismo" do Estado em um "mecanismo que depende sempre de mão estranha" XIX, p. 491). E uma ulterior anotação, posterior dessa vez ao desencadear da revolução, esclarece que só se pode falar propriamente de "organização" em uma "constituição patriótica" (*patriotische verfassung*) (XIX, p. 595). Teremos ocasião de voltar ao sentido dessa expressão, mas está claro que a "organização" de que fala a nota de 1790 não é um fato técnico, mas algo eminentemente político que pressupõe uma radical ruptura da ordem constituída, e que estava justamente ocorrendo na França.

Anos mais tarde, Hölderlin, nessa época leitor atento e entusiasta de Kant, escreveu: "A primeira condição de toda vida e toda organização (*organisation*) é que nenhuma força seja monárquica, nem no céu nem na terra".[197] Significativamente, uma rubrica do já citado jornal revolucionário *Das Rothe Blatt* tinha o título, com referência aos desdobramentos da situação política na França, "andamento da nova organização" (*gang der neuen organisation*).

Bem mais delicado é o segundo posicionamento de Kant sobre a Revolução Francesa. O momento político em que ocorre é muito mais difícil: a aparência de um acordo unânime entre Luís XVI e a Assembleia Nacional, entre a Coroa e o povo, a aparência de uma ordenada reforma de cima para baixo, agora se dissolveu definitivamente e, no plano internacional,

---

[196] REBMANN, J.A.F. *Vollständige Geschichte meiner Verfolgungen und meiner Leiden. Ein Beitrag zur Geschichte des deutschen Aristokratism, nebst Thatsachen zur Regierung des jezzigen Churfürsten von Maynz, und politische Wahrheiten*. Amsterdã, 1796 (tr. it. em: MERKER, N. *Op. cit.*, p. 352).

[197] Carta a Isaak von Sinclair, de 24/12/1798, em: HÖLDERLIN, F. *Sämtliche Werke und Briefe*, cit., vol. II, p. 793.

III Revolução, censura e criptografia

já começou a intervenção contrarrevolucionária, primeiro com o manifesto de Pillnitz, e depois com a formação da primeira coligação antifrancesa da qual é parte integrante a Prússia de Frederico Guilherme II. Sobretudo, superado o primeiro momento de surpresa e desconcerto, a reação se reorganizou, passando ao contra-ataque também no plano ideológico, tomando por motivo a explosão violenta das contradições na França, para denunciar o fracasso de uma tentativa que pretendeu livrar dos grilhões do despotismo um povo (e a humanidade, em geral), absolutamente imaturos para a liberdade.

E aqui é que se insere a intervenção de Kant, sem se colocar explicitamente a favor da Revolução Francesa, mas tomando distância, cautelosa, e bem clara, de um dos temas prediletos da propaganda reacionária: "confesso" – declara uma nota da *Religião dentro dos limites da simples razão*:

> *Que não consigo me reconhecer na expressão: um povo (que está a ponto de realizar a sua liberdade jurídica) não está maduro para a liberdade; servos da gleba de um proprietário de terras não estão maduros para a liberdade; e assim os homens em geral não estão maduros para a liberdade religiosa. Mas, com esse pressuposto, a liberdade jamais chegará, porque os homens não podem estar maduros para ela, se antes não forem postos na liberdade (é necessário que os homens estejam livres para que possam servir-se livremente das próprias forças, segundo fins racionais). As primeiras tentativas serão, sem dúvida, desajeitadas e comportarão em geral um estado de coisas mais penoso e perigoso do que quando se vivia ainda debaixo de ordens, mas também sob os cuidados de outros; todavia, ninguém se torna maduro pela razão, se não mediante tentativas autônomas (que os homens devem ser livres para poderem fazer).*

Não obstante a constatação de um posicionamento apenas indireto, mediante a refutação dos argumentos da propaganda contrarrevolucionária, a mensagem era bastante clara, até demais, caso se pense na reivindicação, discreta ou sugerida no último parêntese, do direito do povo francês a continuar no próprio caminho fora de qualquer intervenção exterior. Podia essa defesa da Revolução Francesa ser interpretada como uma instigação à desobediência e à subversão na Alemanha e na Prússia? O perigo era ainda mais sério, quando se tem em vista que Frederico Guilherme II tomou a providência de promulgar, em 5 de março de 1792, um novo decreto de censura, ameaçando com penas severas todo aquele que levantasse críticas inoportunas e injustas contra as pátrias instituições e o pátrio ordenamento constitucional.

E o acréscimo de Kant à precedente declaração de princípio parece quase ter por intuito atalhar e repelir antecipadamente a eventual acusação de subversão:

> *Não acho nada para desdizer, se aqueles que detêm o poder, forçados por circunstâncias históricas, adiam para bem longe no tempo, a alforria desses três grilhões. Mas enunciar o princípio pelo qual, aqueles que a esses grilhões estão presos não estão de modo algum aptos para a liberdade, e é justo mantê-los para sempre afastados da libertação, significa violar os próprios direitos da divindade que criou o homem para a liberdade. Certamente, uma vez que se impôs aquele princípio, é mais fácil dominar no Estado, no poder, na Igreja. Mas será também mais justo?* (R, VI, p. 188n).

Portanto, Kant não quer estender automaticamente à Alemanha as instituições de liberdade que se impuseram na França. Ele não é um subversivo. O poder nada tem a recear. Que ao menos, portanto, seja lícito ao filósofo enunciar uma teoria da liberdade, mesmo que no país onde ele vive deva resignar-se a uma situação bem diversa. Quais, porém, são as "circunstâncias históricas" (*zeitumstände*) que, na Prússia ou na Alemanha, poderiam forçar os governantes a manter o despotismo, a servidão da gleba, a censura religiosa? Talvez a particular imaturidade dos habitantes?

Mas, então, a autodefesa antecipada de Kant corre o risco de usar o mesmo argumento por ele refutado e rejeitado nos críticos da Revolução Francesa. Certamente, há também uma diferença entre ver essa pretensa "imaturidade" como um dado de fato momentâneo ou considerá-la característica permanente e imutável do homem. E, todavia, essa diferença parece dissipar-se quando se pensa que o apelo às particulares "circunstâncias

III Revolução, censura e criptografia | 141

históricas" é tomado como pretexto a fim de adiar "para longe, muito longe no tempo", praticamente para as calendas gregas, o início das necessárias reformas. Kant tem consciência desse risco e a autodefesa, que principiou com uma declaração de incondicional lealdade, vai em frente com ironia, a ponto de desembocar em uma interrogação que de novo lança uma sombra de dúvida e de suspeita sobre a conduta das cortes alemãs. O compromisso de não perturbar a ordem pública, de não transformar a defesa dos princípios da Revolução Francesa em propaganda revolucionária ou, enfim, em ativa agitação antifeudal em território alemão, tudo isso está de pé, mas na base da constatação das reais relações de força, mais do que por reconhecer o bom senso dos governantes alemães.[198]

E, todavia, a importância desse posicionamento não escapava a Forster que, em um texto visando explicar as razões da luta que se travara em Mogúncia, nesse meio tempo reocupada pelo exército prussiano, reportando por extenso a nota de Kant, apontara à "simpatia" dos leitores "as pertinentes observações do pensador alemão" e comentou:

> *Contra esse raciocínio podem exercer-se o quanto quiserem as forças da dialética sofística; o resultado não será jamais outro senão a vergonha daqueles que com argumentos tomados de empréstimo à razão ousam polemizar contra a própria razão.*[199]

Como se infere do que expusemos e ainda vamos expor, não são afinal tão radicalmente diversas, como se poderia esperar à primeira vista, as posições de Kant e de Forster. Ao contrário, fios diferentes parecem entrelaçar-se para a elaboração teórica das duas personalidades. Vimos o político revolucionário reportar e comentar favoravelmente o posicionamento que se acha na *Religião dentro dos limites da simples razão*. Mas, ainda a esse propósito, escreve Forster:

---

[198] O caráter "pragmático" e de autodefesa da declaração de Kant e o seu andamento irônico já foram observados; cf. FETSCHER, I. *Immanuel Kant und die Französische Revolution*, 1974, agora em: *Materialien zu Kants Rechtsphilosophie*, cit., p. 273.
[199] *Darstellung der Revolution in Mainz*, cit., p. 690, nota (tr. it. cit., p. 129n).

> *As primeiras tentativas do homem, assim que fugiu dos grilhões da escravidão, eque agora começa a percorrer sozinho o seu caminho, podem parecer incertas e desajeitadas quanto se queira,* todavia suscitam na alma de quem é amigo da humanidade uma esperança que não o deixa desesperar da sábia mão que guia os destinos do gênero humano nem da causalidade moral dessa direção.[200]

Quisemos dividir em duas partes, inclusive graficamente, a declaração de Forster, visando chamar a atenção para um fato: na primeira parte, aquela em tipos redondos, ressoa claramente um eco da nota já vista da *Religião* kantiana (as primeiras tentativas *serão sem dúvida desajeitadas...*); mas a segunda parte, aquela em grifo, não parece antecipar a subsequente declaração de Kant, para quem a Revolução Francesa, e o sentimento de entusiasmo e participação que provocou, demonstra a "disposição moral da espécie humana" e a sua tendência para o progresso? (C, VII, p. 85).

As relações entre Kant e Forster também são confirmadas por uma carta enviada ao filósofo, cujo autor narra que em Mogúncia foi hóspede de Forster, que possui em sua biblioteca todas as obras de Kant a quem se apressa em garantir a sua "veneração" (L, XI, p. 220).[201]

Deve-se acrescentar que, naquela época, a filosofia de Kant se tornara a bandeira de todos os que olhavam com entusiasmo e simpatia para a Revolução Francesa. É o caso de Hölderlin. O poeta que celebrava os franceses como "os defensores dos direitos humanos" e via os nobres que tinham emigrado de Além do Reno como "as feras que ainda mancham a terra", ao mesmo tempo escrevia, em 1794, que sua única leitura era Kant, "este esplêndido espírito".[202] A correspondência juvenil entre Schelling e Hegel

---

[200] *Ibid.*, p. 689 (tr. it. cit., p. 128).

[201] Há também indícios menores que confirmam essas relações: como se verá melhor a seguir, à deusa Astreia, tomada como símbolo da sinceridade, e que fugiu da terra para o céu, Kant invoca, na *Religião*. Da mesma deusa, fala também Forster, mas em outro contexto: cf. *Ueber die Beziehung der Staatskunst auf das Glück der Menschheit*, em *Werke in...*, cit., vol. III, p. 718.

[202] Carta à irmã, de 19 a 20/6/1792, ao irmão, de 6/8/1796 e de 21/5/1794, em *Sämtliche Werke und Briefe*, cit., vol. II, pp. 554, 601 e 703.

associa constantemente, como se sabe, à afirmação da necessidade da luta contra o "despotismo" a celebração da "revolução" efetuada pela filosofia de Kant (e Fichte).[203] Por sua vez, Fichte, ao defender e enaltecer a Revolução Francesa, aludira à filosofia kantiana como "uma outra revolução, de longe muito mais importante".[204]

Mais significativo, porém, do que os posicionamentos de personalidades individuais, ainda que figuras de exceção, é um testemunho relativo ao que poderíamos definir como o "movimento estudantil", politizado e fortemente radicalizado, que se desenvolveu após a Revolução Francesa e que, ao mesmo tempo, se reconhecia na filosofia kantiana.[205]

Pelos arquivos da polícia austríaca, ficamos imediatamente sabendo que, nas reuniões clandestinas de um círculo jacobino, com a participação de Erhard, discípulo de Kant, e outros conjurados, o tema principal era a exaltação da "democracia" e, ao mesmo tempo, dos "princípios da doutrina kantiana". De modo particular, é de sumo interesse a descrição que um desses conjurados, talvez forçado a confessar sob tortura, faz de uma dessas reuniões:

> *[...] Ao final, voltou-se à filosofia, em particular aos princípios da doutrina kantiana, da razão pura. Erhard, revelando a profundeza do nosso pensamento, teve aqui o ensejo de expor os seus amplos conhecimentos, que pudera haurir de viva voz de Kant.*[206]

Todos esses posicionamentos e testemunhos, que ocorrem em um arco de tempo que vai de 1793 até a primavera de 1795, são anteriores ao ensaio *Para a paz perpétua* (publicado no outono de 1795) e mais ainda ao *Conflito das faculdades*, ou seja, aos ensaios em que Kant, após a morte

---

[203] Veja a carta de Hegel a Schelling, de 16/4/1795, em *Briefe*, edição de J. Hoffmeister e F. Nicolin, Hamburgo, 1969-1981 (3ª ed.), vol. I, pp. 23-25.
[204] *Beiträge...*, cit., p. 41 (tr. it. cit., p. 45).
[205] JUNG-STILLING, J.H. *Lebensgeschichte*, editado por BENRATH, C.A. Darmstadt, 1976, pp. 496-497. O autor se refere à situação na Universidade de Marburgo em 1794.
[206] As atas em questão foram publicadas em apêndice a ERHARD, J.B. *Ueber das Recht...*, tr. it. cit., pp. 176-178.

de Frederico Guilherme II, e encerrada a era Wöllner, pode exprimir aberta simpatia pela Revolução Francesa, assumida como demonstração da tendência da humanidade ao progresso. O Kant político então conhecido era o filósofo que firmemente havia negado o direito de resistência. No entanto, tudo isso não impedia os seus contemporâneos de verem também no autor do ensaio *Sobre o dito comum* o propugnador da luta contra o despotismo e o defensor da Revolução Francesa.

2. A defesa da "Revolução Cristã" como defesa da Revolução Francesa

Voltemos, porém, à *Religião dentro dos limites da simples razão*. As referências à Revolução Francesa não se limitam à nota que há pouco analisamos. Para identificá-las, deve-se ter em conta que estamos no período de mais duro confronto com o poder político e que, portanto, a linguagem de Kant se fez ainda mais cautelosa e alusiva que de costume. Temos um exemplo disso na polêmica contra o responsável pela censura, Wöllner, que, no edito de 9 de julho de 1788, insistia em que se devia acabar com "erros" difundidos "com muita audácia e despudor graças ao nome extremamente abusado de 'Iluminismo' ". Kant lhe respondia argumentando a partir de longe, a partir de uma análise do termo "virtude", "nobre nome, e não lhe pode causar dano nem o fato de ter sido abusado por jactância, nem o fato de ter sido coberto de zombaria (como aconteceu recentemente com o termo iluminismo)[207] (R, VI, p. 57). Esse termo era um nobre nome, apesar da opinião contrária das autoridades da censura que, no entanto, reprovavam o ensaio que continha justamente na abertura essa declaração e que não podia, então, mais aparecer nas colunas de uma revista berlinense, mas apenas ser inserido como o segundo capítulo de um livro publicado no exterior, que, nesse caso, era simplesmente Jena.

---

[207] Para o edito da censura, cf. a *Introduzione* de M.M. Olivetti à edição italiana, p. VII. Em ambas as citações, o grifo é nosso.

III Revolução, censura e criptografia | 145

Mas, ao publicar de novo o ensaio que originariamente saíra na *Berlinische Monatsschrift*, na segunda edição da *Religião*, Kant acrescenta uma nota que contém uma tomada de posição, se não sobre a Revolução Francesa, sem dúvida, sobre a guerra em curso para sufocá-la. Decerto, é o recurso à guerra que se condena, a lei da selva que rege as relações internacionais, mas também "a liga de nações, formada para não deixar desaparecer o despotismo de nenhum Estado" (R, VI, p. 34n). É clara a condenação da primeira coligação antifrancesa.

Na realidade, se temos presente o momento histórico em que se situa a publicação da *Religião*, as referências à Revolução Francesa e principalmente seus ecos objetivos se revelam muito mais numerosas. Já se disse, falando do direito de resistência, da condenação que precisamente nessa obra se exprime da revolta na Vendeia. Mas, deve-se acrescentar que não é certamente casual se, no momento em que se desencadeava com a maior fúria a luta da reação vendeana e internacional, tendo como palavra de ordem a defesa da ordem constituída e do cristianismo, a *Religião* insiste mais de uma vez em definir o cristianismo como uma revolução, aliás, como uma "nova revolução" (*neue revolution*) (R, VI, p. 84).[208] Pode-se pensar que seja totalmente casual o fato de a definição kantiana do cristianismo, como "revolução total" (*gänzliche revolution*) (R, VI, p. 127) cai no mesmo período de tempo no qual Gentz condena, como se viu, a Revolução Francesa como *gänzliche revolution*?

No plano mais propriamente objetivo, enquanto um monarca alemão declarava que o melhor modo para reforçar a autoridade das cortes e afastar qualquer perigo de subversão era restabelecer a fé nos milagres,[209] Kant procurava justamente demolir essa crença.

Mas é a teorização no seu conjunto de uma religião baseada não sobre a revelação, mas sobre a razão, que cai historicamente no mesmo período em que, na França, o novo poder revolucionário, impelido pela necessidade de dobrar a sedição clerical, acabava travando uma batalha contra o

---

[208] A insistência no termo "revolução", com referência ao cristianismo, foi destacada por WEIL, E. *Problemi kantiani*, tr. it. de P. Venditi, com apresentação de P. Salvucci. Urbino, 1980, pp. 180, n. 32.

[209] A declaração publicada em 1792 no *Neuer Teutscher Merkur*, é retomada por WEICK, W. *Deutschland vor hundert Jahren*, Leipzig, 1887-1890, vol. II, p. 182.

catolicismo também no plano dogmático. Trata-se de uma simples coincidência temporal ou estamos, ao contrário, em presença de um consciente posicionamento? Kant polemiza contra a pretensão de obrigar

> a reconhecer, por exemplo, a designação de um dia fixo para as públicas e periódicas manifestações de piedade, como se essa determinação fizesse parte essencial da religião ordenada diretamente por Deus (R, VI, p. 187).

Como não associar essa afirmação à reforma do calendário na França que, instituindo as décadas, abolia também o domingo, o "dia fixo" (*gewisser tag*), consagrado ao Senhor?

É verdade que, no momento em que Kant escrevia as coisas referidas acima, a reforma do calendário não tinha sido ainda decidida, mas não se deve esquecer de que essa reforma havia sido precedida de um longo e apaixonado debate. E esse debate, é claro, era conhecido na Alemanha, se Campe, já em 1790, podia datar sua viagem à França, realizada logo após ter rebentado a revolução, com o termo *Heumonat*, ou seja, "Messidor".[210] E, provavelmente, é à introdução do calendário republicano que Fichte alude quando, publica a sua *Reivindicação da liberdade de pensamento*, e anota no frontispício: "Heliópolis, no último ano do velho obscurantismo": estamos em 1793, o ano I da República Francesa, mas também o ano de publicação da *Religião* kantiana.

Voltando a esse texto, há outro indício que se deve levar em conta, e é que o trecho da *Religião* em pauta vem poucas linhas antes do outro trecho, já visto, que, intervindo na polêmica sobre a maturidade ou não de um povo para a liberdade, contém uma referência muito mais explícita à Revolução Francesa.

Mas, na realidade, toda essa página constitui um comentário às convulsões que estavam ocorrendo Além-Reno. E Kant continua assim:

---

[210] *Briefe von einer Reise von Braunschweig im Heumonat*, 1789.

III Revolução, censura e criptografia

> *Homens que acabaram de provar o gosto da liberdade de pensamento, depois de terem antes vivido o jugo servil da fé (por exemplo, os protestantes), se consideram de pronto, de certo modo, tanto mais dignificados, quanto menor for o número das coisas (positivas e tocantes às prescrições sacerdotais) em que são obrigados a crer* (ibid., p. 188).

Kant cita, portanto, a Reforma. Trata-se, porém, por explícita declaração do filósofo, só de uma amostra, e o exemplo citado não consegue ocultar o que fica subentendido, a Revolução Francesa, pois a ela, em primeiro lugar, se refere na realidade o texto. Tanto é verdade, que, mal fora pronunciada a expressão "liberdade de pensamento", logo se remete à nota que já conhecemos, na qual Kant, embora com linguagem cautelosa imposta pelas circunstâncias, aplaude os esforços de "um certo povo que se empenha para se dar uma liberdade jurídica" (*gesetzliche freiheit*). Ou seja, uma liberdade não confinada exclusivamente à interioridade da consciência, à qual no máximo se referia Lutero, mas garantida também em sua expressão externa por normas e instituições objetivas.

E para confirmar definitivamente que toda a sua atenção está voltada para a Revolução Francesa, Kant observa que um fenômeno contrário ao supradescrito – a restrição do conteúdo dogmático e positivo da religião após a conquista que um povo faz da liberdade –, se verifica "naqueles que ainda não puderam ou não quiseram fazer uma prova desse gênero". Eles pensam, ao contrário, que é "aconselhável crer antes demais do que muito pouco", o que é uma "loucura" (*Wahn*) (*ibid.*). O medo determinado pela Revolução na França não provocou na Alemanha um endurecimento das disposições da censura, um controle mais minucioso e mais obstinadamente policiesco sobre a ortodoxia dogmática e positiva de tudo o que se escrevia? O próprio Kant o sentira na pele, quando lhe foi negado o visto da censura prussiana para a segunda parte da *Religião*, originariamente destinada, como se sabe, à publicação na *Berlinische Monatsschrift*.

Vamos, porém, manter firme um resultado. Kant faz uma relação explícita entre a revolução política – conquista da "liberdade jurídica" – com a revolução religiosa – a depuração da religião de seu aspecto mais propriamente dogmático e positivo. Que o olhar esteja voltado para a França, isso é, confirmado também pela análise do debate que a esse respeito se desenvolve naquele momento. Foi a *Allgemeine Deutsche Bibliothek*, sob a direção de Nicolai, recenseando em tom crítico um livro que profetizara a chegada Além-Reno de uma "revolução total", também para a teologia, no sulco dos abalos políticos.[211]

O autor do livro em questão era Campe que, como já vimos, era conhecido de Kant e, com efeito, anunciava já em 1790, de Paris, a chegada de uma Reforma bem mais radical que a de Lutero. Além das cadeias políticas, o povo francês estava sacudindo dos ombros as "cadeias espirituais papais" e, de modo mais geral, "toda coerção de fé e consciência". A "hierarquia", ou melhor, o poder hierárquico do clero já estava se esgotando. No tocante ao conteúdo teórico da "revolução" em ato na "teologia francesa": difundia-se o "livre pensamento" e a "fé racional" (*vernunftglauben*) e iam-se desvanecendo o costume supersticioso da oração e o medo do inferno.[212]

São em larga escala os temas que inspiram *A religião nos limites da simples razão*. E também quando Kant designa Deus como o "Ser Supremo" (*Höchstes Wesen*) (R, VI, p. 177 e alhures), tem certamente atrás de si a leitura de Rousseau, mas que, nesse meio tempo, se tornou uma bandeira do movimento revolucionário na França. Quando Kant define Deus como o "Ser Supremo", Campe já havia relatado, da França, que precisamente no sulco da revolução os "deístas" se tornavam sempre mais numerosos.[213]

Por outro lado, não se pode tampouco excluir que Kant tenha diretamente influenciado alguns revolucionários alemães. É o caso provavelmente de Forster que, como já vimos, leu *A religião nos limites da simples razão* e, algum tempo após, assim escreve em uma correspondência de Paris:

---

[211] A recensão, publicada tempestivamente já em 1790, foi republicada como apêndice à reimpressão dos *Briefe aus Paris...*, cit., pp. 42-45 da parte documental.

[212] *Briefe aus Paris...*, cit., pp. 222-225, *passim*.

[213] *Ibid.*, p. 223n.

III Revolução, censura e criptografia 149

> *Aquilo que até hoje a Reforma não foi capaz de realizar na Alemanha, ou seja, o autêntico modesto cristianismo do coração e do espírito, sem cerimonial e pretensões de dominação, sem dogmas e bagatelas mnemônicas, sem santos e lendas, sem fanatismo e intolerância, começará a germinar como uma filosofia moral prática* (praktische Moralphilosophie)...[214]

Sem dúvida, o tema da religião racional remonta, em Kant, e na cultura alemã, a muito antes da Revolução Francesa. Todavia, não se pode esquecer que as convulsões que se verificavam Além-Reno, não só conferiam atualidade, mas, sobretudo, uma nova validade política ao tema em pauta. A ampliação da revolta na Vendeia e a extensão do fenômeno dos padres refratários solicitava o poder revolucionário a uma nova interpretação do cristianismo e do fato religioso, visando estimular a colaboração que o clero lealista oferecia em contraste com as próprias diretrizes vindas de Roma e salvaguardar a base de consenso entre as massas católicas. Os ecos dessa reinterpretação que, obviamente, deveria tender a redimensionar o elemento hierárquico e, portanto, histórico, em prol do racional e natural, faziam-se amplamente ouvir também na Alemanha.

É fácil achar em autores de inspiração revolucionária afirmações segundo as quais, no campo religioso, "uma verdade histórica é uma ofensa à natural liberdade de pensamento", e segundo as quais a autêntica verdade religiosa não deve estar "envolta na antiga roupagem de uma história que nem todos conhecem".[215] Como não pensar na polêmica de Kant contra a "religião douta" (*gelehrte religion*) (R, VI, pp. 163-137)? Mas seria possível multiplicar as citações da propaganda revolucionária daquela época que mostram analogias e assonâncias com os temas kantianos já conhecidos. Com efeito, não se deve esquecer a história filosófica e cultural que esses temas têm atrás de si, mas se trata em primeiro lugar de levar em conta a história política em que eles se inserem.

---

[214] *Parisische Umrisse*, cit., pp. 744-745 (tr. it. cit., p. 164).
[215] FRÖLICH, C.W. *Ueber den Menschen und Seine Verhältnisse*. Berlim, 1792, em: MERKER, N. *Alle Origini...*, cit., pp. 318-319.

Também no que se refere mais propriamente à evolução de Kant, não pode passar despercebida a novidade do tom militante que assumem certos temas que, aliás, lhe são habituais. Por exemplo, "uma religião de culto é uma fé de mercenários e de escravos (*fides mercenaria, servilis*)" (R, VI, p. 115). O despotismo clerical é capaz de chegar a tal ponto que faz empalidecer o pior despotismo de Estado e pode impedir a expressão do pensamento, não o próprio pensamento. "Mas aquilo que não pode fazer o supremo poder temporal, pode, todavia, o espiritual, proibir e impedir de verdade o próprio pensamento"; e não só o exercício do pensamento consegue impedir o fanatismo clerical, mas também o da vontade (*ibid.*, p. 133n). Os padres são comparados a administradores de "ópio para a consciência" (*opium fürs gewissen*) (*ibid.*, p. 78n). Foi justamente observado o "traço jacobino" que aqui assume a polêmica anticlerical,[216] mas deve-se acrescentar que é em seu todo que a denúncia do "regime clerical" (*pfaffenthum*) (*ibid.*, p. 175s) situa Kant do mesmo lado da propaganda revolucionária da época, toda ela expressando indignação pelo "escravismo clerical".[217]

De resto, basta refletir sobre o fato de que os temas kantianos em pauta encontram um eco imediato no Fichte jacobino: não conseguistes até agora tirar-nos a liberdade de pensamento, mas só a de expressão – declara a *Reivindicação*, dirigindo-se aos "príncipes da Europa" –, mas eis que agora, mediante o recurso ao "confessor", tentais reprimir até o pensamento, até "o primeiro princípio da espontaneidade".[218] Trata-se de um tema que vimos precisamente na *Religião*.

A campanha anticlerical, desencadeada pela propaganda revolucionária alemã, além da francesa, explica-se com a difusão àquela altura da agitação dos padres refratários e da revolta na Vendeia. Se vamos reler a polêmica de Kant contra o "regime clerical", percebemos que se trata de um posicionamento que tem sempre presente a dimensão política do

---

[216] MANCINI, I. *Kant e la Teologia*, Assis, 1975, p. 12.

[217] Assim, por exemplo, se exprime um jacobino alemão, M. Metternich; remetemos outra vez à excelente antologia elaborada e editada por Merker, *Alle Origini...*, cit., p. 258n.

[218] *Zurückforderung...*, cit., p. 15 e p. 22 (tr. it. cit., p. 16 e 24).

problema. O despotismo clerical consegue impedir que pensem não só os simples fiéis, mas também os "chefes" (*obern*), os poderosos da terra (R, VI, p. 133n); consegue dominar e tornar dóceis "os reis como crianças" (*ibid.*, p. 131); enquanto rebaixa o cristianismo a uma "religião douta", o clero impõe o próprio poder aos leigos, e entre eles "se acham dirigentes civis de todo o mundo" (*ibid.*, p. 164).

Será casual a insistência nesse ponto, ou Kant está pensando no fato de que justamente a condenação em bloco que a Santa Sé pronunciou sobre a Revolução Francesa e seus princípios, bem como sobre a Constituição Civil do clero, perturbando profundamente a consciência católica de Luís XVI, o levava a opor-se à política religiosa da Assembleia Legislativa e a dar o passo fatal de vetar o decreto relativo à deportação dos padres refratários? É certo que, logo depois de ter denunciado o fato de que o despotismo clerical consegue dominar os reis como se fossem crianças, Kant acrescenta que insufla "os súditos contra a autoridade soberana" (*ihre obrigkeit*). Era sem dúvida a situação que se criara na França, enquanto Kant escrevia: Luís XVI súcubo da Santa Sé, e a Vendeia rebelada em nome da Santa Fé. E, nesse quadro, a referência ao "ódio sanguinário" desencadeado pela religião estatutária, e a citação de Lucrécio (*tantum religio potuit suadere malorum*) se configuram como momentos de uma reflexão dramaticamente atual (*ibid.*, p. 131).

Emerge um preciso modo de posicionar-se. Por um lado, Kant apoia a Constituição Civil do clero:

> *Não há razão alguma para considerar precisamente como* estatutos divinos *as leis inerentes à fundação e à forma de uma igreja qualquer. É, antes, uma temeridade deixá-las como estão, para se poupar o trabalho de melhorar ulteriormente a forma dessa igreja, ou é também na verdade uma usurpação de autoridade superior, com o fito de por, com sanções eclesiásticas, pretextando a autoridade divina, um jugo sobre a multidão* (*ibid.*, 105).

Naquele momento era a Igreja Católica que considerava sagrada e intangível a própria forma, castigando com "sanções eclesiásticas" (*kirchensatzungen*) o clero leal à Constituição, incitando à revolta contra o poder político, tornando-se, portanto, culpados de "usurpação".

Por outro lado, Kant parece também advertir contra as tentativas de descristianização que então se estavam perfilando, ou contra qualquer subavaliação da força do catolicismo e a consequente tentação e ilusão de poder tudo resolver mediante o uso da força: "Prova a história que nenhuma fé, baseada na Escritura, jamais pôde ser destruída nem mesmo recorrendo às revoluções políticas mais devastadoras" (*verwüstendsten staatsrevolutionen*). Não se trata, de modo algum, de um juízo de valor, pois Kant observa com ironia: "Um livro santo ganha por si só a maior veneração entre aqueles que não o leem de jeito nenhum – e justamente entre eles".

E, no entanto, há um dado de fato: "Enquanto a fé, baseada sobre a tradição e antigas observâncias públicas, desaparece assim que o Estado desmorona", como acontecera – acrescentamos – com o paganismo, o catolicismo, invocando o texto sagrado, consegue exercer uma influência sobre as consciências capaz de resistir mesmo aos assaltos da revolução: "Que sorte" – o acréscimo e a conclusão pertencem dessa vez diretamente a Kant:

> *Quando um livro desses, que chegou até nós pelas mãos dos homens, contém integralmente, além de estatutos como regras de fé, também a mais pura doutrina moral da religião, que se pode por na melhor harmonia com esses estatutos (como veículos úteis para a sua introdução)* (R, VI, P. 107).

Na prática, Kant estava sugerindo ao novo poder revolucionário que renunciasse à tentação de uma luta frontal e tentasse um acordo com o cristianismo e o Catolicismo. Na verdade, uma "religião douta", que confere à hierarquia eclesiástica tamanho poder sobre as consciências, pode ser mortalmente perigosa para as novas instituições. Mas, nesse caso, tratava-se de uma "religião douta", que se reportava ao ensinamento de Jesus e aos Evangelhos, ensinamento e textos que podiam ser reinterpretados

III Revolução, censura e criptografia 153

em chave racional e moral, reinterpretação que tomava o elemento estatutário e histórico no sentido da "introdução" de uma fé moral e racional. A *Religião dentro dos limites da simples razão* por um lado acatava os estímulos à reinterpretação do cristianismo objetivamente procedentes da Revolução Francesa e de sua política religiosa e, pelo outro, formalizava no plano teórico a plataforma sugerida ao novo poder revolucionário para um compromisso com a consciência religiosa e católica. Desse modo, Kant se distanciava também das correntes mais radicais, presentes inclusive na Alemanha, ou entre os alemães que tinham emigrado para a França, que, partindo do pressuposto segundo o qual "a única verdadeira religião é a natural", concluíam depois que "todo o esforço para melhorar a humanidade" pressupunha a destruição ou, em todo o caso, a luta a fundo contra "a religião fundamentada em preconceitos".[219] Na França, e com maior razão obviamente na Alemanha, a *Religião* julga ser necessário um tipo de compromisso.

Por outro lado, é o próprio Kant que esclarece a relação que se estabelece, depois que rebentou a Revolução Francesa, entre reflexão política e reflexão religiosa. Uma nota preparatória da *Religião* define precisamente nestes termos o programa do filósofo:

> *Unificar os princípios da organização do povo ético de Deus com os princípios da sua constituição. Os primeiros constituem apenas o meio para a execução dos segundos e têm valor empírico* (XXIII, p. 119).

A religião deve servir para consolidar a nova organização constitucional, a única capaz de assegurar a liberdade.

É tão íntima a relação entre reflexão religiosa e política, que Kant define os atributos de Deus a partir do ordenamento constitucional proveniente da Revolução Francesa. Deus unifica em si mesmo o poder legislativo – é o "santo legislador" (*heiliger gesetzgeber*) –, o poder executivo –,

---

[219] Assim se exprime, por ex., A.G.F. Rebmann; remetemos ainda outra vez à antologia *Alle Origini...*, cit., p. 353.

é o "governador benevolente" (*gütiger regierer*) –, o poder judiciário –, é o "juiz justo" (*gerechter richter*). Uma religião como essa não contém mistério algum, porque procede da própria visão de uma comunidade política bem organizada.

> *Ela está implícita no conceito de um povo como comunidade, onde se faz necessário sempre pensar um poder* (pouvoir) *tripartite semelhante.*

Se ainda restassem dúvidas, o termo francês usado esclarece de modo definitivo que o pensamento tem em mira o ordenamento político da França revolucionária. Apenas – acrescenta Kant – é necessário ter presente a "advertência" que:

> *A tríplice qualidade do soberano moral do gênero humano pode ser pensada como reunida em um único e mesmo Ser, ao passo que em um Estado jurídico-civil essa qualidade deveria ser necessariamente dividida entre três pessoas diferentes* (R, VI, pp. 139-140).

A analogia avança ainda para mais longe: como o legislador humano não é ao mesmo tempo o "autor" (*urheber*) da lei – há os direitos naturais que preexistem a toda legislação positiva –, da mesma forma o divino legislador não é, ao mesmo tempo, o "autor" da lei moral, que se deve, ao contrário, considerar eterna e objetiva.[220]

Nesse sentido a religião se converte, sem dúvida, na moral, mas não na do homem privado, e sim do *citoyen*: é verdade que "a religião (considerada subjetivamente) é o conhecimento de todos os nossos deveres como mandamentos divinos", mas os deveres dos quais aqui se trata são os "ético-cívicos" (*ethisch-bürgerlich*), os "dos homens para com os homens". Fora desses, não há "deveres especiais, que se refiram diretamente a Deus". A religião se converte a tal ponto na consagração da comunidade

---

[220] *Ueber Pädagogik* (Ak, IX, pp. 494-495).

política e das obrigações (e dos direitos) do *citoyen*, que ela não exige "nenhum saber assertório – nem tampouco o conhecimento da existência de Deus" (R, VI, pp. 153-154n).

Kant chega a propor que se introduza nas escolas um "catecismo do direito", que ensine já às crianças "a conhecer e a levar a sério o direito dos homens, essa pupila de Deus na terra". O catecismo, cuja introdução aqui se sugere, mais ainda que moral, é político, e tem em seu centro a ilustração dos *droits de l'homme et du citoyen*. Kant oferece um exemplo significativo: uma criança rica, e presumivelmente nobre, encontra no caminho uma criança pobre, e eis que, com soberba e com maus modos, a força a desviar-se, chegando talvez ao ponto de lhe bater. Que discurso se deve então fazer ao prepotente rebento de rica e nobre família? Deve-se apelar ao seu sentimento de compaixão ou algo análogo? Nada disso! Deve ser enfrentado com "soberba tangível e igual" à que ele demonstrou, pois "o seu comportamento vai contra o direito da humanidade" (*recht der menschheit*).[221] A religião e o catecismo devem, portanto, ensinar e consagrar a igualdade nos direitos dos *citoyens*, independentemente da diferença de classes.

Mas a concepção da religião que vimos em Kant não é também a de Robespierre? Esse último, reportando-se também a Rousseau, convoca a religião para infundir no homem "mais respeito por seus semelhantes e por si mesmo, mais devoção à pátria, mais audácia para desafiar o tirano, mais desprezo pela morte e pela volúpia".[222] Obviamente, o *citoyen* que a religião é convocada a consagrar em Kant, não é tão militante como aquele que ela é convocada a consagrar no dirigente jacobino. Todavia, tanto em um como no outro caso, a religião tem por dever conferir valor divino à moral política. Para que uma "Constituição Civil" (*Bürgerliche Verfassung*) seja sólida – diz a *Antropologia* –, é necessário que haja também uma "disciplina mediante a religião", de forma que todo cidadão sinta como sagrados os seus deveres. Mas é só a religião que promana da moral que

---

[221] *Ibid.*, pp. 489-490.
[222] Discurso de 7/5/1794, em *Textes Choisis*, cit., vol. III, pp. 166-167 (tr. it. cit., pp. 194 e 199).

pode constituir a "disciplina" adequada a um povo. Se assim não fosse, a religião se tornaria um instrumento nas mãos dos déspotas (A, VII, pp. 332-333n). Essa é uma declaração explícita: a religião moral e racional teorizada por Kant deve servir de consolidação para o novo ordenamento político proveniente da Revolução Francesa.

3. Liberté, Égalité... e "independência"!

Deve-se fazer também uma leitura em transparência do ensaio *Sobre o dito comum*. O texto em pauta foi publicado em setembro de 1793 na *Berlinische Monatsschrift* da qual se utilizava Kant, solicitado também pelo editor Biester, para tomar posição vez por outra sobre problemas de atualidade. A censura havia impedido a publicação da segunda parte da *Religião dentro dos limites da simples razão*.[223] Não era mais possível posicionar-se abertamente sobre a Revolução Francesa nas colunas da revista mediante a publicação dessa obra. Mas Kant encontra igualmente um jeito de contornar o obstáculo através de um ensaio aparentemente mais inócuo e, todavia, contendo uma tomada de posição inequívoca.

É uma enérgica defesa do direito da teoria a informar *de per si* a vida política, defesa da teoria que fora acusada não só por Burke, mas por toda a propaganda contrarrevolucionária, de ser a responsável, por seu "abstracionismo" e pelo seu "abstrato" rigor, do violento questionamento da ordem constituída, e do consequente empenho da França em experimentos revolucionários, sem o menor respeito pelos dados de fato históricos e pela "prática" política e constitucional até ali vigente.

Que seja esse o objetivo do ensaio: se depreender claramente das notas preparatórias à "metafísica"; à teoria, portanto, dirige-se a inaudita acusação de ser a "causa" das revoluções políticas. Todavia, Kant não parece recuar espantado pela gravidade da denúncia, pois, ao contrário,

---

223 Sobre o contexto em que se situa a publicaçao do ensaio *Sobre o dito comum*, remetemos a HENRICH, D. *Einleitung*, cit., pp. 10-11.

ele se pergunta se está diante de uma "calúnia maligna" ou de um "imerecido título honorífico" (XXIII, p. 127). Sim, confessam mais tarde os apontamentos preparatórios do ensaio *Para a paz perpétua*, os "metafísicos" em sua "esperança sanguínea de melhorar o mundo", acham-se prontos a fazer "o impossível". Por isso acabam cobertos de zombarias e ódio pelos empiristas apegados à experiência, isto é, ao existente (XXIII, p. 155). Ora, o temperamento sanguíneo se caracteriza, não só pelo relacionamento cordial com os homens, mas também pela "esperança do sucesso". As esperanças sanguíneas dos metafísicos urgem a sua realização prática. Tanto mais caso se reflita sobre o fato de que o temperamento sanguíneo é, no nível do sentimento, aquilo que o temperamento colérico é no nível da atividade. Esse último é "ativo" ou inclinado à ação, ao contrário do temperamento fleumático que se condena por si só à passividade (A, VII, pp. 288-289). Tem diante dos olhos, de um lado os franceses e, do outro, os alemães a declaração segundo a qual "os coléricos fazem uma revolução, os fleumáticos uma reforma na religião, no Estado, e na ciência" (XV, p. 510).

O modo como Kant caracteriza os dois povos não parece diferir muito do de Forster, para o qual "nas cabeças francesas tudo se compõe, fermenta e faz espuma de modo bem diverso do que ocorre nas cabeças alemãs".[224] E ainda: "Os habitantes da França dão prova de um ativismo que vai completamente além do habitual curso das coisas...".[225] E a simpatia do filósofo parece voltar-se mais para os povos coléricos que para os fleumáticos, pois dos fleumáticos alemães se diz que tendem ao servilismo e a subordinar o princípio da igualdade ao jeito pedante do grau e da hierarquia (A, VII, p. 319).

Refletindo sobre tudo isso, deve-se concluir que Kant não parece particularmente interessado, ao menos em seus apontamentos privados, em repelir a acusação contra a filosofia de ter preparado e provocado a revolução. Voltemos agora ao ensaio *Sobre o dito comum*.

---

[224] Carta a Heyne (Mogúncia 5/6/1792), em *Werke in...*, cit., vol. IV, p. 721 (tr. it. cit., p. 188).
[225] Carta a Therese (Paris 11/5/1793), *ibid.*, p. 855 (tr. it. cit., p. 206).

Ao menos em um ponto parece explícita a polêmica contra Burke, pois ao repelir com desprezo a pretensão da "sutileza metafísica" de achar aplicação no mundo político, havia declarado:

> *Deixemos que os nossos filósofos fiquem se divertindo em suas escolas:* Illa se jactet in aula – Aeolus, et clauso ventorum carcere regnet. *Mas que (esses ventos) não escapem da prisão para explodir no mundo como um vento do leste, varrendo a terra com a fúria de um furacão, rompendo as veias das mais profundas nascentes, para finalmente submergir-nos.*

O ensaio de Kant pretende, ao contrário, ser uma resposta àqueles que ao "darem as costas ao homem da escola", ao elaborador de teorias, "pretenderiam confiná-lo na escola (*illa se jactet in aula*), como um pedante que, inútil para a prática, serve apenas como estorvo à sua consumada sabedoria" (DC, VIII, p. 277). Se para para Burke a "abstrata" teoria demonstra o seu caráter ruinoso, com as destruições provocadas na França,[226] em Kant a defesa da teoria significa a defesa da revolução

De resto, quem oferece a chave de leitura do ensaio é o próprio filósofo, mas não de imediato – teria sido muito perigoso, e a censura poderia facilmente decifrar a mensagem em código que Kant pretendia lançar –, e sim alguns anos mais tarde, em um momento, entre outras coisas, quando a pressão do poder político parece que afrouxara um pouco. É a "Convenção", o "corpo legislativo" – declara o *Conflito das faculdades* em 1798 –, que representa a "razão", portanto, a teoria, colocando-a à disposição do Poder Executivo, do Diretório, que a seguir se preocupa com a aplicação prática (é significativo que Kant ainda fale de *Konvent*, apesar de, com a reviravolta termidoriana, a Convenção haver sido substituída pelas Câmaras) (C, VII, p. 97). Não tinha sido a Assembleia Nacional primeiro, e a Convenção, depois, o alvo predileto da propaganda contrarrevolucionária que acusava de ser totalmente "abstrato" o poder legislativo, fruto da revolução, por ter sacrificado a "prática" da

---

[226] *Reflections*..., cit., p. 120 (tr. it. cit., p. 222). O verso de Virgílio (*Aeneis*, I, p. 140) foi ligeiramente modificado por Burke.

monarquia, de instituições e costumes milenares, a teorias genéricas vazias e fanaticamente postas em prática? O poder legislativo, fruto da revolução, é que suprimiu todos os direitos feudais, se engajou no caminho da república e proclamou os direitos do homem e do cidadão.

Precisamente polemizando com o ensaio de Kant, Rehberg denuncia a "mania das teorias" da Assembleia Nacional Francesa.[227] Essa instituição primeiro e a Convenção, depois, eram a própria encarnação da "abstrata" e "fanática" teoria revolucionária. O ataque da propaganda contrarrevolucionária à Revolução Francesa ocorria não tanto no plano teórico, contrapondo princípios gerais a princípios gerais – nesse terreno a reação levava clara vantagem, dada a rica tradição de pensamento anterior às inovações dos revolucionários –, mas contestando a possibilidade e até a utilidade de realizar na prática princípios gerais "abstratos", em outras palavras, desfraldando a bandeira do "dito comum": Isso pode estar certo em teoria, mas não vale para a prática.

É contra esse dito que se dirige a polêmica de Kant: um "grande escândalo" para a filosofia ouvir afirmar – e trata-se de uma afirmação muito em voga – que "aquilo que ela pode ter de exato não tem valor para a prática".

> *Em tom altamente depreciativo se pretende reformar a razão mediante a experiência mesmo naquilo que, da razão, forma o mais alto título de glória, presumindo enxergar mais longe e de modo mais seguro com olhos de toupeira, fitos na experiência, do que com os olhos que foram dados a um ser feito para caminhar ereto e olhar para o céu.*

O tom áspero da polêmica mostra que não estamos lidando com um simples debate filosófico.

Apesar de os exemplos de Kant inicialmente citados serem relacionados com a mecânica e a balística, a experiência à qual se faz aqui referência é a do mundo histórico e político, e são os teóricos reacionários aqueles que gostariam de forçar o homem às luzes da razão, avançando no escuro,

---

[227] REHBERG, A.W. *Über das Verhältnis der Theorie zur Praxis*, cit., p. 126.

como uma toupeira, debaixo de uma uma condição de obscurantismo cultural e inclinando-se à "experiência que teve até agora", isto é, às instituições jurídicas e às relações sociais de fato existentes. Não é verdade que a teoria, em contato com o mundo, se mostre como um conjunto de "vazios ideais e sonhos filosóficos" (DC, VIII, pp. 276-277).

Ao contrário, a teoria é capaz de informar por si mesma o real e transformar o mundo. É o que estava demonstrando o poder que emanou da Revolução Francesa, contra o qual, com efeito, se arrojavam os teóricos da contrarrevolução, ao denunciarem o pretenso "abstracionismo" da teoria. A Constituição de 1791 proclama:

> *A Assembleia Nacional, no intuito de estabelecer a Constituição Francesa sobre os princípios que ela reconheceu e declarou, abole irrevogavelmente as instituições que feriam a liberdade e a igualdade dos direitos.*[228]

A radical supressão dos vínculos, dos privilégios e dos particularismos feudais é vista aqui como a consequência direta e ineludível dos "princípios" da razão. E então se compreende melhor a aspereza do debate em torno da teoria, que parece ter-se corporificado no poder legislativo emanado da revolução.

Aliás, os "princípios *a priori*" sobre os quais, segundo Kant, deveria fundamentar-se o Estado, não são outra coisa senão os "direitos do homem e do cidadão" invocados pela Assembleia Nacional. "Os homens – proclamava a Declaração de 1791 – nascem e permanecem livres. E Kant, por seu turno, reivindica "a liberdade de todo membro da sociedade, enquanto homem" (são os direitos do homem) e "a igualdade deste com todo outro, enquanto súdito" e "a independência de todo membro de um corpo comum, enquanto cidadão" *ibid.*, p. 290). São as revolucionárias palavras de ordem *Liberté, Égalité, Fraternité*, que aqui Kant defende e celebra, e o fato de esse último termo do trinômio, com um olho voltado para a

---

[228] *Costituenti e Costituzioni...*, cit., p. 68.

censura, ser traduzido por *selbständigkeit* – "independência" –, não pode enganar o leitor atento.[229]

As notas preparatórias do ensaio em pauta celebram de modo nitidamente mais explícito as palavras de ordem "liberdade, igualdade e unidade cosmopolítica (fraternidade)", e que pressupõe intimamente a "independência" (XXIII, p. 139). No texto oficial do ensaio, *selbständigkeit* substitui, então, *verbrüderung*. E mais, segundo as notas preparatórias, "liberdade, igualdade e unidade (*unio*) são as categorias dinâmicas da política", na qual se deve entender "unidade" como "a comunidade do querer de todos na totalidade do Estado" (XXIII, p. 143).

O texto oficial do ensaio frisa, ao invés, os conceitos "da liberdade externa, da igualdade e da *unidade* do querer de *todos*"; e pressupõe a "independência" de cada membro da sociedade. Para que haja o sentimento da pertença a uma mesma comunidade, que em primeiro lugar se refere ao próprio país, mas que, de modo mediato, assume dimensão cosmopolita, é necessário que se reconheça a cada homem a qualificação de *citoyen* – e é o próprio Kant que usa o termo francês –, apto a participar pelo "voto" (*stimmgebung*) na formação da vontade geral (DC, VIII, p. 295). Para que haja "fraternidade", é imprescindível a "independência". Se no entanto, conforme a Constituição de 1791, o direito é limitado mediante a base censitária, continua firme a decisão inabalável de Kant em apoio das palavras de ordem: *Liberté, Égalité, Fraternité*.

Mas o eco no texto kantiano dos acontecimentos revolucionários no Além-Reno vai muito além. Os direitos proclamados pela Declaração de 1791 são "naturais", anteriores a qualquer legislação, tendo em vista, aliás, que "o fim de toda associação política é a conservação" precisamente de tais direitos. E Kant, por seu lado, declara:

> *Esses princípios não são leis que o Estado já constituído promulga, mas leis segundo as quais só é possível em geral uma Constituição do Estado segundo os princípios da pura razão, que leve em conta o direito exterior do homem* (ibid., p. 290).

---

[229] Para esse ponto quem já chamou a atenção foi K. Vorländer, *Immanuel Kant. Der Mann...*, cit., vol. II, p. 225 nota.

No ensaio que estamos examinando nunca se usa a expressão "direitos do homem e do cidadão"; mas, se isso poderia enganar a censura, sem dúvida de olhar penetrante, mas não suficientemente por dentro da linguagem filosófica, não enganava os leitores contemporâneos mais atentos. Não enganava, em todo o caso, a Gentz, que observa: os três princípios enunciados por Kant e por nós já vistos

> *contêm a mais completa teoria dos* direitos do homem *tantas vezes celebrados e tão pouco compreendidos, com os quais aqueles fanfarrões que são os legisladores franceses encheram algumas altissonantes e insignificantes declarações – eles, assim, ludibriaram, com o sonho da cura, a humanidade sofredora, tornado-se então responsáveis por uma miséria em dobro – e que* do raciocínio silencioso e modesto do filósofo alemão se inferem sem gritaria e sem pompa, mas de forma absolutamente completa.[230]

Nessa contraposição entre a inflamada grandiloquência dos revolucionários franceses e a serena argumentação de Kant há certamente uma homenagem ao filósofo do qual, nesse momento, Gentz ainda se considera discípulo;[231] mas há também a convicção de que, sem dar na vista ou, por assim dizer, sorrateiramente, Kant conseguira celebrar em solo alemão a Declaração dos Direitos, fruto de uma revolução que enchia de comum horror a propaganda contrarrevolucionária e as cortes.

Um sabor mais forte de denúncia assume, ao contrário, a recensão de Rehberg que, depois de ter relacionado implicitamente a "mania da teoria", da qual sofria a Assembleia Nacional Francesa, com a apaixonada defesa da teoria por parte de Kant, que se acha completamente de acordo com Rousseau. Para se dar conta disso, basta inserir nos lugares oportunos a terminologia do *Contrato social*.[232] O sentido do discurso, e dir-se-ia da denúncia, aflora com clareza em seu ensaio. Kant quis evitar uma

---

[230] GENTZ, F. *Nachtrag zu dem Räsonnement...*, cit., pp. 100-101. O último grifo é nosso.
[231] HAYM, R. *Gentz*, verbete publicado na *Ersch- und Gruberschen Enzyklopädie*, seção I, vol. 58, p. 331.
[232] REHBERG, A.W. *Über das Verhältnis...*, cit., p. 127.

terminologia demasiadamente descoberta e perigosa, mas, não obstante a tentativa de dissimulação, sua teoria é simplesmente a tradução alemã daquela que inspirava o fanatismo revolucionário da Assembleia Nacional.

E, com efeito, a *Declaração dos Direitos* parece encontrar um paralelo em todos os seus pontos fundamentais no ensaio kantiano. "O princípio de toda soberania reside essencialmente na Nação" – proclamava a Assembleia Nacional em 1791. E Kant, depois de ter reprovado como "o pior despotismo" o "governo paternalista" em que os súditos, mais do que confiar na objetividade da lei, são chamados a apelar à benevolência do príncipe, se pronuncia a favor de um "governo patriótico".

> Patriótico *é justamente o modo de pensar segundo o qual cada um, no Estado (sem excluir o soberano), considera o corpo comum como o seio materno que lhe conferiu a vida e o país como o solo paterno onde cresceu e que deve, por sua vez, transmitir como precioso penhor* (DC, VIII, p. 291).

É, portanto, o governo para os *enfants de la patrie*: não súditos em relação filial com o seu príncipe, mas todos os cidadãos, inclusive o soberano, em relação filial com seu país e sua pátria. Deve-se ainda levar em conta, para adequadamente compreender a reivindicação de Kant, que, naquela época, "patriótico" é substancialmente sinônimo de revolucionário ou, em todos os casos, de amigo e simpatizante das ideias e das instituições que surgiram com a Revolução Francesa.

É a contraposição entre patriotas e déspotas, um motivo recorrente da propaganda revolucionária, que aqui se resgata e teoriza. A Declaração dos Direitos de 1791 proclamava que todos os cidadãos "podiam ser admitidos a todas as dignidades, cargos e empregos públicos segundo sua capacidade, e sem outra distinção a não ser a da sua virtude e dos seus talentos". E Kant: "Todo membro do Estado deve poder chegar nele ao grau de posição social (acessível a um súdito) ao qual podem elevá-lo o seu talento e a sua operosidade". Como "o nascimento não é um fato que dependa de quem nasceu, não pode dele surgir desigualdade de estado jurídico" (DC, VIII, pp. 292-293). É a contestação radical da nobreza hereditária que fora suprimida na França apenas com a revolução. Também, nesse caso, Kant segue "a nova teoria francesa": a denúncia vem sempre de Rehberg, para o qual, ao invés, da afirmação da igualdade jurídica decorre, não a supressão dos privilégios hereditários, mas o mesmo empenho por parte do Estado em defender como "sagrados" os direitos particulares e diversos dos súditos e das corporações.[233]

A presença da Declaração dos Direitos e dos textos constitucionais franceses é perceptível também por outros detalhes. A Constituição de 1791, em que, sobretudo, parece inspirar-se o ensaio em questão, prevê que "todas as contribuições serão igualmente repartidas entre todos os cidadãos proporcionalmente a suas substâncias", e Kant também alude (*ibid.*, p. 297n) a um imposto "proporcional". A Constituição de 1791 declara que "a lei não reconhece mais nem votos religiosos, nem qualquer outro vínculo que seja contrário aos direitos naturais ou à Constituição". E Kant reivindica para o legislador o direito de modificar, em nome do progresso, "uma lei que impõe a duração perpétua de uma certa constituição eclesiástica estabelecida no passado" (*ibid.*, pp. 304-305). A mesma exaltação da "liberdade da pena" como o "único paládio dos direitos do povo", ainda que em relação de continuidade quanto à precedente elaboração, ganha novo impulso com a revolução. Igualmente na Constituição de 1791 parece inspirar-se a limitação do direito de voto aos detentores de "alguma propriedade (e, nesse caso, pode ser compreendida toda atividade manual, profissional, artística, científica), que lhe proporcione os meios de subsistência" (*ibid.*, p. 295).

O mesmo significado político tem a polêmica de Kant, desenvolvida em particular justamente no ensaio *Sobre o dito comum*, contra a pretensão de privilegiar mais que a teoria, dessa vez não a prática, mas a exigência da felicidade. Essa é uma categoria que, por seu caráter empírico, pelo fato de ser capaz de subsumir no seu interior os conteúdos mais diversos e contrastantes, não pode constituir "nenhum princípio universalmente válido para se fazer leis" (DC, VIII, p. 298).

---

[233] *Ibid.*, p. 124.

III Revolução, censura e criptografia

Contudo, ainda mais que o aspecto filosófico, é importante examinar o significado político do debate: ao apelo à felicidade, Kant contrapõe os "princípios *a priori*" *Freiheit, Gleichheit, Selbständigkeit* (DC, VIII, p. 290), que vimos ser a tradição, embora com as cautelas impostas pela censura, de *Liberté, Égalité, Fraternité*. Então, ao apelo à felicidade, Kant o contrapõe a organização do Estado "conforme as leis da liberdade", ou seja, a "constituição" que "esteja o mais possível de acordo com os princípios do direito". Tender para esse "imperativo categórico" ditado pela "razão", e diante desse imperativo não vale apelar para a necessidade de felicidade, com base na qual se poderia justificar, ou pelo menos suportar, um "governo despótico" (MC, VI, p. 318). A busca da felicidade pode também sugerir a acomodação a um ordenamento político injusto e opressivo, que a razão, pelo contrário, manda que se supere. Mas é à razão que cabe a decisão final.

Embora use uma linguagem fortemente "moralista" e na qual ressoa o *pathos* de uma razão que apresenta como princípios meta-históricos aquelas que eram as exigências "universais" daquele determinado momento histórico, Kant desmascara o apelo à "prática" ou à "felicidade" como o apelo a se manter o *status quo*. Esse que era ora considerado como um conjunto de instituições já verificadas pela experiência histórica (e, portanto, no máximo necessitadas de um ajuste marginal, não certamente de radical transformação), ora visto como uma situação que proporciona uma sensação de segurança e tranquilidade. Sendo assim, é em todo o caso preferível aos desequilíbrios e à "infelicidade" inevitavelmente conexos ao processo revolucionário. Tanto num caso como no outro, a rejeição da teoria é a rejeição de qualquer projeto de transformação radical, que ora é julgado vazio e abstrato pela sua transcendência com relação ao ordenamento sociopolítico existente, e ora desastroso e lutuoso pela pretensão de realizar concretamente, através de lutas mesmo duras, um novo ordenamento sociopolítico.

De forma não muito diversa se exprime Fichte que, após rejeitar a pretensão dos príncipes de se meterem a "espíritos tutelares da humanidade, com a missão de fazê-la feliz", evidentemente pondo-a ao abrigo de qualquer sobressalto e de teorias capazes de perturbar a ordem pública, declara que o "puro moralismo" (*reiner moralismus*) está indissoluvelmente ligado ao "sistema do idealismo transcendental".[234] E formulações análogas se encontram em outros discípulos excepcionais de Kant. Assim em Schelling:

> *Felicidade é uma condição da passividade; quanto mais felizes somos, tanto mais passivamente nos comportamos em relação ao mundo objetivo. Quanto mais livres nos tornamos, tanto mais nos aproximamos da racionalidade, e tanto menos sentimos necessidade da felicidade.*[235]

E em Hölderlin: "Na boca dos escravos, ser feliz quer dizer um estado de torpor. Quando vocês me falam de felicidade, parece-me ter na língua um mingau ou água morna".[236] Justamente porque "só entre dores cresce" aquilo que torna a "humanidade" verdadeiramente digna de ser amada, o poeta – mas esse parece o destino de todos os revolucionários – poder só almejar assistir e participar no triunfo do novo, mesmo que seja "com magra felicidade" (*bei kargem glücke*) individual.[237]

A polêmica de Kant contra o princípio de felicidade também se acha em Forster, embora em linguagem mais explicitamente política e usando um tom mais militante. Identifica-se de fato "o conceito de felicidade do povo... com a manutenção de uma existência tranquila do próprio povo. Nenhum motivo de mudança, assim se diz, seria suficientemente forte para compensar as vantagens que provêm do imperturbável gozo da satisfação física. Considerando o perigo de perturbar o homem em seu uniforme modo de viver, não seria lícito transportá-lo para uma situação

---

[234] *Zurückforderung...*, cit., p. 29 (tr. it. cit., p. 33) e *Rückerinnerungen, Antworten, Fragen*, 1799, em: *Fichtes Werke*, cit., vol. V, p. 337.

[235] *Philosophische Briefe über Dogmatismus und Kritizismus*, em: SCHELLING, F.W. *Sämtliche Werke*, Stuttgart-Ausburg, 1856-1861, vol. I, p. 322 (tr. it. por G. Semerari, Florença, 1958, pp. 69-70).

[236] *Hyperion*, em *Sämtliche Schriften und Briefe*, cit., vol. I, p. 604.

[237] O poema *Das Schicksal*, ibid., pp. 167-169.

III Revolução, censura e criptografia | 167

nova que já pela novidade lhe seria odiosa".[238] É por isso que "atualmente", isto é, na concreta situação provocada pelo desencadear-se da Revolução Francesa, "os nossos soberanos" agiram furiosamente às palavras de ordem "felicidade, verdade e virtude". Pois "sem elas, o direito do mais forte se tornaria logo um apoio vacilante demais de seu domínio. Posse tranquila e gozo são também o fim último do bandido".[239]

É significativo que a função ideológica dessa palavra de ordem seja desmascarada numa linguagem em que se percebe claramente o eco da leitura de Kant. O despotismo pretenderia tratar o povo como "eternas crianças" e por isso chama de "felicidade" aquela que é, na realidade, a "nulidade moral do gênero humano". O despotismo tem por meta apenas "a felicidade do escravo manso".[240] Kant, porém, não se exprime de modo diferente: um "governo paternalista" que, tratando seus súditos como "filhos menores", se arroga o direito de julgar "de qual modo eles *devem* ser felizes", de fato "é o pior despotismo que se possa imaginar" (DC, VIII, pp. 290-291), Por tudo isso – declara Forster –, "parece afinal ter chegado o momento [...] em que a mentirosa imagem da *felicidade*, que ao longo de tanto tempo constituiu a meta da caminhada humana, deve ser derrubada do pedestal e substituída com o verdadeiro critério da vida, com a dignidade humana".[241] Essa dignidade não é outra coisa senão, kantianamente falando, o respeito aos princípios universais do direito, a saber, dos direitos do homem, apontados pela razão, ou seja, por aquela "teoria" contra a qual se encarniçava a propaganda reacionária. E, por isso – conclui Forste – "continua em todo o caso de pé a minha tese: deve-se avaliar a revolução, não em relação à felicidade ou à infelicidade humana, mas como um dos grandes instrumentos utilizados pelo destino para produzir mudanças no gênero humano".[242]

Mas esse não é também o ponto de vista de Kant, quando se nega, como vimos, a julgar e condenar a Revolução Francesa, tomando por base

---

[238] *Ansichten vom Niederrhein...*, cit., p. 575.
[239] *Über die Beziehung der Staatskunst...*, cit., p. 698 (tr. it. cit., p. 135).
[240] *Ibid.*, pp. 700-701 e 705 (tr. it. cit., pp. 138 e 140).
[241] *Ibid.*, pp. 724-725 (tr. it. cit., p. 149).
[242] Carta à mulher Therese (Paris 5/4/1793, em *Werke in...*, cit., vol. IV, p. 841 tr. it. cit., pp. 200-201).

o fardo de sofrimentos que implicou a derrubada da velha ordem feudal? Essa polêmica é tanto mais significativa caso se leve em conta que também personalidades, que inicialmente tinham olhado com simpatia para a revolução, tinham posteriormente contraposto à dor e aos lutos inevitavelmente ligados às convulsões políticas violentas, ou em todo o caso radicais, a "felicidade doméstica" (*häusliche glückseligkeit*). Tinham contraposto o fato de que um povo pode conquistar a "felicidade" independentemente da sua "constituição política", quer seja a "monarquia", quer seja a "democracia".[243] O tema vai ser encontrado também em Humboldt quando, rejeitando qualquer intervenção do Estado que obstrua "a atividade autônoma" do indivíduo, declara que a "felicidade" (*glück*) do "indivíduo não depende senão da sua força",[244] com uma pontinha polêmica, provavelmente também contra o despotismo monárquico, mas certamente também, se não sobretudo, contra a pretensão revolucionária de produzir a felicidade a partir da mudança política.

Vimos, aliás, que o ponto de vista de Kant coincide substancialmente com o de Forster. Mas deve-se acrescentar que, nesse ponto, há também uma substancial continuidade até Hegel. Forster, depois de ter frisado a carga de ativismo que os franceses conquistaram após a revolução, assim prossegue:

> *Se nos tornamos mais felizes, no usual sentido do termo, só se pode perguntar quem, sobre as vicissitudes humanas, jamais tenha refletido nem feito experiência. A natureza ou o destino não se preocupam com esse particular tipo de felicidade [...].*[245]

---

[243] WIELAND, M. Ch. *Ueber die Robespierrische Constitution von 1793 und über Constitutionen überHaupt. Fragment aus Briefen*, em: *Wieland's Werke*, cit., vol. XXXIV, pp. 347-348.

[244] *Ideen zu einem Versuch, die Gränzen der Wirksamkeit des Staats zu bestimmen*, em *Gesammelte Schriften* (ed. da Academia Prussiana das Ciências), Berlim, 1903-1936, vol. I, p. 117.

[245] Carta à mulher Therese (Paris 11/5/1793), em *Werke in...*, cit., vol. IV, p. 855 (tr. it. cit., p. 206). Como fundamento dessa reflexão havia também uma dolorosa experiência pessoal. A opção revolucionária consequente acabara isolando Forster de seu velho círculo de amigos e conhecidos, e criando-lhe também inúmeros problemas de caráter familiar. O sogro o repreendia por ter renunciado à "felicidade" que a sua posição e a sua carreira seguramente lhe reservavam, e isso apenas para correr atrás de loucos sonhos de palingênese da humanidade. Mas Forster dizia que não queria saber nada de uma "felicidade" que era

A "natureza" ou o "destino" de que aqui se fala passam a ser em Hegel a *Weltgeschichte*: "A história universal não é o terreno da felicidade. Nela, os períodos felizes são páginas em branco [...]".[246] Há, sem dúvida, o problema da satisfação dos indivíduos, mas é ilusório procurar tal satisfação, ao menos no que tange aos povos além ou aquém das mudanças ou das convulsões que acompanham necessariamente o processo histórico.

4. Para a paz perpétua: utopia e propaganda revolucionária

Experimentemos agora reler, seguindo os critérios metodológicos já indicados, um ensaio geralmente lido e interpretado como o resultado de um abandono de uma visão ideal, por mais nobre que se pense, mas mesmo assim sempre utópica e sonhadora. Na realidade, todo o ensaio *Para a paz perpétua* é uma tomada de posição em prol da França revolucionária. Enquanto a guerra na Europa, depois de cada armistício, tornava a se inflamar com maior violência, e enquanto também no plano propagandístico fervia a luta para atribuir ora a esse ora àquele dos contendores a responsabilidade por tal situação, o posicionamento de Kant não deixa margem a equívocos. Como se sabe, o "primeiro artigo definitivo para a paz perpétua" soa assim: "A Constituição de cada Estado deve ser republicana". Apesar de todas as atenuantes que vêm depois dessa afirmação, não se perca de vista o fato de que, naquele momento, o principal país

---

só "o amor a uma vida mecânica" e indiferença a tudo aquilo que de nobre e bom existe no homem (carta à mulher Therese, 28/1/1793, *ibid.*, pp. 822-823). Tem o sabor de amarga confissão a declaração segundo a qual é "uma imensa tolice acreditar que a felicidade é a destinação do homem" (carta à mulher Therese, de 30/9/1793, *ibid.*, p. 913). E, de modo significativo, era a moral kantiana que dava força ao revolucionário obrigado a ir contra a corrente em seu ambiente: "Parece-me que fico mais velho, sem por isso me tornar mais feliz, a não ser no sentido da definição de Kant, felicidade como íntima dignidade [...]" (carta a Jakob, 9/8/1791, *ibid.*, p. 672). A felicidade vem a ser, então, apenas a tomada de consciência de ter agido conforme os ditames da própria consciência, da moralidade (carta a Ch.F. Voss, 8/11/1793, *ibid.*, p. 925).

[246] *Vorlesungen über die Philosophie der Weltgeschichte*, edição de G. Lasson, Leipzig, 1919-1920, p. 71 (tr. it. de G. Calogero e C. Fatta, Florença, 1963, vol. I, p. 82).

com ordenamento republicano era precisamente a França, que na onda das esperanças e do entusiasmo suscitados pela revolução vitoriosa, se apresentava como a fiadora da paz: "A nação francesa – declara a Constituição de 1791 – renuncia a empreender guerra com o fito de fazer conquistas, e não usará jamais suas forças contra a liberdade de nenhum povo".[247]

Toda a propaganda revolucionária indigitava e denunciava o regime feudal como a raiz do flagelo da guerra: a experiência das guerras de gabinete deixou claro o peso das ambições dinásticas na contínua deflagração de conflitos armados entre os vários Estados. Sobre esse ponto insistiam as ilusões sinceras, mas, a seguir, a propaganda de modo algum desinteressada, da nova França. É um tema que se pode detectar também em Kant.

> *Em uma Constituição na qual o súdito não é cidadão e que, por conseguinte, não é republicana, a guerra se torna a coisa mais fácil do mundo, porque o soberano não é membro do Estado, mas é o seu proprietário. E não precisa, por causa da guerra, desistir de seus banquetes, de suas caçadas, de suas casas de esporte, de suas festas na corte etc., e pode, portanto, declarar a guerra como uma espécie de jogo prazeroso, por causas insignificantes [...].*

É a concepção patrimonial (feudal) do Estado a causa da guerra. A dura denúncia feita aqui por Kant contra os responsáveis pela guerra atinge explicitamente as cortes feudais, cujo modo de vida corrupto e decadente descreve e denuncia com exatidão e minúcia. É a concepção que considera o Estado à maneira de um *patrimonium* qualquer que estimula a ambição para ampliá-lo sem cessar, por exemplo, através das "ligações dinásticas" (*familienbündnisse*). Claro que essa denúncia não atinge a França revolucionária, mas apenas as potências feudais que esperavam anexar, ou reivindicavam, esse ou aquele território, com base em oportunas combinações matrimoniais.

Mas também as outras condições indicadas por Kant, para que se possa instaurar uma verdadeira paz, são menos genéricas do que pode parecer

---

[247] *Costituenti e Costituzioni...*, cit., p. 93.

à primeira vista. Tome-se como exemplo a condenação dos "exércitos permanentes". Quanto a eles – frisa Kant –, "coisa bem diferente é o exercitar-se nas armas voluntário e periódico dos cidadãos, a fim de salvaguardar a pátria e a si mesmo das agressões externas". A causa dos exércitos de guerra é permanente e profissional, e não a nação em armas. Mais uma vez é clara a contraposição entre as potências feudais e a França revolucionária. Percebem-se corretamente as novidades introduzidas pela revolução também no plano militar, embora não faltem alguns elementos de ênfase e transfiguração idealista.

Ainda: "nenhum Estado deve se intrometer com a força na Constituição e no governo de outro Estado". O quinto "artigo preliminar" do ensaio de Kant reproduz na substância um artigo da Constituição de 1793, que assegurava: o povo francês "não se intromete no governo das outras nações e não tolera que outras nações se intrometam no seu".[248] Daquilo que vem a seguir se depreende, com clareza, que *para a paz perpétua* pretende defender o direito da França às transformações revolucionárias que empreendeu. Com que pretexto se poderia tentar justificar uma política de intervenção nos assuntos internos de outro país? "Talvez o escândalo dado por aquele Estado aos súditos de outro Estado?". O escândalo que aqui se menciona é aquele denunciado pela propaganda contrarrevolucionária, e consiste nas contínuas humilhações infligidas pelo povo francês ao rei até o ponto de aprisioná-lo e executá-lo, e consiste em calcar aos pés todas as normas mais sagradas do viver civil e da moralidade.

Em um artigo pouco tempo anterior ao ensaio de Kant, vemos também Wieland empenhado em refutar o argumento segundo o qual "o abominável exemplo da 'facção jacobina', dado aos outros povos", não poderia ficar "impune".[249] Alguns anos mais tarde, Gentz, fazendo o balanço de um debate que já se desenrolava fazia algum tempo, escreverá que não é lícito absolutizar "o princípio segundo o qual nenhum Estado tem o direito de imiscuir-se nos assuntos internos de outro Estado". A Revolução Francesa

---

[248] *Ibid.*, p. 129.

[249] *Ueber Krieg und Frieden*, em *Wieland's Werke*, cit., vol. XXXIV, p. 360.

era um episódio cujo interesse ultrapassava os limites do país em que se desenrolava. Era um episódio que conferia a todos os países o direito de "pedir contas" do que estava ocorrendo. A obrigação de respeitar a independência de um país cessa "assim que em um Estado se exalta como princípio a subversão de todas as relações jurídicas". Poder-se-ia entender a passividade dos outros Estados mesmo diante de uma legislação que proclamasse a licitude do "assassinato" e do "assalto à mão armada?".[250] Em última análise, o comportamento da França ou, melhor, do partido revolucionário, era demasiado escandaloso para que pudesse ficar sem adequada reação no plano internacional.

Agora se pode compreender melhor a resposta de Kant a esse tipo de argumentação. Todavia, "o mau exemplo que uma pessoa livre dá aos outros (enquanto *scandalum acceptum*) não constitui uma lesão"; não basta, portanto, para justificar uma represália ou uma intervenção armada. E então – acrescenta ironicamente o filósofo –, "tal escândalo pode, quando muito servir de advertência, como o exemplo dos grandes males que um povo afasta de si com sua licença desenfreada". A propaganda reacionária não insistia em pintar com as cores mais sombrias o quadro dos desastres e dos castigos divinos, que o povo francês fatalmente atrairia sobre si por sua conduta rebelde e blasfema? Pois bem, não se tratava então de um espetáculo escandaloso, mas de um espetáculo sumamente instrutivo e edificante que as potências feudais, e os monarcas, deviam se interessar não para sufocar, mas para deixar imperturbável em seu desenrolar, para que servisse de advertência aos seus bons súditos.

Mas tem o mais alto interesse também a segunda parte do quinto "artigo preliminar".

> *Bem diverso é o caso de um Estado, que por dissensões se divide em duas partes, cada uma se constituindo em Estado particular, com a pretensão de dominar o todo. Nesse caso, o auxílio prestado a um dos dois Estados não poderia ser considerado como ingerência na constituição de outro Estado, por não se tratar de Estados, mas de anarquia.*

---

[250] *Ueber den Ursprung...*, cit., pp. 195-198.

III Revolução, censura e criptografia

Em qual acontecimento e em qual exemplo concreto está pensando Kant? Pelas razões que vimos, não certamente na França, pois nesse país, apesar da revolta vendeana, existia um único poder representado pelo corpo legislativo. Tanto o filósofo está convicto desse ponto, que às vezes descreve a Revolução Francesa como um ordenado processo de reforma a partir do alto.

De resto, teria sido absurdo que Kant, após ter corajosamente condenado a intervenção contrarrevolucionária na França, enquanto estava em pleno andamento, a houvesse posteriormente justificado, depois que a Prússia fora obrigada a retirar-se e a assinar com a república do Além-Reno a paz de Basileia, uma paz acolhida com entusiasmo não só pelo autor do ensaio *Para a paz perpétua*, mas também por uma vasta opinião pública, como o demonstra, entre outras coisas, o "hino" que naquela ocasião foi publicado na *Berlinische Monatsschrift* (bm, 1795, XXV, pp. 377-379).

Alude-se, pelo contrário, à intervenção francesa na Bélgica. Isso fica confirmado por um trecho paralelo, contido no *Fundamento do direito natural*, publicado só no ano seguinte. Nessa obra, depois de ter enunciado o princípio da não intervenção nos assuntos internos de outro país, Fichte elabora uma significativa exceção no caso de um país melhor, de um território, às voltas não só com a guerra civil, mas com uma verdadeira anarquia no sentido próprio, sem que haja nenhuma autoridade capaz de exercer efetivamente o poder. Nesse caso, o Estado vizinho tem o direito de intervir para forçar aquele país, ou aquele território, a se outorgar uma constituição. "O motivo é este: quem não tem condição para oferecer ao outro, garantias para a segurança dos seus direitos, fica por sua vez privado deles." Também nesse caso não se faz explícita menção à Bélgica, mas, para evitar qualquer equívoco, Fichte acrescenta imediatamente que a exceção acima enunciada não é com certeza aplicável ao caso da intervenção das potências feudais na França revolucionária, onde com certeza existia uma autoridade que exercia o poder, como puderam perceber, a suas custas, os exércitos invasores.[251] Caso se leve em conta que, como observarvamos, o *Fundamento do direito*

---

[251] *Grundlage des Naturrechts*, cit., p. 370.

natural já na introdução apela ao ensaio *Para a paz perpétua*, devemos concluir que nos achamos diante de um idêntico posicionamento nos dois filósofos, aliás, no mestre e no seu discípulo.

Já vimos Kant condenar a revolta que se desenrolara há alguns anos antes na Bélgica, por causa das reacionárias palavras de ordem que ela assumia, assim como vimos, sempre no ensaio *Sobre o dito comum*, o eco do ajuste de contas entre os grupos rivais. Deve-se acrescentar que o partido democrata, uma vez derrotado, repôs todas as suas esperanças no auxílio da Grande Nação. E isso constituiu a premissa, e a justificação, da anexação da Bélgica pela França. Podemos a essa altura lembrar da Constituição de 1793, que afirmava, sem rodeios, repelir qualquer ingerência nos assuntos internos de outro país, mas proclamava também, no artigo imediatamente anterior: "O povo francês é o amigo e o aliado natural dos povos livres".[252] O ensaio *Para a paz perpétua* parece desposar sem rodeios a propaganda revolucionária francesa.

Para ulterior confirmação de tudo isso, só nos resta examinar o quarto "artigo preliminar", no qual se visam dessa vez, não as potências feudais, mas a Inglaterra, como complemento da condenação das coligações antifrancesas. "Não se devem contrair dívidas públicas em vista de uma ação a realizar no exterior." O alvo polêmico é claro: acusa-se a "engenhosa invenção feita por um povo negociante (*handelstreibend*) neste século". Sabemos pela *Antropologia* que o povo inglês é o que por excelência se caracteriza pelo "espírito comercial" (*handelsgeist*). Ora, esse povo, pelo recurso à dívida pública – tratava-se naquela época de um novo sistema, inventado justamente na Inglaterra –, "constitui uma perigosa força financeira, visto que permite acumular um tesouro destinado a fazer a guerra, e em tal quantidade que supera o tesouro de todos os outros Estados tomados em conjunto [...]". A Inglaterra, parece querer dizer Kant:

> É o país que foi mais longe na subordinação da economia e do balanço público às exigências bélicas, na criação de uma economia que

---

[252] *Costituenti e Costituzioni...*, cit., p. 128.

hoje se poderia definir como de guerra. É um sistema que levará seu inventor à "inevitável bancarrota final".

Aqui também *Para a paz perpétua* permite ouvir um eco da propaganda francesa e revolucionária. Basta pensar, dando um exemplo, em Görres, para quem a Inglaterra "sucumbe sob a massa da sua dívida pública".[253] Todavia, nesse meio tempo, através dos imensos recursos financeiros acumulados, esse povo "comerciante" tem como pagar um exército após o outro, tem como financiar ininterruptamente as coligações contra a França.

De resto, o libelo acusatório contra a Inglaterra nãose detém por aqui. *Para a paz perpétua* denuncia com palavras inflamadas:

> *A conduta nada hospitaleira dos Estados civis, sobretudo, dos Estados comerciantes (handelstreibend) do nosso continente [...]; fica-se horrorizado ao ver a injustiça que eles cometem quando visitam terras e povos estrangeiros (coisa que, para eles, significa conquistá-los).*

A denúncia do colonialismo, embora tenha valor genérico, atinge de modo particular a Inglaterra, que retornava do colossal botim colonial que lhe fora assegurado pela conclusão vitoriosa, em 1763, de seu duelo com a França e a Espanha. Aliás, a condenação da escravidão nas colônias – "as ilhas de cana-de-açúcar" são apontadas como "sedes da mais cruel escravidão que jamais se poderia imaginar" –, não é ao mesmo tempo uma celebração indireta da França que aboliu a escravidão por um decreto da Convenção, portanto, apenas dois anos antes de ser publicado o ensaio *Para a paz perpétua*? A esse propósito, a denúncia da Inglaterra, que se negava a abolir a escravidão em suas colônias, era um tema predileto da propaganda revolucionária.[254]

---

[253] *Historische Uebersicht der Neuesten Politischen Ereignisse*, em: *Das rothe Blatt*, Floreal, 1798, agora em J.G. *Gesammelte Schriften*, cit., vol. I, p. 157.

[254] Sobre a atitude da Convenção, de Napoleão (que faz marcha à ré) e da Inglaterra no tocante ao problema da escravidão e do tráfico negreiro, cf. ROBERTAZZI-AMODIO, C. *La Tratta dei Negri e la Schiavitù Moderna. Aspetti della Storiografia Contemporanea*, em: "Schiavitù Antica e Moderna", edição de L. Sichirollo, Nápoles, 1979, p. 280 e TARLE, E.V. *Napoleone*, tr. it. de G. Benco e G. Garritano. Roma, 1975 (4ª ed.), p. 143.

Nesse quadro se deve colocar também a atitude de Kant que, ao concluir seu libelo de acusação, exclama: "e isso fazem os Estados que ostentam uma grande religiosidade!" Da mesma ostentação não podia com certeza ser acusada a França, que mal saíra do tTerror jacobino e da campanha de descristianização, campanha que, não obstante o Termidor que se instalou nesse meio tempo, ainda apresentava traços vistosos na vida política e cultural, começando pelo calendário republicano [...]. Não, trata-se da Inglaterra e dos seus aliados e cúmplices. E eles – prossegue implacável Kant –, "enquanto cometem injustiças com a mesma facilidade com que tomariam um copo de água, querem passar por exemplos ímpares de observância do direito"! [...] Quem provoca guerras, quem anda à caça de novas conquistas sempre, na Europa e nas colônias, são os Estados submetidos ao despotismo: vimos que Kant substancialmente assimila a Inglaterra a uma monarquia absoluta, justamente pelo fato de que o poder de declarar guerra compete não ao povo, ao corpo legislativo, como na França, mas exclusivamente ao rei. Que interesse teria, ao contrário, em desencadear uma guerra um Estado autenticamente republicano, em que as decisões cabem aos cidadãos? Que interesse teriam esses cidadãos em atrair sobre si todos os flagelos da guerra, "isto é, combater pessoalmente, custear a guerra, ser forçado a reparar as ruínas que a guerra deixa para atrás, onerar-se com um monte de dívidas? [...]".[255] O fenômeno da guerra está indissoluvelmente ligado a um ordenamento político em que só uma pessoa a decide sem risco, ao passo que toda a população sofre as suas consequências; portanto, um ordenamento para o qual a Revolução Francesa estava soando o toque de funeral.

Os temas que caracterizam o ensaio kantiano estão na realidade amplamente presentes na propaganda revolucionária da época. Eis como se exprime o jacobino de Mogúncia, Wedeking:

> *A ideia da paz ama por excelência os Estados democráticos. E facilmente compreendereis o porquê disso. A guerra é sempre em si um grande mal. Seu peso cai sobre o soldado, sobre o burguês e sobre*

---

[255] Os trechos do ensaio *Para a paz perpétua*, utilizados neste capítulo, são os relativos aos "artigos preliminares" 2, 3, 4 e 5, e ao primeiro e ao terceiro "artigo definitivo".

III Revolução, censura e criptografia | 177

o camponês, enquanto o soberano e a nobreza não sofrem nenhum dano [...]. Quem principia a maior parte das guerras são, com efeito, os soberanos, por soberba, dado que essa gente acredita que será uma honra vencer muitas batalhas e aumentar o país.[256]

Por seu turno, Campe – que vimos corresponder-se com Kant – relata com entusiasmo, da França, que "a onipotência dos militares" agora chegou ao fim, e que, a partir da revolução, o "soldado" obedece à "voz do cidadão".[257] E o jacobino Cotta frisava que na França o exército serve à defesa do país e não é estruturado para a agressão: "O recrutamento é voluntário e, terminado o prazo previsto, o soldado deve ser dispensado sem ônus", e pode voltar a seus afazeres normais.[258] Nessa nova sociedade parecia, então, não haver mais lugar para um exército que se configurasse como corpo separado e permanente – uma das principais causas de guerra, segundo a análise do ensaio *Para a paz perpétua*. O mesmo Campe, saudando entusiasmado o mundo novo que se está construindo na França, recorda a advertência de Voltaire: para acabar com as periódicas matanças entre os homens, seria necessário punir "aqueles bárbaros sedentários que, do fundo de seus gabinetes, ordenam, na hora do quilo, o extermínio de um milhão de pessoas, e depois vão solenemente dar graças a Deus".[259]

Aqui estão sendo acusadas as guerras de gabinete, indissoluvelmente ligadas ao regime feudal e que, na Alemanha, tinham assumido caráter particularmente odioso com as pequenas cortes que financiavam suas dissipações vendendo a essa ou àquela potência em luta um pacote mais ou menos consistente de soldados engajados à força. Já no tempo da Revolução Americana, enquanto muitos alemães eram forçados a combater acompanhando as tropas inglesas, Schiller havia posto em cena um duque que dá

---

[256] WEDEKING, G.Ch. *Ueber die Regierungsverfassungen. Eine Volksrede in der Gesellschaft der Freunde der Freiheit und der Gleichheit, gehalten zu Mainz am 5. November im ersten Jahre der Republik*, Mogúncia, 1792 (tr. it. Em: *Alle Origini...*, cit., p. 22).

[257] *Briefe aus Paris*, cit., p. 13.

[258] *Von der Staatsverfassung in Frankreich*, 1792, em: MERKER, N. *Alle Origini...*, cit., pp. 265-266.

[259] *Briefe aus Paris*, cit., p. 147. Quanto à citação de Voltaire, cf. *Micromega*, 1748, em: VOLTAIRE. *Scritti Filosofici*, edição organizada por P. Serini, Bari, 1972 (Universale Laterza), vol. I, p. 332.

como pagamento a esplêndida joia que dera à sua amada, mandando para a América sete mil homens.[260] A denúncia desse infame comércio das guerras, decididas às vezes não em uma reunião de gabinete, mas na alcova da favorita ou da amante (*mätresse*), encontrava nessa época ampla difusão na propaganda revolucionária.[261]

No entusiasmo provocado pela Revolução Francesa, havia gente que se iludia imaginando que, com as guerras de gabinete ou até amadurecidas na alcova, com as guerras como "partidas prazerosas" (*lustpartie*), segundo a expressão kantiana, já vista, acabaria desaparecendo também o fenômeno da guerra como tal. Deixando de lado por um átimo os autores de língua alemã, eis como se exprime Paine:

> *Todos os governos monárquicos são militaristas. A guerra é sua profissão, e o saque e a renda são os seus objetivos. Enquanto existirem governos como esses, a paz não está segura um só dia. O que é a história de todas as monarquias senão o revoltante quadro da miséria humana, de quando em quando interrompida por uma trégua de poucos anos? Despojados pela guerra e exaustos pela carnificina humana, os velhos regimes se sentam para descansar, e chamam isso de paz.*[262]

E um jacobino alemão – discípulo de Kant ou, em todo o caso, fortemente influenciado por sua filosofia – faz um apelo para que se desencadeie a revolução na Alemanha, entre outras coisas "levando em conta o fato de que os erros e os lutos das guerras mais insanas jamais terão fim enquanto houver aristocratas capazes de encontrar homens que se lancem ao combate por eles [...]".[263]

---

[260] *Kabale und Liebe*, II Ato, II cena.

[261] Cf. em particular W.F.v. SCHMETTAU, *Patriotische Gedanken eines Dänen über Stehende Heere, Politisches Gleichgewicht und Staatsrevolutionen*, em *Von deutscher Republik: 1775-1795. Texte radikaler Demokraten*, cit., p. 169.

[262] *I diritti dell'uomo*, em Th. P. *I Diritti dell'Uomo*, cit., p. 233.

[263] RIEDEL, A. *Aufruf an alle Deutschen zu Einem Antiaristokratischen Gleichheitsbund*, 1792, em: *Von den ständischen...*, cit., p. 395.

De resto, tal como compartilha com a propaganda revolucionária a denúncia das responsabilidades do regime feudal no deflagrar das guerras de gabinete, Kant também compartilha com a propaganda revolucionária a ilusão que, depois da Revolução Francesa, se tenha aberto para a humanidade uma perspectiva concreta de abolição da guerra. Três anos depois de *Para a paz perpétua*, o então revolucionário Görres publica *A paz universal, um ideal*. O ensaio que, com seus "artigos definitivos", imita a estrutura da obra de Kant, a que explicitamente se reporta, tem esta significativa dedicatória: "à nação francesa, um republicano alemão". Escrevendo em Coblença, em território anexo à França, o autor não tem certamente necessidade de recorrer a cautelas verbais: a "glória" de estabelecer para sempre a paz, ou de aplanar o caminho para ela, está reservada à "Grande Nação".[264]

Mas são especialmente significativas outras três intervenções suscitadas pela obra de Kant. Logo após a sua publicação, Erhard escreve a seu mestre:

> *A sua Paz perpétua me causou infinita alegria ao lê-la, mas muita dor quando a ouvi julgada por outros, pois havia quem a assimilasse ao projeto de paz de Saint-Pierre [...]* (L, XII, p. 51).

Esse é também o ponto de vista de outro discípulo de Kant. Seria um grave erro interpretar *Para a paz perpétua* como a expressão de um "piedoso desejo", ou de um "lindo sonho". Não é uma obra – declara Fichte, com transparente alusão crítica à anterior tradição utopista a exemplo de Bernardin de Saint-Pierre – destinada a "entreter agradavelmente por uns momentos os espíritos filantrópicos". Não, agora estamos lidando

---

[264] *Der allgemeine Frieden, ein Ideal*, Koblenz im VI. Jahre der fraenk. Republik (1798), em J.G., *Gesammelte Schriftenl*, cit., vol. I, p. 45. Oportunamente, esse ensaio foi inserido, junto com *Para a paz perpétua*, e com as duas recensões desse último de Fichte e F. Schlegel, em uma antologia (*Friedensutopien. Kant, Fichte, Schlegel, Görres*, edição organizada por Z. Batscha e R. Saage, Frankfurt a. M. 1979), que efetivamente reúne não as utopias tais como da paz perpétua, mas as que se desenvolveram na Alemanha na onda da Revolução Francesa. Que a difusão universal do republicanismo (portanto, a vitória das ideias e das instituições produzidas pela Revolução Francesa) constitui em Kant o pressuposto necessário para a instauração da paz perpétua foi justamente frisado por J. JAURÈS, *De Primis Socialismi Germanici Lineamentis apud Lutherum, Kant, Fichte et Hegel*, Toulouse, 1891 (citamos a partir da edição alemã *Die Ursprünge des Sozialismus in Deutschland. Luther, Kant, Fichte und Hegel*, tradução de E. Höhnisch e K. Sonnendecker, com prefácio de L. Goldmann. Frankfurt a. M., Berlin-Viena, 1974, p. 55).

com uma ideia que exige a sua "realização". Mas, apenas será possível passar do plano da utopia aos concretos programas políticos, depois que se mudarem as objetivas condições históricas. "Toda constituição ilegal" (*rechtswidrig*) produz "insegurança geral"; mas agora é possível realizar uma "constituição legal do Estado" (*rechtmassige staatsverfassung*), uma "boa constituição do Estado" (*gute staatsverfassung*). Assim que esse objetivo for alcançado, a "paz perpétua" vem por si só. Com efeito, "um Estado que é internamente injusto, deve se entregar necessariamente à rapina dos vizinhos". Havendo, porém, uma constituição republicana, não é pensável – sublinha Fichte, parafraseando Kant – que:

> *Os cidadãos resolvam atrair sobre a própria cabeça os flagelos da guerra que um monarca, sem se envolver pessoalmente em coisa alguma, tão facilmente desencadeia sobre eles.*

Eis porque, "antes da consecução do primeiro objetivo não tem sentido pensar na consecução do segundo", ou seja, antes de se instaurar a constituição republicana, falar de paz perpétua é apenas utopia. O ensaio de Kant vai além da utopia, justamente por frisar o papel central e preliminar da transformação política. A literatura utopista, ao contrário, justamente por não se ter posto em um plano político, fica parecendo literatura de evasão. É clara então a conclusão de Fichte: *Para a paz perpétua* encerra "os resultados da filosofia do direito de Kant".[265]

Não muito diversamente se exprime o jovem F. Schlegel, então republicano: Kant ilustrou de forma brilhante a "tendência pacífica", própria dos Estados republicanos. Agora está clara a via que conduz ao estabelecimento da paz perpétua. Ela passa pela difusão universal do "republicanismo" e pela "fraternidade de todos os republicanos". Não se trata de "quimera de sonhadores visionários", mas de um objetivo que se pode concretamente perseguir.[266]

---

[265] A recensão do ensaio de KANT, I. *Zum Ewigen Frieden*, em: *Fichtes Werke*, cit., vol. VIII, pp. 427-436, *passim*.

[266] *Versuch über den Begriff des Republikanismus Veranlasst Durch die Kantische Schrift zum Ewigen*

Com efeito, o ensaio *Para a paz perpétua* está situado em um momento particular da história da humanidade e também da história da guerra: "Nunca uma guerra" – escreve nesse mesmo período Wieland – "despertou um interesse tão generalizado, jamais uma guerra se tornou a tal ponto a causa de cada um, a causa universal da humanidade, como a guerra atual". E isso é reconhecido, ainda que de pontos de vista opostos, pelos dois "partidos principais" em luta.[267] Pela primeira vez na história, estava-se diante de uma guerra ideológica que, no curso de um confronto áspero e prolongado, com características totalmente diversas do balé diplomático--militar das tradicionais guerras de gabinete, colocava em xeque um ordenamento político, que se deveria defender ou destruir, o ordenamento republicano em cuja manutenção e difusão Kant vislumbrava a garantia principal para a instauração da paz perpétua.

Compreende-se então a ironia de Gentz, a cinco anos de distância do ensaio de Kant, quando dali em diante se evidencia o caráter expansionista assumido pela política exterior francesa, quando, com a vinda de Napoleão e a prepotente emergência das ambições econômicas da burguesia francesa, a prometida "paz perpétua" ia se transformando em uma "guerra de conquista sem fim".[268] "A autoridade de um grande homem" – declara Gentz, claramente referindo-se a Kant – havia contribuído para difundir notavelmente na Alemanha a crença segundo a qual "a guerra cessaria, uma vez que todos os Estados possuíssem uma Constituição". "Propus-me a discutir esse sistema", mas depois – acrescenta, em tom triunfal, o brilhante propagandista da reação – "com a ulterior reflexão me convenci de que teria sido trabalho perdido [...]". Os fatos falavam por si.[269]

Frieden, 1796, em: BAXA, J. *Gesellschaft und Staat im Spiegel deutscher Romantik*, Jena, 1924, p. 44. Não por acaso o ensaio foi originariamente publicado na revista *Deutschland*, em seguida vetada pela censura; cf. HOCKS, P. e SCHMIDT, P. *Literarische und Politische Zeitschriften, 1789-1805*. Stuttgart, 1975, p. 91.

[267] *Ueber Krieg und Frieden*, cit., p. 354.

[268] Assim caracteriza Engels o advento da era napoleônica: cf. *Herrn Eugen Dührings Umwälzung der Wissenschaft*, em MARX-ENGELS, *Werke*, cit. vol. XX, p. 239.

[269] *Ueber den Ewigen Frieden*, 1800, originariamente publicado no *Historisches Journal*, reproduzido na antologia organizada por RAUMER, K.v. *Ewiger Friede. Friedensrufe und Friedenspläne seit der Renaissance*, Munique, 1953, de onde citamos (p. 495n).

É igualmente compreensível o entusiasmo manifestado pelo *Moniteur* logo após a publicação do ensaio *Para a paz perpétua*, vendo, "a seiscentas milhas de Paris, um filósofo professar generosamente o republicanismo não da França, mas do mundo inteiro".²⁷⁰ Era uma leitura, sem dúvida, interessada, mas absolutamente correta. Era por outro lado, substancialmente, a mesma leitura feita por Wilhelm von Humboldt, desfavoravelmente impressionado, aliás decididamente irritado, não obstante suas anteriores simpatias pela filosofia crítica, pelo "democratismo" que inspirava o ensaio.²⁷¹ Trata-se de uma declaração significativa, também sob outro aspecto. Como se sabe, Kant distingue cuidadosamente, no texto em pauta, entre "república" e "democracia". Mas Humboldt não parece colocar fé, ou não parece atribuir particular importância a essa distinção. Assim, a adesão às ideias provenientes da França sobre a questão da paz e da guerra é já sinônimo de "democratismo", que "às vezes transparece (*durchblickt*) também de modo bastante violento" e que, portanto, em vão, Kant – parece querer dizer o seu crítico –, tenta camuflar.

5. O processo dos regicidas: Kant promotor público ou advogado de defesa?

Mas, talvez o mais gritante exemplo de criptografia kantiana seja a sentença acerca da execução de Luís XVI. A condenação, embora vibrando de indignação moral, apresenta como que passagens que deixam aberto o

---

²⁷⁰ O texto do *Moniteus*, de 3/1/1796, é reportado em: PHILONENKO, A. *L'oeuvre de Kant*, cit., vol. II, pp. 264-265, que dá notícia também da difusão de Kant na França a partir precisamente do ensaio *Para a paz perpétua*.

²⁷¹ Carta de Humboldt a Schiller, de 30/10/1795, reportada por VORLÄNDER, K. *Einleitung* a I.K., *Kleinere Schriften zur Geschitsphilosophie, Ethik und Politik*. Hamburgo, 1959, p. XI. É provavelmente por razões análogas que Goethe julga a caracterização das nações, contida na *Antropologia* (no qual se celebra, como vimos, o "contagioso espírito de liberdade" dos franceses e se critica o "espírito comercial" e a "pouca sociabilidade" dos ingleses), como "superficial" e pouco "liberal"; cf. a carta de Goethe a C.G. Voigt (Weimar, 19/12/1798) em GOETHE, J.W.v. *Briefe*, edição de K.R. Mandelkow, Hamburgo, 1968 (2ª ed.), vol. II, p. 363. Análogas preocupações políticas, embora expressas com menor clareza, parecem inspirar as perplexidades de intérpretes mais recentes, como por ex. F. Medicus, que fala do Kant autor do ensaio *Para a paz perpétua* como de um "homem velho, muito velho"; sobre esse ponto, cf. PHILONENKO, A. *L'oeuvre de Kant*, cit., vol. II, p. 267 e, do mesmo autor, *Kant et le Problème de la Paix*, agora em: A. PH., *Essais sur La Philosophie de la Guerre*, Paris, 1976, p. 31.

caminho, se não para justificar o fato, em todo o caso para a correta compreensão das atenuantes. Fazendo uma releitura mais atenta, a motivação da condenação do "assassínio" (MC, VI, pp. 320-324, 341-342),[272] parece mais adequada para apelar à compreensão para com os responsáveis pelo crime, e não para sustentar uma sentença inapelável e definitiva, tanto no plano jurídico como no plano moral e histórico. Entrementes se fala de "solene execução de um monarca, feita *pelo seu povo*". O grifo é de Kant e isso é muito importante. Quem guilhotinou Luís XVI não foi um bando de assassinos, sedentos de sangue e sem qualquer representatividade –, como afirmava a propaganda contrarrevolucionária e como de fato acreditavam as potências feudais, na ilusão de que bastaria uma simples demonstração militar, para cair por terra um regime sem efetivo consenso –, mas o povo francês.

Era um poder ilegítimo o exercido pelo povo francês? Era de se esperar claramente uma resposta afirmativa, tendo em vista a força e a nitidez com que se afirma a ilicitude moral e jurídica de toda forma de rebelião e violência contra a autoridade constituída, ainda que seja um povo inteiro o responsável pelo crime. Mas eis que, de modo imprevisível, na sentença do juiz afloram argumentos e questionamentos que se coadunam, quem sabe, com o discurso do advogado de defesa. Será mesmo verdade que o povo francês arrebatou o poder com a violência? E se, ao contrário, a passagem do poder do rei para a Assembleia Nacional tivesse sido perfeitamente legal? Pergunta paradoxal e que poderia parecer provocadora, dado que apresenta a hipótese de uma revolução, ou melhor, de uma pacífica reforma constitucional, realizada com o consentimento daquele mesmo monarca que depois seria a sua vítima.

Todavia, Kant vai mais longe ainda:

> *A destituição de um monarca pode ser também considerada como uma espontânea deposição da coroa e uma renúncia ao poder com sua restituição ao povo, ou também como abdicação forçada do*

---

[272] Salva indicação contrária, é a essas páginas que remetem todas as citações contidas neste item.

> *poder, mas sem que se faça violência à altíssima pessoa, pois se encontraria então reduzida ao estado de simples (cidadão) privado.*

Nesse segundo caso, tendo em vista que o poder foi arrebatado à força, trata-se, com certeza, de um delito, em cujo favor, porém, o responsável pode invocar "o pretexto do direito de necessidade (*casus necessitatis*)".

Qual desses dois casos se pode aplicar à Revolução Francesa? Se na nota da *Metafísica dos costumes*, que estamos examinando, parece ainda haver algumas perplexidades, uma resposta muito mais clara é oferecida algumas páginas adiante.

> *Logo que um chefe de Estado em pessoa (seja ele o rei, a nobreza ou todo o povo inteiro, a união democrática) se faz representar, então o povo reunido não representa mais apenas o soberano, mas é ele próprio o soberano, pois nele (povo) repousa originariamente o poder supremo, do qual devem emanar todos os direitos dos indivíduos como simples súditos (ou, então, como servidores do Estado). E a república, uma vez estabelecida, não tem mais necessidade de abandonar as rédeas do governo e entregá-las de volta àqueles que as haviam segurado antes e que poderiam agora, de modo arbitrário e absoluto, tornar a destruir todas as novas instituições.*

Uma vez reunido o povo, na pessoa dos seus representantes, a república se acha já instituída, e a ela cabe defender as novas instituições, criadas desse modo, do ataque dos ex-governantes. Uma vez reunido o povo, é ele mesmo que configura a nova realidade republicana, enquanto a subversão ou o perigo da subversão, da rebelião contra a autoridade legítima, é representado pelo monarca, ou melhor, pelo ex-monarca. As coisas estão claras:

> *Foi, portanto, um grande erro de julgamento, da parte de um soberano da nossa época, o ter querido, para se livrar do embaraço que lhe foi causado pelas grandes dívidas públicas, entregar ao povo o encargo de tomar sobre si esse peso e reparti-lo segundo o próprio beneplácito. Pois o poder legislativo foi assim confiado naturalmente ao*

> *povo, não só para tributar os súditos, mas para vigiar o governo, ou seja, para impedir que ele, para dissipação ou para as necessidades da guerra, contraísse novas dívidas, e desse modo o poder soberano do monarca desapareceu totalmente (não foi apenas simplesmente suspenso) e passou ao povo, à cuja vontade legisladora foi submetido então o meu e o seu de cada súdito.*

A instituição da república na França data de bem antes da execução de Luís Capeto que, no momento do processo e da posterior condenação, era um simples cidadão (Não se deve esquecer que, segundo Kant, um rei passa a ser um "simples privado" mesmo quando sua destituição ocorreu com o uso da força. Com mais razão ainda, portanto, quando ocorreu em forma de certa maneira consensual). E, portanto, quem proferiu e executou a sentença de morte não só foi o povo, mas um povo dotado naquele momento da plena soberania, com toda a unção da legitimidade.

Onde está a ilegalidade? Na pretensão de julgar "o soberano por sua administração passada", mas isso é absurdo, enquanto

> *tudo aquilo que ele fez anteriormente, na qualidade de chefe supremo, deve ser considerado como feito de modo exteriormente conforme o direito, e o próprio chefe, considerado como fonte das leis, não pode agir ilegalmente.*

Independentemente da avaliação política de mérito sobre a atividade de Luís XVI, a pretensão de submeter sua atividade de soberano a um processo é uma clara e gritante violação da legalidade. Mas, também nesse caso, o juízo aparentemente tão severo e indignado dos jacobinos e do povo francês se transforma de súbito, cá e lá, em advogado de defesa. Pois, independentemente das declarações públicas e solenes dos próprios revolucionários franceses, pode-se perguntar quem foi que subiu ao patíbulo: se foi Luís XVI ou Luís Capeto, um rei julgado pelos supostos "crimes" cometidos no exercício de suas funções, ou um monarca destituído e, portanto, um simples cidadão, julgado por conspiração contra a república recém-nascida.

Não é um problema posto por nós, mas levantado pelo próprio Kant, ou melhor, sugerido entre as linhas de um discurso suficientemente complicado para driblar a vigilância da censura, mas não tão intrincado que não deixasse pelo menos alguma dúvida no leitor mais atento. Depois de ter afirmado ser necessário reconhecer a ordem constituída, ainda que produto de uma revolução fora da lei, a *Metafísica dos costumes* assim continua:

> *O monarca destituído (que sobrevive a essa revolução) não pode ser citado em juízo e muito menos ainda ser castigado por sua administração passada, quando ele, de volta à seu status de simples cidadão, prefere a própria tranquilidade e a do Estado ao risco de afastar-se do país visando tentar, como pretendente, a aventura de reconquistar o poder, seja com uma contrarrevolução secretamente promovida, seja com o auxílio de outras potências.*

Aqui se enuncia uma regra de caráter geral, mas é transparente a referência ao que realmente acontecera na França: a fuga que terminou em Varennes, os complôs da coroa, a explosão da guerra civil, a intervenção contrarrevolucionária: não, com toda a certeza, Luís XVI não se conformara a uma existência de cidadão privado...

Estava, então, justificado o processo? Na medida em que a passagem dos poderes se deu pacificamente, dever-se-ia responder "sim". Mas, ao contrário, na medida em que o rei foi deposto por uma revolução violenta e, portanto, fora da lei (e essa é a interpretação dos acontecimentos que aqui Kant parece fazer valer), tinha o rei o direito de procurar retomar o poder. Nesse segundo caso, o processo deveria então ser considerado ilegal? A resposta não é tão simples. Estaríamos, nesse caso, diante de uma situação complexa, de duplo poder: de um lado um poder legítimo, mas já na prática privado de autoridade e, do outro, um poder que emanou de uma iniciativa ilegal, mas que, enquanto efetivo, tem apesar de tudo direito à obediência dos cidadãos. Como avaliar a atividade subversiva e contrarrevolucionária empreendida pelo poder legítimo contra o poder real? A dificuldade da resposta só pode confirmar Kant na tese que diz ser inaceitável qualquer revolução que, com sua violência contra a autoridade constituída, acaba criando uma situação de incerteza legal, em que não é mais possível tampouco distinguir bem a fonte do direito, situação, portanto, de anarquia.

Resta ainda analisar o caráter particularmente solene que se quis conferir à execução pública de Luís XVI. É algo monstruoso, pois, desse modo se proclama em alta voz o direito do povo de julgar o soberano, o direito do povo, portanto, ao crime da revolução. Aqui a condenação de Kant aparenta ser, e é também, provavelmente, mais nítida. E, todavia, também nesse caso, o filósofo levanta questões capazes, se não de por em xeque, em todo o caso capaz de rachar aquela primeira categórica certeza. Talvez as coisas tenham andado de outra maneira; talvez a execução tenha sido ditada pelo "temor de uma vingança exercida sobre o povo pelo Estado, o qual poderia talvez se reerguer" e, nesse caso, a "solenidade da execução" serviria apenas para "dar ao ato a cor de uma punição, apesar disso, um ato jurídico", e não de um homicídio fora de qualquer legalidade. Aliás, esta é mais de uma hipótese. "Tem-se razão para admitir" que nisso reside o motivo da "adesão dada a essas execuções". Ter-se-ia tratado, então, não de um "ato de justiça penal", mas simplesmente de um "ato de autoconservação".

Mas chegando a esse ponto, temos de nos fazer uma pergunta: prescindindo das repetidas expressões de indignação moral, essa avaliação não tem, todavia, algo em comum com o julgamento de Robespierre sobre o processo? Pois ele, quando sustenta diante da Convenção a necessidade da condenação e da execução de Luís XVI, declara: "Não deveis emitir sentença alguma a favor ou contra um homem, mas somente uma medida de saúde pública, exercer um ato de providência nacional".[273] A "autoconservação", a *selbsterhaltung* de que fala o filósofo, aparece quase como a tradução do *salut public* e da *providence nationale* de que fala o revolucionário jacobino.[274]

Mas, vamos de novo examinar o pensamento de Kant. Com a execução de Luís XVI será que se estava diante de um caso de necessidade? Na nota

---

[273] Discurso do dia 3/12/1792, em *Textes Choisis*, cit., vol. II, p. 71 (tr. it. cit., p. 91).
[274] Uma expressão análoga em Forster que fala de "medida de segurança" (*sicherheitsmassregel*): cf. a carta à mulher Therese (Mainz 28/1/1793, em *Werke in...*, cit., vol. IV, p. 828).

que estamos aqui examinando, da *Metafísica dos costumes*, Kant pareceria negá-lo, pois fala efetivamente de "pretexto". Mas, caso se vá reler o ensaio de alguns anos antes, sobre a relação entre teoria e prática, se encontra, explicando o caso de necessidade, caracterizado por um "conflito entre deveres, isto é, entre um dever *absoluto* e um *condicionado* (ainda que grande, mas sempre condicionado)", um exemplo, embora nesse caso relegado a uma nota, que faz estremecer: como se deve comportar um filho diante do pai que trai a pátria? Aqui Kant não parece ter dúvidas. A denúncia ao magistrado, embora possa ser repugnante, todavia se impõe por uma necessidade moral, pois a solicitude filial para com o pai é, sem dúvida, um dever, e um dever importante, mas, apesar disso, sempre "condicionado – que vale enquanto ele não houver se tornado culpado de um crime contra o Estado" (DC, VIII, p. 300). Será só um exemplo abstrato, ou temos aqui uma referência a algo de mais concreto? Caso se tenha presente que aquele que se rebela contra a máxima autoridade do Estado e que, "sob pretexto de abuso de poder", mesmo em atenção à sua pessoa ou à sua vida, é comparado a um "traidor [...] que tenta 'matar a pátria' ", portanto, nesse sentido, a um *parricida*", surge então a suspeita se o pai traidor do próprio país não seria outro senão Luís XVI.

De resto, quando Kant afirma que o rei, violenta e ilegalmente destituído, tem o direito de procurar reconquistar o poder, pergunta-se, todavia, se é lícito a Estados estrangeiros ajudá-lo nessa empreitada. Kant remete a resposta ao "direito das nações". Mas, sabemos que, para ele, só pode ser negativa, dado que cada povo tem direito a escolher livremente o próprio estatuto constitucional. Estamos, portanto, diante do conflito de deveres que configura o caso de necessidade: por um lado, a obrigação da lealdade a um soberano, todavia já demissionário ou destituído; por outro, a obrigação de defesa da independência do próprio país, aliás, mais ainda, a obrigação de fazer respeitar o direito das nações. Mas, o que resta, então, da indignação moral que transborda dessas páginas? Certamente a condenação do direito à resistência por parte do povo contra o poder soberano, sancionado em alguns textos constitucionais franceses e objetivamente resultante da própria solenidade com que se procedeu à execução de Luís

XVI, é nítida e não deixa margem a equívoco. Pode acontecer que a solenidade quisesse servir para dar uma roupagem jurídica a um simples ato de autoconservação, mas, objetivamente, mais do que encarar um simples caso de necessidade, acabou enunciando "um princípio que por necessidade impossibilitaria um Estado de se reconstituir, depois que fosse derrubado". Assim, o direito de resistência, uma vez proclamado, impede a consolidação desse mesmo poder revolucionário, fazendo a obediência às leis depender do julgamento subjetivo do cidadão e, portanto, abrindo de fato as portas à anarquia. É um "suicídio do Estado": a condenação da execução pública parece que é aqui pronunciada no próprio interesse do novo poder de Estado. Mas, à parte esse resultado, não parecem emergir outras certezas da reflexão de Kant.

Deve-se notar, além disso, que não há tampouco total identificação com as expressões de execração a que, no entanto, se faz abundante recurso. Por vezes o filósofo parece querer limitar-se a relatar e a explicar. Quanto à onda de indignação provocada pela execução de Luís XVI (ou Luís Capeto), Kant declara que tem como objetivo "procurar a explicação desse fenômeno no espírito humano", como se estivesse simplesmente estudando de fora uma emoção coletiva tão forte. E ainda: o delito que custou a vida a Luís XVI

> *é considerado* (wird... angesehen) *como um crime perpétuo e que não pode ser jamais expiado* (crimen immortale, inexpiabile) *e parece* (scheint) *semelhante àquele pecado que os teólogos definem* (nennen) *tal que não pode ser jamais perdoado nem neste mundo nem no outro.*

Nosso grifo quer chamar a atenção para o acotovelamento de expressões mais adequadas a marcar um distanciamento do que uma identificação com o julgamento corrente. E haveria uma sombra de ironia na referência aos teólogos?

Quando da execução de Luís XVI, a *Berlinische Monatsschrift* havia publicado amplos extratos do sermão pronunciado por um pastor, todo declaradamente perpassado por um "frêmito de horror" (*schaudern*) pelo crime que se consumara (bm 1793, XXI, p. 203). De "frêmito de horror" (*schaudern*) fala também a nota da *Metafísica dos costumes*, mas para logo se perguntar sobre a origem desse "sentimento", provocado por um crime considerado como inexpiável pelos teólogos. O sermão reportado na *Berlinische Monatsschrift* continuava evocando a imagem de um "Deus julgador que pode se calar por algum tempo sobre a impiedade do celerado (*Frevel des Ruchlosen*), mas que depois, infalivelmente, vai puni-lo como merece". Estaria Kant aludindo a esse teólogo? Se assim fosse, o filósofo não podia certamente compartilhar a análise de um pastor que atribuía a responsabilidade de tudo a uns "poucos criminosos" (bm 1793, XXI, pp. 202-203).

Deve-se acrescentar que a revista berlinense, como aludimos no início de nosso trabalho, tinha publicado duas intervenções contra a tese, contida também em um discurso atribuído nada menos que a Pio VI, segundo o qual havia uma linha de continuidade entre a Reforma e a execução de Luís XVI. Na realidade observava a *Berlinische Monatsschrift* –, o papado e a Igreja Católica aproveitavam os trágicos acontecimentos na França para novamente atiçar o ódio e a intolerância contra os protestantes, dado que, sempre do ponto de vista do papado e da Igreja Católica, "a heresia, isto é, o não catolicismo, é o único pecado que não se pode perdoar" (*die einzige nicht zu vergeben sünde*) (bm 1794, XXIII, p. 597). Também essa é uma expressão que faz estremecer, pois logo remete à nota da *Metafísica dos costumes*. É difícil pensar que a opinião de Kant coincidisse com a posição, se não de Pio VI, com a do extremismo clerical; é difícil pensar que o autor da *Religião dentro dos limites da simples razão* se identificasse totalmente com "teólogos" apenas interessados em demonizar, no sentido às vezes literal do termo, os protagonistas da Revolução Francesa.

De fato, no que toca a esse mundo e enquanto estava em seu poder, Kant já havia amplamente perdoado o crime em questão, dado que se recusava a questionar o novo poder revolucionário. Pelo contrário, condenava com vigor tanto a agitação sediciosa de emigrantes e aristocratas, como, com maior razão, a intervenção contrarrevolucionária das potências feudais.

III Revolução, censura e criptografia

Uma observação final: a execução de Luís XVI é assemelhada à de Carlos I. Seria um detalhe sem particular significado, ou, pelo contrário, a referência maliciosa ao fato de que também o próprio país líder das coligações antifrancesas, o país a cuja história e a cuja constituição se reportavam os teóricos da reação, se havia manchado com aquele crime que os "teólogos", aliás, as cortes e o mundo feudal em seu conjunto, teimavam em considerar "inexpiável" só para a França? É um fato, porém, que Kant recorre a um argumento muito difundido na propaganda revolucionária: "Desde o tempo de Carlos I da Inglaterra" – escreve Forster na primavera de 1792, portanto muito antes da execução de Luís XVI –,

> *um grande número de monarcas foi morto ou sofreu atentados [...]; no entanto, os miseráveis sicofantas continuam gritando contra o povo francês e os revolucionários em geral.*[275]

E, a propósito de Carlos I, Kant não é admirador, como vimos, daquele Milton que não só havia celebrado a revolução na Inglaterra, mas ainda se havia empenhado em uma cuidadosa justificação da execução do próprio Carlos II?[276]

Pode ser útil, a essa altura, ler o posicionamento de um democrata alemão, para cotejá-lo com a opinião de Kant. Eis os pontos principais da argumentação de F.Ch. Laukhard acerca do processo e da condenação de Luís XVI.

> 1) *A Convenção Nacional representava de fato toda a nação, e tinha, portanto, o direito de legislar sem consultar ninguém, tampouco o rei. A lei segundo a qual o povo, representado pela Assembleia Nacional, podia mudar a forma de governo, foi reconhecida e sancionada pelo próprio rei. A partir desse momento, cessara a soberania do rei.*

Com o nosso grifo quisemos evidenciar a total concordância com a posição a esse respeito assumida por Kant.

---

[275] Carta a Heyne (Mogúncia, 14/4/1792), em *Werke in...*, cit., vol. IV, p. 702 (tr. it. cit., p. 185).
[276] PRAZ, M. *Storia della Letteratura Inglese*. Florença, 1960, pp. 275-276.

> 2) *Assoldando os emigrantes rebeldes, como o acusavam, com os fundos do orçamento, ou mantendo entendimentos com os inimigos da nação,* Luís XVI *foi o primeiro a violar o pacto nacional, decaindo automaticamente das prerrogativas que esse pacto lhe reconhecia, e assumindo a responsabilidade de seus atos ilegais diante da nação como o pior dos perjuros e réu de alta traição. Daí se segue claramente que Luís XVI deveria ser entregue ao tribunal da Assembleia Nacional [...].*

Que era absolutamente legítimo chamar a responder por suas ações um cidadão privado, como era agora Luís Capeto, é também a opinião de Kant.

> 3) *A questão se, de modo geral, um povo pode justiçar o seu soberano não parece ter sido um problema tampouco no tempo do despotismo dos imperadores romanos [...]. Em suma, tanto a história como o bom senso ensinam que em todo governo de homens, que se fundamente na justiça e nas leis, o governante deve sempre ser responsável pelos seus atos diante dos súditos.*[277]

É o único ponto de real divergência com relação a Kant, para quem, como vimos, uma coisa era julgar e condenar Luís Capeto pelos crimes cometidos como cidadão privado. Outra coisa era julgar e condenar Luís XVI ou qualquer outro soberano pelos crimes ou pelos erros cometidos no exercício de um poder que, até a instauração de uma nova ordem, continua sendo legítimo.

6. Reforma a partir de cima e responsabilidade do poder

Chegando a esse ponto, é possível e necessário efetuar a remoção de outro equívoco que pesa sobre a compreensão do filósofo objeto dessa investigação. "Em qual ordem" é possível esperar-se "o progresso para o melhor?".

---

[277] *Magister F. Chr. Laukhards Leben und Schicksale. Von ihm selbst beschrieben*, 1797, tr. it. em: MERKER, N. *Alle Origini...*, cit., p. 184.

III Revolução, censura e criptografia | 193

– pergunta Kant. E "eis a resposta: não do curso das coisas *de baixo para cima*, mas *de cima para baixo*" (C, VII, p. 92).

Geralmente se frisou, nessa resposta, o aspecto do distanciamento de qualquer perspectiva revolucionária na Alemanha. Mas de fato ela visa, sobretudo, desmascarar a ideologia, cara à reação feudal, que fazia depender a mudança da situação objetiva, da mudança da consciência do indivíduo ou que, em todo o caso, menosprezava a importância da transformação das instituições políticas.

Em Kant, a contraposição "a partir de cima" ou "a partir de baixo" não corresponde mecanicamente à contraposição "reforma" ou "revolução". Já vimos a interpretação da Revolução Francesa como a de uma reforma a partir de cima: o ensaio *Para a paz perpétua* declara que é melhor tolerar durante algum tempo uma constituição defeituosa ou injusta em vez de cair-se na anarquia por causa de uma "reforma precipitada" (*übereilte reform*) (PP, VIII, p. 373n), que está aqui, evidentemente, no lugar de "revolução". Em todo o caso, por "reforma" Kant não entende de modo algum um ajuste superficial de instituições decrépitas, mas uma mudança radical e profunda. Ao contrário, existe uma precisa polêmica contra o "reformismo" em retalhos: "Reformar mediante princípios não é remendar o Estado" (XXIII, p. 162).

Para compreender melhor o sentido da posição de Kant, convém cotejá-la com a dos teóricos da reação. "O bem dos povos" – declara Gentz – "não está ligado exclusivamente a nenhuma forma de governo", a nenhuma "constituição do Estado".[278] Contra o "fanatismo político, essa terrível doença dos povos" que, em última análise, repousa na absolutização da esfera política, Gentz recomenda como remédio o "indiferentismo (*indifferentismus*) da razão diante da política".[279] Kant, ao contrário, declara explicitamente: "O que importa não é um bom governo, mas um bom modo de governar" (XV, p. 630). Lança luz sobre o sentido dessa declaração uma nota contida no ensaio *Para a paz perpétua* e que se dirige explicitamente contra os teóricos da reação e contra Mallet du Pan em particular: a atenção – frisa Kant

---

[278] Veja a *Einleitung* à tradução alemã das *Reflections on the Revolution in France* de Burke, em: GENTZ, F. v. *A. Schr.*, cit., vol. I, p. 9.

[279] *Ueber die Politische Freiheit*, em A.W., cit., vol. II, pp. 27-29.

– deve ser dirigida não para a qualidade dos indivíduos que governam – a história demonstra que até monarcas excelentes tiveram depois como sucessores tiranos sanguinários –, mas para o "modo de governar", para a "constituição política" (*staatsverfassung*) (PP, VIII, p. 353n). O problema é político e envolve as instituições, não diz respeito em primeiro lugar aos indivíduos e à sua moralidade privada. Se Gentz recomendava o "indiferentismo", Kant realçava a necessidade de uma participação ativa e consciente no debate político.

Mesmo algumas personalidades que inicialmente haviam olhado com simpatia para a Revolução Francesa, ao recuarem, horrorizadas pelos seus "excessos", acabam exprimindo uma ideologia intimista. Assim, conforme Wieland, é necessário parar de atribuir "tamanha importância" à "constituição de um Estado", pois "a condição da felicidade está em nosso poder". Ela repousa no aperfeiçoamento intelectual e moral do indivíduo: "aquilo que conta não é a constituição, não é a forma monárquica ou popular do governo, mas a configuração da cabeça e do coração, o modo de pensar, os sentimentos e os costumes dos habitantes de um Estado". Portanto, se realmente se quer fazer progredir a humanidade, "a reforma deve começar não a partir da forma de governo e de constituição, mas dos indivíduos humanos".[280] Dada essa premissa, todo aperfeiçoamento das condições da coletividade, e mais ainda do indivíduo singular, só pode ser confiado, em última análise, ao próprio indivíduo.

Contra essa ideologia, Kant vai travar uma polêmica explícita: "O bem no mundo (o bem cosmopolítico) deve principiar com a educação do sujeito, isto é, do povo, ou a partir do governo que antes de tudo se melhora?". É clara a resposta: é necessário começar a partir de cima (XXIII, p. 140). A esse propósito se denuncia a impotência da moral. Mediante a moral "não se combina coisa alguma que valha" (XXIII, p. 135). Contra aqueles que julgavam o homem malvado demais para poder adaptar-se a uma constituição fundada na liberdade, Kant escreve:

> *O problema da constituição de um Estado é solucionável, por mais dura que possa parecer a expressão, inclusive por um povo de diabos, contanto que sejam dotados de inteligência. Não se deve, porém, con-*

---

[280] *Ueber die Robespierrische Constitution...*, cit., pp. 348-351, *passim*.

> *fundir o problema em questão com aquele de melhorar moralmente os homens* (PP, VIII, p. 366).

O aperfeiçoamento moral interior é tão pouco e o pressuposto do progresso das instituições políticas, muito pelo contrário, é a condição e o pressuposto do primeiro. Isso, pois, não é da

> *moralidade interior que se pode esperar a boa constituição do Estado, mas antes, é principalmente de uma boa constituição do Estado que se pode esperar a boa educação moral de um povo* (PP, VIII, p. 366).

"Deve-se preliminarmente suprimir a injustiça, para que se possa ser virtuoso" e "qualquer virtude é impossível sem essa decisão" (XX, p. 151). Já muitos anos antes Kant havia declarado:

> *Em vão se espera essa salvação do gênero humano de uma gradual melhora das escolas* (allmähliche Schulverbesserung). *Devem ser refeitas* (umgeschafft), *para que possa surgir algo de bom. Com efeito, em seu ordenamento originário são falhas, e os próprios mestres devem receber uma nova formação. E isso pode ser o resultado, não de uma lenta reforma* (reform), *mas de uma rápida revolução* (revolution).[281]

É necessário, nessa perspectiva, frisar dois pontos de notável importância. Primeiramente, como o rigorismo moral de Kant não é a celebração de uma virtude abstratamente privada, não é um episódio que se leva a termo em uma dimensão meramente interior. Em segundo lugar, a insistência em que é necessário atuar a partir de cima para transformar as instituições políticas vai desaguar, ao menos em certos momentos, não na celebração do gradualismo, mas da revolução. Dizer que é necessário atuar a partir de cima significa, portanto, privilegiar o momento político mais do que o moral, a objetividade das instituições mais do que a intimidade da consciência privada.

---

[281] *Aufsätze das Philantropin betreffend*, 1776-1777 (II, p. 449). Observou-se, com razão, que Kant teoriza "o primado da política": cf. SALVUCCI, P. *L'uomo di Kant*, Urbino, 1975 (2ª ed.), pp. 495-496.

É nesse quadro que se deve também situar a polêmica com Schiller. E, justamente a partir do horror que ele sentiu pela "selvagem oclocracia", pelo "brutal despotismo das classes inferiores" que vê desencadear-se na França, começa a esperar a libertação do homem, não mais da transformação das instituições políticas, mas da arte, da educação estética, e por isso se põe a criticar Kant, ao qual censura por uma inadmissível desvalorização da sensibilidade e, portanto, do momento estético, em face da razão.

Sobre a motivação política dessa celebração da arte, que data já a partir do ensaio *Ueber Anmut und Würde*, é esclarecedora uma carta da mesma época. Justamente por se dever considerar fracassada a tentativa de instituir uma "monarquia da razão", de "confiar a legislação política à razão", justamente por não ser mais lícito esperar uma "regeneração no terreno político" (*regeneration im politischen*), é necessário dedicar atenção toda nova às "musas". Uma vez que naufragou em horrível experiência a esperança de realizar-se a "liberdade política" (*bürgerliche freiheit*), mediante a transformação da vida em sociedade, urge pensar na liberdade "humana". Urge, então, tomar consciência de que "toda reforma que pretenda ter solidez deve partir do modo de pensar", deve tomar consciência de que não é a exterior configuração da "constituição", mas o modo de pensar e sentir do homem é que é o essencial.[282]

Mais do que insistir na transformação das instituições políticas mediante terríveis convulsões, é preferível fixar como objetivo a pacífica transformação do homem mediante a arte. É contra essa forma de argumentar que se deve entender voltada a declaração de Kant – ele polemiza precisamente contra Schiller –, segundo o qual, "a virtude" é na realidade "benéfica mais do que tudo aquilo que a natureza e a arte podem produzir no mundo".

---

[282] *Ueber Anmut und Würde*, 1793, em: *Schillers Werke, vollständige Ausgabe in fünfzehn Teilen*, edição de A. Kutscher, Berlim-Leipzig s/d, vol. XII, pp. 410-401; e carta ao Duque F.Ch. Augustenburg, 13/7/1793, em *Die Deutsche Literatur. Texte und Zeugnisse*, vol. V, 2 de H.E. Hass, Munique, 1966, pp. 1539-1541. Como se sabe, esses temas serão mais tarde desenvolvidos na apresentação da revista *Die Horen*, onde Schiller lamenta que "as Musas e as Graças" tenham sido afugentadas pelo "implacável demônio da crítica das instituições políticas" (*allverfolgender Dämon der Staatskritik*), pelo "conflito das opiniões e dos interesses políticos", pelo "espírito partidário" (cf. "Die Horen", Tubinga, 1795, reimpressão anastática Darmstadt, 1959, vol. I, p. 3-4) e, mais amplamente, nas *Cartas sobre a educação estética do homem*. Aqui, com clareza ainda maior, Schiller contesta que "o grande destino da humanidade" se decida na "cena política" (cf. a segunda carta). É a presença desse tema que explica o súbito entusiasmo manifestado por Gentz, e do qual fala uma carta de Goethe a Schiller, de 16/9/1795, em: *Briefwechsel zwischen Schiller und Goethe*, cit., vol. I, p. 139.

III Revolução, censura e criptografia

A virtude da qual se fala aqui não tem com certeza uma dimensão meramente privada, mas é a razão que seguindo princípios universais, se esforça para informar por si a realidade, o mundo político. Não se deve esquecer que naquele momento, na França, a "virtude" era uma palavra de ordem revolucionária que acompanhava e estimulava a luta contra a corrupção do *ancien regime* e o luxo e a indolência da própria alta burguesia, disposta ao compromisso com as velhas classes dominantes.

E que Kant não está visando à moralidade privada é demonstrado também pela celebração que vem logo a seguir do "quadro soberbo da humanidade representada sob a forma da virtude [...]". Nesse mesmo período de tempo, Hölderlin, no *Hino à liberdade*, no fronte da luta contra os tiranos e seus servos, via "desfraldar-se um sem-número de soberbas bandeiras da virtude" (*tugend*) e almejava saborear "o prazer da vitória da virtude" (*tugend*).[283]

Se Schiller contrapõe à devastação ruinosa, que vê surgir da revolução política, a obra autenticamente regeneradora da arte, Kant, ao contrário, observa que "só depois de ter domado monstros, Hércules se torna *Musagete*", enquanto "diante desse duro trabalho, as boas irmãs" que são as Graças – note-se a ironia que perpassa o trecho – "recuam horrorizadas".[284] A celebração da beleza e da arte, a que recorria Schiller, era apenas uma fuga do trabalho duro, sem dúvida nada fascinante no plano estético, mas a única verdadeiramente produtiva, capaz de transformar a realidade política. Nessa mesma época, o jacobino alemão Forster, que muito provavelmente já havia lido o texto de Schiller, mas não a réplica de Kant, escrevia ser necessário ter uma força de caráter tal que jamais perca de vista aquilo que de bom a revolução estava produzindo do ponto de vista do progresso da humanidade. E isso mesmo quando "a imprevisível torrente da revolução" arrojasse para longe de si "a graça e a beleza" (*das liebliche, schöne*).[285] Se Schiller, diante do terror, questionara o primado da política que havia constituído a

---

[283] *Hymne an die Freiheit* e *Das Schicksal*, em *Sämtliche Werke und Briefe*, cit., vol. I, pp. 145 e 169.

[284] Como se sabe, a polêmica contra Schiller é consignada a uma nota acrescentada à segunda edição da *Religião* (cf. R, VI, pp. 23-24n).

[285] A carta a L.F. Huber, de 15/11/1793, em *Werke in...*, cit., vol. IV, p. 933.

tendência dominante na intelectualidade alemã no momento do mais férvido entusiasmo provocado pela Revolução Francesa, não só o jacobino Forster, mas Kant também se nega a acompanhá-lo por essa estrada.

Podemos agora voltar ao *Conflito das faculdades* e então perceber que a insistência sobre a necessidade de proceder a partir de cima, na renovação das instituições políticas, não só tem como alvo polêmico a ideologia da reação feudal, mas contém igualmente dúvidas pesadas quanto à capacidade das cortes alemãs de iniciarem algum programa de reformas. Afirma-se que a renovação deve principiar pela "educação da juventude", primeiro no seio da família e depois na escola. Mas, à parte as dificuldades de se realizar uma instrução em larga escala, dado o fato de que sobre o orçamento do Estado pesam os gastos com a guerra (e uma guerra injusta), seria necessário em todo o caso ter "um plano previamente ordenado pelo soberano e segundo suas perspectivas". Em outras palavras, o primeiro que deve ministrar uma adequada educação deveria ser justamente o soberano. Mas logo surge um problema: quem vai educar os educadores? Problema ainda mais dramático pelo fato de que também sobre os educadores, como sobre todos os homens, pesa "a fraqueza da natureza humana". Só resta, então, "repor a esperança de progresso em uma sabedoria que vem do alto (chamada Providência, quando nos é invisível)". Nesse caso deve-se excluir a revolução, pelo menos no que tange à Alemanha, mas a possibilidade de um progresso baseado em uma evolução pacífica, ou seja, mediante reformas a partir de cima, fica entregue em última análise à... Providência! (C, VII, pp. 92-93).

O tema em pauta retorna também na *Pedagogia*, e sempre num tom ambíguo.

> *De onde há de vir o melhoramento da situação do mundo? Dos príncipes ou dos súditos? Do fato de os últimos irem melhorando por conta própria, enquanto vão se encontrar na metade do caminho com um bom governo?*

Não, a resposta é clara: cabe a responsabilidade àqueles que detêm o poder político, e não tem sentido querer descarregá-la, mesmo parcialmente,

III Revolução, censura e criptografia | 199

sobre os ombros daqueles que sofrem apenas o peso de tal situação. Portanto, a reforma deve proceder de cima: mas aqui principiam as dificuldades (e também a ambiguidade de Kant). Deve-se começar educando aqueles que serão destinados a ocupar o trono. Mas, para haver alguma possibilidade de sucesso na empreitada, é necessário deixar de lado a prática pela qual ninguém opõe nenhuma resistência (*widerstehen*) aos príncipes, já em sua juventude. Os príncipes devem ser educados, não "pelos seus pares", mas por um dos súditos.

Essa declaração exprime apenas a exigência de que o preceptor não pertença à nobreza? Em todo o caso, mesmo esse objetivo, dadas as condições concretas, parece difícil de realizar. Não se pode contar com a

> *cooperação* (zutun) *dos príncipes, pois não estão interessados em "melhorar o mundo"* (weltbeste). *Pelo contrário, existe ainda um ou outro grande* (mancher grosse) *que vê o povo como se fosse uma parte do próprio patrimônio* (naturreich) *e se preocupa, portanto, apenas com sua reprodução. No máximo exige uma certa habilidade, mas só para utilizar melhor os súditos como instrumento para os próprios planos.*

E então? Ainda é possível que se procure alcançar o objetivo em questão mediante os esforços de "pessoas privadas". Mas quanto a ser possível percorrer esse caminho, Kant deve alimentar sérias dúvidas, pois se vê forçado a declarar: "Quanto ao bem, podemos esperá-lo de cima, mas só no caso de aí a educação ser a melhor". Um círculo de ambiguidade e reticência parece envolver todo o trecho que estamos analisando. O que quer dizer, afinal, esta afirmação: "o plano educacional" deve ser predisposto *kosmopolitisch*?[286] Significaria talvez olhar para fora da Alemanha, olhar para a França e sua revolução?

Concluindo acerca da questão, talvez seja interessante ver como um discípulo de Kant interpreta o processo de "reforma a partir de cima".

---

[286] *Ueber Pädagogik* (Ak, IX, pp. 447-479, *passim*).

Não importa qual seja a forma institucional de Estado de fato existente, o soberano faz valer "o princípio do republicanismo". E isso se verifica quando "as leis não são outra coisa senão decisões possíveis da universal vontade popular". A essa altura, a república está de fato realizada, se não "na letra", em todo o caso "no espírito". E todavia o processo não está ainda encerrado, pois, uma vez em movimento o mecanismo de "reforma", "as velhas formas empíricas e estatutárias" vão "gradualmente" dissolver-se na constituição "originariamente racional", na "única constituição completamente legal" (*einzig-vollkommen-rechtliche verfassung*).[287] Mas o processo de "reforma a partir de cima", tão celebrado, não é na realidade o processo revolucionário que se desenvolveu na França, assim ao menos como se desenrolava aos olhos de Kant? Luís XVI convoca os Estados Gerais e, a partir desse momento, o corpo legislativo exerce o poder, e de modo irreversível. A república já está "realizada" "no espírito", mas dentro – o processo reformador não se detém – sê-lo-á também "na letra". E tudo de modo perfeitamente legal.

Sem dúvida, desse quadro foram removidos os movimentos de rua, o elemento "democrático" reprovado por Kant, e também por seu discípulo. Todavia, está claro que a reforma "a partir de cima", aqui almejada, é bem mais radical do que deixa supor a cautelosa formulação linguística.

---

[287] TIEFTRUNK, J.H. *Philosophische Untersuchungen über das Privat- und Öffentliche Recht zur Erläuterung und Beurteilung der Metaphysischen Anfangsgründe der Rechtslehre vom Herrn Prof. Imm. Kant*, Halle, 1798, em: *Vor der stänsischen...*, cit., pp. 371-373.

IV
Kant secreto?

1. Censura, autocensura, dissimulação

Em 1766, Kant escrevia a Mendelssohn: "Na verdade penso com a mais firme convicção e com minha grande satisfação muitas coisas que jamais terei a coragem de dizer, mas jamais direi uma coisa que não penso" (L, X, p. 69). Esse não é o pensamento só de Kant. Muitos anos mais tarde, a regra de conduta segundo a qual é melhor não pronunciar em voz alta "uma verdade [...] que pode ser facilmente instrumentalizada" e segundo a qual "o sábio não pode dizer aquilo que é melhor calar", essa regra é lembrada por um dos dois protagonistas dos *Diálogos para maçons,* de Lessing. Não por acaso é esse o autor em torno do qual, depois de morto, se desencadeará uma polêmica sobre seu pressuposto e até o fim dissimulado ateísmo ou panteísmo.[288] Calar ou revelar só parcialmente o próprio pensamento era, pois, uma regra muito difundida, imposta pelas circunstâncias. Ou melhor, faz parte, de certo modo, da boa educação. Um manual de boa educação publicado em 1788, e que se tornou logo um *bestseller*, trazia entre outras coisas dois pequenos capítulos com o significativo título: "Não seja sincero demais" (*offenherzig*) e "Não leve notícias de uma casa para outra".[289]

---

[288] *Ernst und Falk. Gespräche für Freimaurer*, em: LESSING, G.E. *Gesammelte Werke*, vol. IX, Leipzig, 1856, pp. 345-356; sobre a polêmica em pauta e sobre as acusações contra Lessing, de dissimulação, e também de simulação, cf. VERRA, V.*F.H. Jacobi...*, cit., pp. 69-101.

[289] KNIGGE, A.v. *Ueber dem Umgang mit Menschen*, Hannover, 1788 (reimpressão anastática München s/d), p. 9, pp. 46-47, e p. 50. Depois que rebentou a Revolução Francesa, Knigge assume posições democráticas e, desse modo, se torna um dos alvos prediletos da propaganda contrarrevolucionária: MERKER, N. *Alle Origini...*, cit., p. 144.

Em Goethe vemos Fausto respondendo nesses termos à celebração do saber feita por um de seus discípulos:

> *Quanto ao que se chama saber, quem é que pode chamar as coisas pelo nome próprio? Aqueles poucos que perceberam algo e, com muita ingenuidade, revelaram à multidão seus sentimentos e suas visões, sempre foram crucificados ou queimados na fogueira.*[290]

É um tema que volta continuamente também na correspondência do poeta que, não por acaso, se define como um *ehrner Schweiger*, taciturno a toda prova. A regra do "silêncio diante do mundo inteiro" é, com certeza, uma norma aconselhada pelos "sábios da antiguidade", mas é também uma regra de particular atualidade em uma situação que vê as autoridades constituídas profundamente desconfiadas "em relação aos seus intelectuais" (*Schriftsteller*). É a partir dessa situação que se tornam compreensíveis expressões como esta: "Para ser sincero, tenho então de confessar [...]" (*soll ich aufrichtig sein, so muss ich bekennen*). E ainda: "Infelizmente, somos muitas vezes obrigados a emudecer [...]".[291]

Na última carta que examinamos – estamos no verão de 1794 –, Goethe sente a necessidade de acrescentar a garantia de que nas suas "opiniões" e "intenções" se acha ausente qualquer coisa "de que um bom alemão possa envergonhar-se". A Revolução Francesa eclodiu e estava em curso a intervenção armada das potências feudais no cenário de uma guerra que via os alemães engajados na primeira fileira. A garantia surgia em um momento mais do que oportuno. Entrementes, a situação dos intelectuais na Alemanha estava cada vez pior. Aquilo que acontece em Paris é a demonstração para as cortes alemãs de como pode ser perigoso deixar que se difunda livremente uma cultura subversiva ou em todo caso pouco respeitosa do trono e do altar. A partir desse momento, os intelectuais alemães da van-

---

[290] Citamos o *Fausto* (vv. pp. 588-593) na tradução de G.V. Amoretti: o trecho se encontra já no *Urfaust*.

[291] Cartas a J.C. Lavater (final de dezembro de 1783, a J.Ch. Kestner – 28/9/1777) e a H.Ch. Gagern (agosto-setembro de 1794), em *Briefe*, cit., vol. I, pp. 433 e 238 e vol. II, p. 184. Mas o tema em pauta parece percorrer um pouco toda a correspondência de Goethe.

guarda se veem atuando em um contexto bem diferente daquele dos iluministas franceses, não só pelo fato de não terem à retaguarda uma base social suficientemente ampla, um grupo social suficientemente extenso e sólido, mas também pelo fato de que os acontecimentos do Além-Reno fizeram agora soar o alarme (e que alarme!) para a classe dominante na Alemanha. Nesses anos, Kant amargamente constata que, pelo menos quanto a certos assuntos-tabu, não se pode "pensar em voz alta" (L, XI, p. 327; carta de 24/2/1792), e confessa que continua refletindo para esclarecer a si mesmo aquilo que pensa, mas evitando com muito cuidado, ao mesmo tempo, qualquer "comunicação para fora de mim" (*Mitteilung ausser mir*) (L, XII, p. 37; carta datada de 14/8/1795).

"Pensar em voz alta" (*laut denken*): essa preocupação e a mesma expressão que vimos em Kant, também a encontramos, e sempre em 1792, em Wieland.[292] E este, depois, continua assim: "Os intelectuais cosmopolitas" (*kosmopolitische schriftsteller*) – trata-se na prática dos intelectuais que acompanhavam com simpatia o processo revolucionário do outro lado do Reno – "deveriam ter o seu segredo tal como o tiveram sempre, por seu turno, os governos e os gabinetes".[293]

Voltemos, porém, a Kant. Após a insistente intervenção das autoridades prussianas (primeiro de outubro de 1794), que o admoestavam a não continuar em sua obra de "deformação e vilipêndio de algumas doutrinas capitais e fundamentais da Sagrada Escritura e do cristianismo", o filósofo tirava esta conclusão: "Retratar e renegar a própria convicção íntima é covardia; mas ficar calado em um caso como esse é dever de súdito; e se tudo o que se diz deve ser verdade, não é, todavia, um dever dizer publicamente toda verdade" (XII, p. 380).[294]

Já enquanto se adensava a tempestade sobre sua cabeça, Kant escrevera que não estava preocupado no caso em que as autoridades lhe proibissem de "fazer conhecer na íntegra os próprios princípios". Isso –

---

[292] *Sendschreiben...*, cit., p. 149.
[293] *Zusatz Wieland's...*, cit., pp. 190-191.
[294] Sobre todo o episódio, cf. VORLÄNDER, K. *Immanuel Kants Leben*, Leipzig 1911, p. 183.

declarava – "é o que tenho feito até aqui (e a coisa não me desagrada em absoluto" (L, XI, p. 501: carta a Biester, de 18/5/1794). A menos de dez anos da morte, o filósofo confessa que não lhe foi ainda possível exprimir até o fundo o próprio pensamento. Uma censura ao mesmo tempo minuciosa e obtusa forçava a uma espécie de simulação também o teorizador do imperativo categórico, de uma lei moral que, segundo as interpretações correntes, por causa de sua pureza e caráter incondicional, deveria rejeitar qualquer consideração ou condescendência de natureza empírica.

É significativo que, mesmo ao frisar o rigor incondicional do imperativo da veracidade, Kant deixa aberta para si, de certo modo, uma via de saída. Sem dúvida, não há circunstância que possa justificar o recurso à mentira. Todavia, uma verdade que corra o risco de ser perigosa deve ser dita obrigatoriamente só quando não se pode "evitar a sua confissão" e no que se refere às "declarações" a que é impossível subtrair-se: também um princípio absoluto, no momento de se passar à sua aplicação aos casos concretos, abre um problema "político".[295] O rigor moral não exclui a prudência política. O preceito da moral: "Seja simples como as pombas" pode perfeitamente combinar com o preceito da política: "Seja prudente como as serpentes" (PP, VIII, p. 370). Justamente por isso, Kant declara que recorrer ao juramento, servir-se dele como de um "instrumento para extorquir a veridicidade" (*erpressungsmittel der wahrhaftigkeit*) é uma forma de *tortura spiritualis*.[296]

Significativas a esse propósito são as palavras que Nicolai põe na boca de um kantiano, envolvido em um imaginário diálogo-contraditório com o redivivo Wolff. No colóquio, esse último está interrogando o kantiano sobre os reais motivos pelos quais Kant não aceitava o recurso ao juramento:

> *Com suas eternas perguntas sobre motivos, que se julga melhor calar, o senhor quer introduzir uma coação espiritual (tortura spiritualis), a que em nossos dias nenhum filósofo vai querer submeter-se, sobretudo se aborda questões de religião e de política (staatsrecht).*[297]

---

[295] *Ueber ein vermeintes Recht aus Menschenliebe zu lügen*, 1797 (VIII, 428).
[296] *Ueber das Misslingen aller philosophischen Versuche in der Theodicee*, 1791 (VIII, 268, nota).
[297] *Neun Gespräche...*, cit., p. 123.

IV Kant secreto? 205

Na consciência da época se tornara uma espécie de lugar comum, sem dúvida por causa da pressão inquisitorial exercida pelo poder, a atitude evasiva dos intelectuais e, sobretudo, dos adeptos da filosofia crítica.

Voltando a Kant, o fato de sentir a fundo a santidade da lei moral não exige, portanto, expor-se ao perigo, sem levar em conta as relações de força realmente existentes, nem proíbe absolutamente desenvolver técnicas que permitam driblar a censura e continuar criticando o poder, sem ser atingido por seus raios. Não faltavam, aliás, discípulos que se sentiam moralmente autorizados a uma tamanha elasticidade de conduta, que não excluía a "duplicidade" em face da autoridade. É o caso de Kiesewetter, frequentador da corte, no cargo de professor de príncipes e princesas, informava ao mestre não só os perigos que o ameaçavam, mas também aquilo que ocorria por trás dos bastidores, revelando pormenores delicados e indiscretos.

Mas a "duplicidade" de Kiesewetter não parava por aí: tendo percebido, graças também às informações que recebia ocultamente, que estava sendo espionado, durante suas aulas, por alguém posto em seus calcanhares pelo implacável Wöllner, começou a frisar a perfeita concordância da doutrina moral de Kant com o cristianismo, chegando a repisar vigorosamente essa concordância em um ensaio impresso regularmente e que até dedicou ao rei! Simultaneamente assim se justificava aos olhos do mestre: "Não posso e não vou bancar o hipócrita, mas quero fazer o que puder pela boa causa" (L, XI, p. 137; carta de 3/3/1790).[298]

Pelo que consta, Kant não criticou a conduta de Kiesewetter, ao contrário, a julgar pela carta anteriormente citada, pareceria que, mesmo informado previamente daquilo que pretendia fazer o seu discípulo, não tentou dissuadi-lo: "O senhor talvez se recorde" – escreve Kiesewetter – "do que lhe disse por ocasião da minha permanência em Königsberg. Eu receava que seria obrigado a imprimir algo: aquilo que temia realmente aconteceu". Deve-se acrescentar que as garantias públicas de ortodoxia, em um momento tão difícil, servem tanto para um como para o outro. Da mesma

---

[298] Sobre este ponto: VORLÄNDER, K. *Immanuel Kants Leben*, cit., pp. 159-160.

forma, os problemas de consciência que o mestre e o discípulo tinham de enfrentar eram muito semelhantes, sem que por isso a resposta ou o tipo de resposta fossem totalmente idênticos:

> *Eu lhe asseguro, caríssimo senhor Professor* – escrevia sempre Kiesewetter –, *que algumas vezes me vi metido em uma situação, na qual tive de aplicar toda a atenção possível para evitar, por um lado, faltar à verdade e, pelo outro, revelar os meus sentimentos e assim sair prejudicado* (ibid., pp. 136-137).

De qualquer forma, entre Kant e Kiesewetter continua se desenvolvendo uma estreita colaboração. O discípulo comunicava ao mestre que "o Senhor Jesus apareceu ao rei algumas vezes" (L, XI, p. 265; carta de 14/6/1791), e pouco depois *A Religião dentro dos limites da simples razão* esclarecia que "querer perceber (*wahrnehmen*) em si influências celestes é uma espécie de louca ilusão" (R, VI, p. 174).

Nessa época, por outro lado, a propaganda contrarrevolucionária não demora a acusar os intelectuais, não só pelo caráter subversivo de sua especulação, mas também pela duplicidade com que procuram minar a ideologia e o sistema político dominantes. Fechados em seu estúdio, os intelectuais pensam logo em destruir as instituições que mostram o menor defeito. O fato é que "os escritores lidam principalmente com a perfeição exigida pela razão". Não só, são "vaidosos", e isso explica o seu ódio à nobreza: impacientes com a sua condição de anonimato, sonham em desempenhar um papel muito mais ativo e que dê mais na vista em "constituições republicanas". Afinal, são "unilaterais", "precipitados", "passionais".

Mas esses mesmos intelectuais, embora tão abstratos e destituídos de senso prático, são ao mesmo tempo acusados de terem uma conduta política astuciosa demais: constituem a força das "sociedades secretas", em cujo interior procuram desacreditar a "religião positiva" e as instituições vigentes, mas nem sempre às claras, para não afugentarem logo os mais ingênuos, mas com uma propaganda subliminar, mediante iniciações progressivas. Quem profere essa violenta acusação, em 1792, é

E. Brandes, que logo indica o remédio: é necessário que os intelectuais "fiquem longe de todas as ingerências a que não os autoriza a sua profissão". É um objetivo, aliás, não difícil de alcançar, visto que "na maior parte dos Estados, os poderosos estão agora de olhos abertos para a importância dos escritores no que tange à política".[299] É um convite ao poder para aguçar a vista, observando, à contra-luz, também textos e declarações aparentemente sem implicações políticas. Com efeito, alguns anos após, na embora relativamente tolerante e "liberal" Weimar, um conselheiro secreto podia escrever: "Nos gabinetes fala-se dos intelectuais (*schriftsteller*) mais do que se pode acreditar lá fora".[300]

Mas a vista aguçada do poder e da censura estimulava, por sua vez, o afinamento das técnicas de autocensura e dissimulação dos intelectuais. É um fato que se deve cuidadosamente levar em conta. Infelizmente, o apego aos clichês dificulta até hoje a compreensão do pensamento de Kant. Ao considerar absolutamente indigno de crédito o testemunho já visto dado por Varnhagen, e que documenta o entusiasmo do filósofo ante a notícia da proclamação da república na França, um intérprete mesmo tão agudo, como Vorländer, motiva nestes termos o seu posicionamento: "Um besto tão teatral corresponde pouco à sólida objetividade de Kant". A propósito, então, da atitude assumida pelo filósofo em face da censura e, em particular, da sua resposta à imposição de não difamar dali em diante o cristianismo, sempre o mesmo intérprete escreve que não se pode absolutamente falar de "insinceridade" (*unlauterkeit*) pessoal" em Kant, entre outras coisas, por causa ainda outra vez de seu "caráter".[301] E desse modo se fecha o círculo: um filósofo já em si alheio a entusiasmos sem reflexão não tinha, afinal, efetiva necessidade de mentir diante da censura.

Mas o círculo se fecha viciosamente. Porque, se evitamos desacreditar de modo preconceituoso e imotivado os inúmeros testemunhos a propósito, se partimos, portanto, do pressuposto da absoluta inconciliabilidade

---

[299] BRANDES, E. *Die Entstehung Republikanisch-Demokratischer Literaturströmungen in Deutschland, 1792*, em: GARBER, J. *Kritik der Revolution...*, cit., p. 1-27, *passim*.

[300] Veja a carta de C.G. VOIGT a G. Hufeland (20/10/1794), em *Fichte im Gespräch*, cit., vol. I, p. 158.

[301] *Immanuel Kant. Der Mann...*, cit., vol. II, pp. 220 e 202.

do pensamento de Kant com a ideologia dominante, então o problema real não é o de efetuar uma investigação intimista sobre a sinceridade do filósofo, para sem mais repelir qualquer suspeita a esse respeito como em contradição com o "caráter", isto é, na prática infamante em relação à imagem corrente de Kant. O problema é compreender mediante quais técnicas um filósofo que não queria ser condenado ao silêncio e que, fiel a melhor tradição iluminista, não pretendia renunciar ao "uso público" da razão, inclusive para poder contribuir com a causa do progresso, se esforçava para driblar a vigilância da censura. Os problemas de consciência de Kant estão em segundo plano, e em todo o caso confirmam como ele considerava lábil e incerto no plano objetivo, e difícil de respeitar no plano subjetivo a fronteira entre reticência e "duplicidade".

Na verdade, é necessário distinguir entre a "reticência" (*zurückhaltung*), entendida como "falta de clareza" (*offenherzigkeit*), e a "falta de sinceridade" (*Aufrichtigkeit*), que implica em sentido estrito a "falsidade" (*unwahrhaftigkeit*) na comunicação do próprio pensamento. Mas essa distinção, aqui mantida nítida, parece depois ofuscar-se na mesma carta que estamos examinando, no momento em que Kant declara que a falta de "clareza" (*offenherzigkeit*) afunda as raízes naquela "deslealdade" (*unlauterkeit*) ínsita na natureza humana (L, XI, p. 332). Por outro lado, a julgar pela já citada carta a Mendelssohn, o filósofo, embora declare que a sua reticência não chega jamais à insinceridade, admite que sua sinceridade se exprime, ou se pode exprimir, de modo "equívoco" (*zweideutig*) e até reconhece que tinha fundamento a ressalva, a esse propósito, feita por Mendelssohn (L, X, p. 69).

A "equivocidade" de que aqui se fala remete logo à "obscuridade" de que depois vai falar Fichte. A sinceridade, tal como não exclui a "equivocidade", tampouco exclui a "impenetrabilidade". A esse propósito são muito instrutivas as sugestões de Kant acerca da necessária educação da criança para a *weltklugheit*, para a prudência, a habilidade na conduta. A criança, portanto, "deve esconder-se e tornar-se impenetrável" (*sich verhehlen und undurchdringlich machen*). Impõe-se, pois, "a dissimulação" (*das dissimulieren*).

IV Kant secreto?

Pelos conselhos dados à criança, podemos certamente compreender a conduta que o filósofo era forçado a adotar, pois ele mesmo nos oferece também a chave de leitura mais adequada dos textos que escreveu. A criança, procurando tornar-se impenetrável, deve ao mesmo tempo buscar "penetrar" (*durshforschen*) os outros, evidentemente por seu turno avessos à dissimulação. O termo aqui usado sugere a necessidade de uma leitura em transparência, para enxergar além do véu de "equivocidade" e "impenetrabilidade" em que as circunstâncias objetivas forçam todo homem a se envolver. É uma operação das mais difíceis: "Penetrar (*durchforschen*) os outros é difícil, mas é necessário compreender essa arte", caso não se queira ser enganado pelas aparências.

Desfazer a "equivocidade", saber enxergar além da "impenetrabilidade", eis o problema real para o intérprete, não o da interrogação sobre o grau de sinceridade subjetiva do filósofo, para afastar logo com desdém a sombra do pecado contra a obrigação da veracidade por ele formulada. Ainda mais que é o próprio Kant que declara: "a ocultação", esse "triste fechamento", a "dissimulação [...] confina intimamente com a deslealdade" (*unlauterkeit*).[302]

No fim das contas, Kant era menos ingenuamente virginal do que o pintam alguns de seus intérpretes. A esse propósito, temos um clamoroso exemplo que nos é revelado pelo próprio *Prefácio* do *conflito das faculdades*, quando o filósofo, depois de ter reportado sua carta de resposta à dura advertência das autoridades prussianas, em que, dirigindo-se ao rei, se comprometia, "como súdito fidelíssimo de Sua Majestade", a não tratar mais de religião, revelava em uma nota que escolhera essa expressão de propósito, para que seu compromisso ficasse valendo enquanto vivo fosse Frederico Guilherme II (C, VII, p. 10). Entre as inúmeras "questões casuísticas", às quais dedica amplo espaço a segunda parte da *Metafísica dos costumes*, também se enfrenta esta: "Pode uma não verdade (*Unwahrheit*), proferida por pura cortesia (por exemplo, o 'servo fidelíssimo' no fim de uma carta), ser considerada mentira?" (*lüge*). A resposta é negativa:

---

[302] *Ueber Pädagogik* (Ak, IX, 486-487).

"Ninguém é enganado desse modo". Nesse contexto poderiam inserir-se em certa medida os protestos de homenagem e lealdade ao poder dominante. E é o próprio Kant que adverte, quando aborda outra de suas "questões casuísticas", contra o perigo do "purismo" (pedantismo no tocante ao cumprimento do dever, com relação à sua amplitude).[303]

Se justamente se teve assim o cuidado de acentuar a total sinceridade subjetiva do filósofo, e afastar qualquer suspeita de duplicidade do teórico do imperativo categórico, é outra consideração que se deve fazer. Do ponto de vista de Kant, a insinceridade reside em primeiro lugar no fato de querer simular, em matéria religiosa, certezas que não se têm, escondendo as próprias dúvidas até para si mesmos, e a seguir exigindo também dos outros análoga simulação da certeza. Por esse motivo, a essa hipocrisia se contrapõe a atitude de Jó, que não esconde as próprias dúvidas nem para si mesmo nem para Deus e que, pelo contrário, "considera um delito" adular a Deus com declarações de fé às quais não corresponde uma total e real persuasão interior.[304]

E como *pendant* polêmico à figura de Jó parece que se alude a Pascal, cujo nome não é citado explicitamente, mas a cuja "aposta" se alude indiretamente. Ater-se àquela que Kant define "a máxima de segurança nas coisas de fé", argumentando que em todo o caso não se perde nada, fazer solenes declarações de fé, para não comprometer as esperadas vantagens ultraterrenas e, sobretudo, terrenas, significa elevar "a princípio a insinceridade" (*unredlichkeit*) (R, VI, p. 188). Extorquindo as declarações de fé, o poder político e religioso quer forçar à insinceridade. Portanto, a luta para escapar a essa coerção, mesmo recorrendo à autocensura e à dissimulação, em última análise é uma luta para a defesa da própria sinceridade, uma luta para frisar o próprio direito à dúvida, para evitar ter de simular uma certeza que não se possui, e que na realidade não possuem tampouco aqueles que tão imperiosamente a exigem.

---

[303] *Metaphysik der Sitten* (Ak, VI, pp. 431 e 436).
[304] *Ueber das Misslingen...*, cit., pp. 267-271; cf. também L, X, p. 176. Sobre a interpretação da figura de Jó em Kant, SICHIROLLO, L. *Fede e Sapere. Giobbe e gli Amici. Riflessioni in Tema di Filosofia, Religione e Filosofia della Religione in Kant e in Hegel Interprete di Kant*, edição de V. Verra, Nápoles, 1981, pp. 219-266.

IV Kant secreto?

Em todo o caso, Kant deve ter sentido muito dolorosamente o problema de como conciliar o dever da veracidade com as regras de prudência impostas por uma situação política complexa e perigosa. Desse conflito íntimo dão amplo testemunho seus escritos. Particularmente significativa, a esse propósito, é a amargurada invocação inserida na segunda edição da *Religião nos limites da simples razão*, enquanto se adensavam as nuvens premonitórias do choque com as autoridades de censura:

> *Ó sinceridade! Ó tu, Astreia, que fugiste da terra para o céu, como será possível fazer que tu desças (tu que és o fundamento da consciência e, portanto, de toda religião interior) do céu novamente até nós? Posso conceder, ainda que seja muito doloroso, que não se ache, na humana natureza, a franqueza (de dizer toda a verdade que se conhece). Mas a sinceridade (que se diga com veracidade tudo aquilo que se diz), é necessário poder pretendê-la de todo homem, e se justamente não houvesse na natureza humana disposição alguma também para tal sinceridade, que só negligenciamos cultivar, a raça humana teria que considerá-la como um objeto sumamente desprezível.*

Em todo o caso, o dever de dizer a verdade, mesmo que só pela metade, é a condição mínima, indispensável, para se ter confiança no homem. Mas será deveras possível? Como se viu, o próprio Kant parece nutrir dúvidas. Mas se isso é possível, somente o é à custa de uma dura luta interior, em que nunca se pode afrouxar a vigilância. Com efeito, a veracidade,

> *essa desejada qualidade de ânimo é tal que se acha exposta a muitas tentações e exige sacrifícios; por isso, exige também força moral, ou seja, a virtude (que é necessário conquistar), a qual necessita, todavia, de vigilância, e precisa ser cultivada antes de todas as outras, porque a tendência contrária, caso se tenha deixado que deite raízes em nós, é a mais difícil de se extirpar* (R, VI, p. 190).

Deve-se perguntar se os tons de um duro e insólito pessimismo, que afloram na *Religião,* não seriam determinados, ou em todo o caso amplamente condicionados por uma situação objetiva que via, de um lado, no plano internacional, a Prússia empenhada à frente da cruzada contrarrevolucionária e, do outro, no plano interno, em relação justamente às convulsões de Além-Reno, a exasperação das disposições de censura, a ponto de impossibilitar até aquele "uso público da razão" que constitui a própria condição do pensar. Sem dúvida, como demonstração do mal radical presente no homem, Kant parece aduzir principalmente dois exemplos. Em primeiro lugar, a aparente impossibilidade de se extinguir "esse flagelo do gênero humano", a guerra, que então ameaçava a França revolucionária e, indiretamente, a luta de todo povo que pretendesse libertar-se do despotismo. O outro exemplo é o alastrar-se da mentira nas relações sociais:

> *Nosso sistema de educação, especialmente em matéria religiosa, ou melhor dizendo, em matéria de doutrina de fé,* na realidade a pressão a que recorre o poder nesse campo, *tudo isso produz seres verdadeira e interiormente hipócritas* (R, VI, p. 190).

Nas *Reflexões* fala-se explicitamente da "insinceridade dos homens" como do "mal radical" (XIX, p. 646). Segundo Kant:

> *a secreta falsidade que também se insinua na amizade mais íntima, de sorte que a moderação da confidência nos desabafos recíprocos, inclusive dos melhores amigos, é hoje inserida entre as máximas universais de prudência nas relações sociais* (R, VI, p. 33).

A veracidade continua sendo obrigação moral, mas a sociedade, com os seus sistemas de pressão, impõe de fato a hipocrisia. Por outro lado, é o próprio Kant que estabelece um nexo preciso entre o flagelo da guerra e o de uma censura opressiva e hipócrita, ao declarar que também está esperando, da conclusão da paz entre a França e a Prússia, uma margem maior de liberdade.[305]

Se no *Conflito das faculdades*, em um momento no qual o novo poder republicano está consolidado e tinha levado a Prússia à paz de Basileia, e no

---

[305] L, XI, pp. 533-534, carta do dia 4/12/1794.

IV Kant secreto? 213

país do filósofo havia diminuído a pressão da censura e da reação, a participação simpática na Revolução Francesa é a prova do progresso da humanidade, na *Religião* a grave incerteza que envolve o resultado da luta, a aparente fragilidade do novo poder republicano, abalado por dilaceradoras contradições internas e cercado por uma formidável coligação de países, que já no seu interior sufocam toda manifestação de simpatia pelas radicais transformações protagonizadas pela França. Tudo isso lança, inevitavelmente, uma sombra sobre as perspectivas de progresso da humanidade inteira.

Seja como for, é necessário levar em conta a situação real, as relações de força existentes, estar pronto para esconder o que de perigoso há na verdade, sem por isso recorrer à mentira. É uma trabalhosa busca de compromisso a que se vê forçado, não apenas Kant, mas à qual se sentem forçados, durante um período histórico, os intelectuais em geral e, sobretudo, os que ocupam posições mais progressistas.

É necessário levar em conta os problemas de consciência de Kant, sem dúvida angustiosos, para afinar a leitura do texto. Para dar só um exemplo, quando o *Prefácio* do *Conflito das faculdades* fala de Frederico Guilherme II que, nesse meio tempo, faleceu, como de uma "excelente" personalidade, mas "prescindindo de certas peculiaridades de temperamento" (C, VII, p. 5), este acréscimo logo nos recorda a técnica da reticência teorizada por Kant como instrumento para driblar a censura, sem com isso faltar ao dever de sempre dizer a verdade. Mas, do ponto de vista do intérprete atual, deve-se ter presente que esse "prescindindo", talvez de sabor irônico, esconde um elemento essencial, se não o prioritário, do juízo acerca de Frederico Guilherme II, aos olhos do filósofo responsável, ou ao menos fortemente corresponsável pelas medidas liberticidas na época do edito Wöllner, e ainda por cima sofrendo daquela *schwärmerei* por Kant denunciada de maneira constante e implacável.

A técnica da reticência, explicitamente teorizada por Kant, acaba inevitavelmente levantando complexos problemas de interpretação, inclusive no tocante àquela parte de verdade que se aceita proferir. Um clamoroso exemplo nos é oferecido a esse propósito por Erhard, um discípulo de Kant. Para evitar perseguições e afastar suspeitas, Erhard nega que tenha algum dia teorizado o direito à revolução e, a seu modo, afirma a verdade, pois, no texto citado, assim concluía o exame do texto em pauta: "O direito de fazer a revolução não pode, portanto, existir como positivo [...]".[306] Só que, em sua autodefesa, o jacobino alemão toma todo o cuidado para acrescentar (eis aí a técnica da reticência do discípulo de Kant) que, no livro em questão, depois de ter negado que haja um direito positivo à revolução, reconhecia ao povo um direito moral precisamente à revolução. A declaração acima apresentada, com efeito, continuava assim: "[...] e o problema é exclusivamente moral: não diz respeito à *lei*, mas à *legitimidade*".[307]

Erhard podia provavelmente garantir, seguindo as pegadas do próprio mestre, a si e aos outros, dizer sempre a verdade. Mas o problema é saber captá-la. Aliás, para aquele que a proferia, o problema era exprimi-la de tal modo que fosse apreendida pelos leitores mais atentos a quem se destinava a mensagem, driblando ao mesmo tempo a vigilância dos censores e das autoridades. Só assim é possível compreender a curiosa *Premissa* que abre o escrito em questão e que, embora breve, apresenta um novelo inextricável de *distinguo* e de reservas mentais. "O que afirmei, eu o considero verdadeiro." Assim, quer garantir o respeito ao dever da veracidade que conhecemos já a partir de Kant. Erhard, todavia, logo acrescenta: "[...] mas nem mais, nem menos do que se depreende de minhas palavras". Há, pois, uma chave de leitura. O texto escrito não é sem mais nem menos transparente, pois o dever de ser veraz não exclui o recurso à reticência. Isso quer dizer então que o livro intenciona contrabandear conteúdos misteriosos e subversivos? Nada disso – assegura logo Erhard que, ao afastar de si uma suspeita que poderia tornar-se perigosa, não hesita em comparar-se a uma cândida educanda, todavia não sem uma pontinha de risonha ironia:

> *Se alguém, portanto, acreditasse adivinhar no texto alusões ou pensamentos ocultos, deveria agradecer apenas à própria fantasia ou à*

---

[306] *Ueber das Recht...*, tr. it. cit., p. 73.

[307] *Ibid.*; que esse em todo o caso era o ponto central não escapava ao recenseador do livro de Erhard no *Philosophisches Journal*: 1795, n. I, 4, p. 379. Sobre a autodefesa de Erhard, e sobre a reticência que a caracteriza, remetemos ao já citado *Poscritto*, de H.G. Haasis.

> *impropriedade da minha linguagem, e eu me sentiria como uma garota que enrubescesse pelos duplos sentidos que uma pessoa poderia, com espírito arguto, atribuir às suas castas palavras.*

Mas o fato de poderem aflorar duplos sentidos, o fato de ser necessário prestar atenção para não ler no texto nada de mais, mas também nada de menos do que nele está efetivamente contido, tudo isso não significa que a formulação dos seus escritos é obscura e incompreensível? Respondendo a essa imaginária objeção, Erhard conclui de modo galhofeiro: "Almejo apenas que aquele que os acha incompreensíveis, não queira refutá-los, e quem os refuta, não possa compreendê-los".[308]

Podemos fazer ainda uma outra observação, partindo de uma carta de Fichte à mulher:

> *Na carta que você está recebendo pelo correio eu lhe escrevo só as coisas que todos podem saber, porque sei, com certeza, que vão abri-la. Eu lhe escreverei, porém, muitas vezes pelo correio, para o seu endereço, e lhe peço também que você me responda da mesma forma, pelo correio, naturalmente sempre para coisas que todos podem saber. E me faça chegar por essa via também outra correspondência não importante [...]. Mais abaixo lhe comunicarei um endereço secreto.*[309]

Ficamos por aqui, embora na carta em questão existam outras interessantes pistas sobre as precauções tomadas por Fichte para fugir da censura e da repressão do poder dominante. Deve-se, porém, ter sempre em conta que Fichte manda entregar a carta, com seus conselhos comprometedores, não pelo correio, mas através de uma terceira pessoa (trata-se nesse caso de L. Tieck).

A um sistema semelhante parece ter recorrido o próprio Kant, pelo menos a julgar por uma carta que lhe mandaram: o interlocutor, que há pouco voltara de Paris, visitada na "época principal da sua história", isto

---

[308] *Ueber das Recht...*, tr. it., cit., p. 40.
[309] Carta do dia 6/7/1799, em *Briefwechsel*, cit., vol. II, p. 132.

é, na época iniciada em 14 de julho de 1789, depois de ter manifestado desapontamento por não ter recebido na França carta alguma de Kant (extraviaram-se, ou então o filósofo não se preocupara em mandar entregá-las "pelos seus – isto é, do próprio Kant – amigos na Alemanha?".), pedia de novo ao filósofo que lhe escrevesse, sempre através dos "seus amigos em Berlim" (L, XI, pp. 216 e 227). Parece, pois, que em relação a certas cartas Kant preferia mandar entregá-las não pelo correio, mas através de pessoas de confiança. E não é casual que justamente um discípulo seu reivindique, embora com expressões marcadas por enorme cautela, "o direito ao sigilo epistolar".[310] Se era tão vigiada e submetida a uma atenta autocensura, a escrita da correspondência privada, muito mais deveria sê-la a das obras destinadas ao público.

Voltemos por um átimo a Wieland que, depois de ter afirmado o direito dos "intelectuais cosmopolitas" a uma zona de segredo, admite "falar francamente alguma coisa" (*etwas... ausschwatzen*) daquilo que sabe e pensa da Revolução Francesa.[311] Sabemos que ele se distanciou da radical mudança que ocorreu em Paris. Mas o quadro que emerge das suas opiniões políticas a partir da correspondência privada apresenta, ao menos nesse momento, não poucos traços divergentes dos escritos destinados ao público. Ainda em 1794, Wieland se diz "totalmente conquistado" por Fichte, isto é – veja bem –, pelo autor das *Contribuições*, enaltecido como "um dos primeiros homens que atualmente vivem neste mundo", "uma das cabeças mais agudas e lúcidas do nosso tempo". Wieland também registra, aparentemente sem se escandalizar, o "universal espírito revolucionário" que se difundia na juventude estudantil, graças também a Fichte. Aliás, espera desse último, ulteriores estímulos à "revolução em ato", mas, é claro, só "nas cabeças dos nossos contemporâneos".[312]

---

[310] ERHARD, J R. *Uober das Recht...*, tr. it. cit., p. 54. Uma alusão ao problema em tela também se acha na correspondência entre Hegel e Schelling: veja a carta do primeiro ao segundo, de 24/12/1794, em *Briefe*, cit., vol. I, p. 13.

[311] *Zusatz Wieland...*, cit., p. 191.

[312] Carta de Wieland a Reinhold, de 19/V e de 27/6/1794, em *Fichte im Gespräch*, cit., vol. I, pp. 98 e 126. Fichte se distanciou só mais tarde e a partir da "mística egoísta e alcoolizada" que teria presidido à construção da *Doutrina da ciência*. Veja, a propósito, a carta de Wieland a Reinhold, de 5/6 de abril de 1798,

IV Kant secreto?

Vivendo em Weimar, cercado de muito prestígio, Wieland não se vê forçado a ser tão cauteloso na correspondência privada, como Kant ou Fichte. Mas a autocensura não se acha decerto ausente nos escritos destinados ao público. Não é casual que, ao polemizar com o diretor do *Teutscher Merkur* (Wieland) por sua condenação do jacobinismo, um interlocutor[313] lamenta o fato de que a censura alemã dificulta o confronto das ideias. Escrevendo de Kiel, no Schleswig-Holstein, então sob administração dinamarquesa e em condições de liberdade, ou pelo menos de tolerância, desconhecidas na Alemanha,[314] esse interlocutor parece estar consciente da ambiguidade que a difícil situação objetiva inevitavelmente projeta sobre as declarações de Wieland. O fato de ele tomar distância da virada jacobina da Revolução Francesa é inegável. Todavia, para avaliar devidamente as coisas em seu real alcance, deve-se levar em conta o fato de que, por sua explícita admissão, exatamente como Kant, não diz tudo aquilo que pensa, mas admite "dizer francamente" em público apenas uma parte do próprio pensamento. O intérprete atual não pode ignorar o dado objetivo da autocensura. E isso, ainda que na diversidade das posições políticas e filosóficas, vale tanto para Kant como para Wieland, bem como para seus contemporâneos.

2. Três tipos de compromissos com a censura e com o poder

Depois da pesada intervenção das autoridades prussianas, o argumento principal de Kant para se justificar é que o seu ensinamento se faz incompreensível para o grande público, pois se destinava exclusivamente aos

---

em *Fichte im Gespräch*, cit., vol. I, pp. 497-498.

[313] O interlocutor é Ehlers (ou Eggers, como está escrito na edição dos *Werke* por nós utilizada). Dos posicionamentos de Wieland no curso de sua polêmica com o professor de Kiel, já nos ocupamos. É significativo, seja como for, que Wieland acolha na revista por ele dirigida também a carta polêmica de Ehlers: veja RAMBALDI, E. *La Crisi dell'illuminismo Tedesco di C.M. Wieland di Fronte alla Rivoluzione Francese*, em *Acme*, 1966, p. 315.

[314] Sobre as condições de tolerância no Schleswig-Holstein (onde não por acaso publicam as suas obras Rebmann e outros jacobinos) até o edito reacionário de 1799, AA.VV. (direção de H.G. Thalheim), *Geschicht der deutschen Literatur*, vol. VII, Berlin, 1978, p. 51.

fakultätsgelehrte e escrito como estava em uma linguagem que só eles tinham condições de compreender. Mas nas faculdades universitárias deveria ser permitida aquela liberdade de investigação que era, sem dúvida, inadmissível "nas escolas, nos púlpitos e nos escritos populares".[315] Certamente, trata-se de uma consideração que se coloca nos trilhos da distinção entre "uso público" e "uso privado" da razão, mas, justamente por isso, sugere também uma espécie de compromisso. Nesse caso, em troca da liberdade de pesquisa, os intelectuais aceitavam exercer um autocontrole sobre as suas obras, embaçando a transparência da linguagem e restringindo assim a sua influência. No âmbito desse compromisso, dá-se até o caso de um jornalista e escritor, que simpatiza com a França revolucionária e com os jacobinos, mas escreve em latim, com o intuito declarado de afastar do debate sobre esses argumentos aquele que ele define como o *profanum vulgus*, pelo fato de que esse poderia correr o risco de "compreender mal" todo o discurso[316] (ou melhor, compreender até bem demais e ser tentado assim a imitar, na Alemanha, aquilo que já acontecera na França).

Parece às vezes que o compromisso em questão vai entrar em crise. Por um momento, o jovem Schelling, em uma obra toda perpassada pelo *pathos* da liberdade, parece querer recusar as regras do jogo:

> *No futuro, o sábio nunca mais buscará refúgio nos mistérios, para ocultar aos olhos profanos os seus princípios fundamentais. É um crime contra a humanidade esconder os princípios que são universalmente participáveis.*

Mas eis que as *Cartas filosóficas* continuam assim:

> *No entanto, a própria natureza fixou limites à participabilidade: ela conservou para aqueles que são dignos disso uma filosofia esotérica por si mesma, pois não pode ser aprendida nem mecanicamente*

---

[315] Essa carta foi mais tarde republicada por Kant, quatro anos depois, no *Prefácio* do *conflito das faculdades* (C, VII, p. 8).

[316] Trata-se de E.L. Posselt, diretor dos *Europäische Annalen* e autor de um *Bellum populi gallici*, em que condenava a guerra de agressão das potências feudais; cf. HOCKS, P. e SCHMIDT, P. *Literarische und Politische Zeitschriften*, 1789-1805, cit., p. 66.

IV Kant secreto? 219

> *repetida por ocultos inimigos e espiões (geheime feinde und ausspäher), para os quais está destinada a permanecer como um "enigma eterno".*³¹⁷

Aqui, o esoterismo é explicitamente teorizado como instrumento para driblar a vigilância do poder; mas, inevitavelmente, o discurso filosófico no fim das contas se tornava incompreensível também aos olhos do grande público, e isso constituía um elemento tranquilizante para o próprio poder.

Quando Fichte, acusado de ateísmo, se dirige diretamente, em sua *appelation*, ao grande público, questiona, pelo menos aparentemente, as bases do compromisso entre os intelectuais e o poder, e tem de pagar por isso as consequências. É justamente o tom agitador que, nessa ocasião, faz Goethe torcer a boca. E censura Fichte por ter se afastado demais, na exposição do seu pensamento, das "expressões tradicionais", da "linguagem tradicional" (*gewöhnlicher sprachgebrauch*).³¹⁸ O poeta que alguns anos antes, na correspondência, reivindicara o seu "decidido paganismo" e criticara a teoria kantiana do mal radical como inoportuna concessão à ideologia dominante,³¹⁹ convidando agora à moderação e, de certo modo, à autocensura, não está em contradição consigo mesmo. Pois certas verdades podem ser reveladas "só aos sábios", não à "massa" incapaz de compreendê-las e apreciá-las.³²⁰ Mais tarde, Heine observará que Goethe:

> *no fundo desaprova Fichte somente por ter dito o que pensava e por não tê-lo dito nos usuais termos eufemísticos. Ele não reprova o pensamento, e sim as palavras.*³²¹

---

³¹⁷ *Philosophische Briefe...*, cit., p. 341 (tr. it. cit., pp. 99-100).

³¹⁸ Veja-se a nota de diário e a carta a W. v. Humboldt, do dia 16/9/1799, em: *Fichte im Gespräch*, cit., II, pp. 156 e 229.

³¹⁹ Veja-se a carta a F.H. Jacobi (7/7/1793) e aos cônjuges Herder (7/6/1793), em *Briefe*, cit., vol. II, pp. 170 e 166.

³²⁰ *Sagt es Niemand, nur den Weisen/Weil die Menge Gleich Verhöhnt*: é o início de *Selige Sehnsucht* no *West-östliche Divan*.

³²¹ *Zur Geschichte der Religion und Philosophie in Deutschland*, em H.H., *Sämtliche Schriften*, edição de K. Briegleb, Munique, 1971-1976, vol. III, p. 617 (tr. it. em: *La Germania*, edição de P. Chiarini, Bari, 1972, p. 291).

É a linguagem de agitador que deixa com o cenho franzido personalidades bem distantes do zelo ortodoxo. Por exemplo, Schiller, depois de ter convidado Fichte a uma linguagem mais comedida, acrescenta ser difícil pensar que na Alemanha possa ser perseguida "uma opinião teórica exposta em uma obra douta para doutos".[322] Mas já anteriormente Wieland que também vimos admirar o autor das *Contribuições*, expressa fortes dúvidas quanto à linguagem que as caracteriza: "Os poderosos e os privilegiados" não podem suportar que alguém lhes diga a verdade na cara com tamanha crueza. Não há o perigo de que essa violência verbal acabe "arruinando o jogo" dos outros intelectuais?[323]

Os limites da liberdade de investigação estão assim determinados com grande precisão, mas são justamente os limites que o explodir da Revolução Francesa levava Fichte a ultrapassar. Limitar-se a escrever "obras doutas?". Mas em 1793 Fichte precisamente ironiza aqueles "doutos senhores" que, "assim que se lhes apresenta algo escrito com alguma vivacidade [...], logo o rejeitam, aplicando-lhe o epíteto de 'declamação'. Autolimitar-se de antemão para ser ouvido somente pelos doutos?". Fichte, porém, havia declarado, nesse mesmo ano, que desejava "entregar com algum calor" as suas ideias ao "público menos culto".[324] Não lhe basta que "alguns poucos espíritos eleitos saibam aquilo que é digno de se saber, e que poucos entre esses poucos ajam em conformidade". Enquanto se limitar a falar sobre certos assuntos "com gente da profissão e segundo a forma prescrita", não se terá dado um grande passo à frente, pois é necessário envolver no debate político "a mãe que passou pelas dores do parto e pelo duro trabalho da educação dos filhinhos, o soldado encanecido entre os perigos da guerra, o laborioso camponês".[325]

Ao se deflagrar a polêmica sobre o ateísmo, Fichte mostra estar consciente do que se acha de fato em jogo: a perseguição que o prejudicaria não era motivada pela defesa da ortodoxia religiosa, mas pela necessidade de

---

[322] Carta de Schiller a Fichte (Jena, 26/1/1799), em: FICHTE, J.G. *Briefwechsel*, cit., vol. II, p. 2.
[323] Carta de Wieland a Reinhold, 25/1/1794, em: *Fichte im Gespräch*, cit., vol. I, p. 82.
[324] *Zurückforderung...*, cit., p. 3 (tr. it. cit., p. 3).
[325] *Beitrag...*, cit., p. 40 (tr. it. cit., p. 44).

forçar ao silêncio "um livre pensador, que começa a se tornar compreensível (a sorte de Kant era a sua obscuridade)",[326] Em troca de um mínimo de liberdade, acadêmica e científica, a obscuridade é o preço exigido pelo poder, e se não fosse suficiente, o preço ficaria ainda mais alto, o silêncio sobre temas que poderiam sem dúvida perturbar a ordem pública.

> *Portanto* – prossegue Fichte sempre com a mesma clareza –, *na publicação destinada ao público eu deveria ficar totalmente calado sobre temas semelhantes, para que me deixem em paz.*[327]

A essa altura, o filósofo, identificando a sua missão em primeiro lugar como atividade em prol da transformação da realidade, parece questionar o compromisso a que se viam forçados os intelectuais de seu tempo, mesmo os mais progressistas. Mas trata-se apenas de um átimo, dado o próprio Fichte declarar que "em todas as épocas a grande massa é ignorante, cega, impermeável às ideias novas". Desse modo, indiretamente se oferece ao poder dominante a garantia de que a filosofia não extrapolará o círculo acadêmico.

Aliás, de modo explícito, o texto que leva o título militante e inaudito de *Apelo ao público*, acaba propondo de novo o compromisso da obscuridade que, no entanto, fora criticado em Kant. Dirigindo-se aos "homens de Estado" que, obviamente, "não se interessam nem por religião nem por ciência, mas só pela manutenção da tranquilidade e da ordem pública", Fichte faz um discurso que se poderia assim resumir: vocês temem que a nova filosofia possa ser perigosa. Pois bem, deixemos de lado toda a discussão sobre o conteúdo, mas como pode ser de fato perigosa uma filosofia que, ao menos nesse momento, não tem como influir sobre "o modo de pensar da grande massa", e cujas proposições são "incompreensíveis" (*unverständlich*) até para aqueles que as põem debaixo de acusação, proposições que "nem podem ajudar nem prejudicar alguém?".[328]

---

[326] FICHTE, J.G. *Briefwechsel*, cit., vol. II, p. 105; grifado no texto.
[327] *Appelation an das Publikum*, 1799, em: *Fichtes Werke*, cit., vol. V, p. 200.
[328] *Ibid.*, pp. 197 e 226.

Como se vê, a defesa de Fichte nesse texto não difere muito daquela que vimos assumida por Kant depois que ouviu uma dura chamada à ordem por Frederico Guilherme II e seu ministro. Fichte acabaria também por limitar o círculo de influência de seu ensinamento aos *Fakultätsgelehrte*. E assim, depois de ter identificado na "obscuridade" aquilo que protegia Kant dos raios do poder dominante, desfralda, por sua vez, o caráter "incompreensível" da nova filosofia como a garantia com a qual o poder dominante deveria também ficar tranquilo.

Essa garantia é, ao mesmo tempo, um instrumento de defesa. O filósofo não fala às massas, mas justamente por isso não pode ser julgado pelos que não entendem do assunto. Acusam Fichte de ateísmo? Mas, é óbvio, quem formula essa acusação não tem a menor familiaridade com a "linguagem" (*sprachgebrauch*) filosófica. Pareceria surpreender-se quase uma polêmica com Goethe, quea cusou Fichte, na já citada carta a Humboldt, de se ter afastado da "linguagem tradicional". A afirmação: "Vocês devem ater-se à linguagem tradicional" (*gewöhnlicher sprachgebrauch*) – declara Fichte – equivale substancialmente a esta: "Vocês devem ficar apegados ao modo de pensar tradicional, não devem introduzir inovação alguma".[329]

Mas, apesar desse viés polêmico, o filósofo de retórica jacobina de fato mostra ter assimilado a lição do poeta e homem de mundo: teorizando para a filosofia uma linguagem rigorosamente especializada, aliás, substancialmente esotérica, restabelece, também no nível da linguagem, aquela barreira entre intelectuais e massas, sobre cujo respeito se baseava o compromisso entre intelectuais e poder, e cujo respeito precisamente Goethe pedira a Schiller.

E, retornando ao respeito pela regra da obscuridade, Fichte recorre a outro método caro a Kant, a saber, o uso da reticência. Voltemos por um instante ao *Apelo ao público* e ao discurso que Fichte dirige aos "homens

---

[329] *Aus einem Privatschreiben (im Jänner 1800)*, em *Fichtes Werke*, cit., vol. V, pp. 381-385. De resto, no auge da polêmica sobre o ateísmo, a revista dirigida por Fichte, e por Niethammer, publicava um artigo que, reivindicando a liberdade de expressão para os intelectuais, justificava-a nestes termos: "O intelectual está suspenso, como os deuses, em uma região superior, sem tocar ativamente (*thätig*) o terreno da vida política e eclesiástica" (*den Boden des Bürgerthums und Kirchenthums*); cf. *Ueber Bücher-Censur*, no *Philosophisches Journal*, 1800, X, p. 183.

de Estado": vocês pintam com tintas sombrias a nossa época e lançam a responsabilidade por essa situação sobre a filosofia. Antes de repelir essa acusação, argumentando, como já se viu, ser impossível que produza consequências de tamanho alcance uma filosofia que se torna "incompreensível" para quase todo o mundo, Fichte faz previamente esta observação altamente significativa: no que tange ao juízo que vocês formulam sobre a nossa época, "não pretendo nem subscrevê-lo nem rejeitá-lo".[330] Um seco: *no comment*! Mas certamente era muito difícil, se não impossível, que pudesse subscrever um juízo como esse, que, com suas ladainhas sobre a decadência e a corrupção dos costumes, queria condenar em bloco o mundo que surgiu com a Revolução Francesa, um filósofo que, poucos anos antes, fazia coincidir, como vimos, o fim do "antigo obscurantismo" com a revolução, ou até com o advento da república.

Nesse caso, a reticência, explicitamente declarada, é mais ingênua. Ainda não alcançou o nível de refinamento a que foi levada por Kant, após décadas de intimidade com os problemas e ajustes que ela comportava. E, todavia, Fichte também deveria ter uma certa intimidade com a técnica da reticência, se já em 1793, falando aos príncipes, podia declarar: é inútil que vocês se cansem inquirindo com todos os meios a nossa consciência; pois aí é que "teremos o máximo cuidado para não trair a nossa incredulidade".[331]

Vimos, em todo o caso, que esse mesmo filósofo, que denuncia o compromisso da obscuridade, é mais tarde forçado a respeitar as regras. Aliás, Fichte vai sofrer um destino singular. Depois de ter contado com o auxílio decisivo da França para modificar profundamente a situação na Alemanha e introduzir uma real liberdade de expressão,[332] justamente durante a ocupação napoleônica, vê-se forçado a afinar ainda mais a técnica do discurso obscuro e alusivo, para driblar a vigilância da censura. Assim o demonstram os *Discursos à nação alemã*, nos quais, para denunciar a opressão nacional da Alemanha pelos franceses, chamam-se, em causa,

---

[330] *Appelation*..., cit., p. 226.
[331] *Beiträge*..., cit., p. 404 (tr. it. cit., p. 285).
[332] Veja-se a carta a Reinhold, de 22/5/1799, em *Briefwechsel*, cit., Vol. II, p. 104.

primeiramente os romanos e as legiões de Varo. Uma precaução linguística certamente necessária, mas que o próprio filósofo receava que poderia revelar-se insuficiente...³³³

Por um bom tempo os intelectuais alemães oscilaram entre dissimulação e autocensura. O problema ocorre em Herder que, não por acaso, prefere posicionar-se sobre a Revolução Francesa de forma não muito comprometedora, relatando de modo aparentemente neutro, os vários posicionamentos dos diversos interlocutores que animam as páginas das *Cartas para o progresso da humanidade*. O editor, frisa a *Vorrede*, não responder pela opinião de nenhum dos seus amigos.³³⁴ E, provavelmente, deixou-se de lado o Prefácio porque, expondo assim tão explicitamente sua posição, parecia mais apto a atrair do que a afastar as suspeitas, a desvelar mais do que a camuflar o sentido político de toda a operação. Em todo o caso, sobre tal sentido não deixa dúvida uma carta, mais ou menos contemporânea, em que Herder esclarece explicitamente, em forma privada, aquilo que preferira passar por alto em público, isto é, graças à forma epistolar escolhida para sua intervenção, não podia vir a ser considerado "propriamente responsável por nenhuma das opiniões expressas". O problema será mais tarde formulado em sua dimensão mais geral em uma carta, sempre do mesmo ano:

> *Que tempos estranhos! Não se sabe o que se pode escrever e, no entanto, dificilmente uma pessoa honesta sabe com toda a franqueza o que deve escrever.*³³⁵

---

[333] Em carta a K.F.v. Beyme, de 2/1/1808, escreve Fichte: "Sei muito bem o risco que estou correndo, sei que o chumbo pode também me acertar [...]" (*Briefwechsel*, cit., vol. II, p. 500).

[334] HERDER, J.G. *Sämtliche Werke*, cit., vol. XVIII, p. 305.

[335] Carta de Herder a Heyne, de 7 de agosto e de março de 1793, relatada por HAYM, R. *Herder*. Halle, 1885; citamos a partir da reimpressão de W. Harich, Berlim, 1954, vol. II, p. 519. Sobre a autocensura de Herder, vejam-se também as páginas 508-509 e VERRA, V. *Herders Revolutionsbegriff*, em: *Deutsche Klassik und Revolution*, cit., pp. 117-120. A um expediente análogo ao de Herder recorre também Wieland que, na revista por ele dirigida, não hesita, como vimos, em publicar intervenções defendendo incondicionalmente a Revolução Francesa, intervenções depois acompanhadas de um comentário ou de uma resposta que exprimem distanciamento.

IV Kant secreto?

Sempre na onda da Revolução Francesa, o problema vai se apresentar de novo ao jovem F. Schlegel, que escreve assim ao irmão A. Wilhelm, em janeiro de 1796: "Graças ao céu, falar da política grega não envolve perigo algum [...]. A obscuridade da abstrata metafísica me protegerá. Quando se escreve para filósofos, pode-se ser incrivelmente audacioso, antes que algum policial o perceba, ou até simplesmente compreenda a audácia"[336]. Desse modo, a celebração da Grécia clássica mal dissimulava a da França que surgiu com a Revolução.

Podemos agora concluir sobre um ponto: o primeiro tipo de compromisso entre os intelectuais e o poder dominante é a obscuridade. O poder dominante garante um mínimo de "uso público" da razão, e os intelectuais, mediante cuidadosa autocensura, o que torna seu discurso sinuoso e difícil de compreender. Por um lado, driblam a vigilância do poder e, por outro, lhe fazem uma concessão real, pois de antemão limitam drasticamente a esfera de influência das suas teorias. Esse compromisso, do ponto de vista de Kant (e de Fichte), não fere o imperativo da sinceridade, pois como se sabe, proíbe a mentira; todavia não obriga a revelar a totalidade do próprio pensamento. É um tipo de compromisso que está nos fatos, mais do que regularmente estipulado, embora algumas vezes, como vimos, seja teorizado de modo bastante explícito.

Todavia nunca desaparece de todo sua ambiguidade de fundo: às vezes serve principalmente para restringir o âmbito do debate, outras vezes para driblar a vigilância das autoridades. Ou seja, está em função de uma espécie de contrabando de ideias perigosas e subversivas. Se conseguimos desfrutar de certa liberdade de expressão – declara Fichte em tom desafiador, em 1793, dirigindo-se às cortes alemãs –, é só "porque vocês não se dão conta disso, nem seus controladores".[337]

Um edito prussiano de 1788 ameaçava punir os escritores que procurassem mediante engodos (*erschleichen*) o *nihil obstat* para a impressão.[338]

---

[336] Em: WEILAND, W. *Der junge Friedrich Schlegel oder die Revolution in der Frühromantik*, Stuttgart, 1968, p. 20.
[337] *Beiträge*, cit., p. 100 (tr. it. cit., p. 111).
[338] DILTHEY, W. *Der Streit Kants...*, cit., p. 290.

Um artigo publicado em 1798 no *Philosophisches Journal* – a revista dirigida por Fichte –, sustentava a necessidade de abolir a censura, argumentando, entre outras coisas que, em todo o caso, era tão ineficiente enganada como era precisamente pelo "contrabando" (*Schleichhandel*), por toda uma série de técnicas astutas, que possibilitavam escapar da vigilância dos "aduaneiros das ideias" (*Ideenvisitatoren*). Nessa "política do contrabando" (*schleichpolitik*),[339] seguida pelos intelectuais alemães, insere-se fora de dúvida também a "obscuridade" kantiana e a filosofia clássica alemã. Para usar as palavras de Mehring:

> *Em uma comédia histórica universal, o bastão do cabo prussiano impeliu a filosofia alemã para alturas sempre maiores, até que trocou por um inócuo camelo ou por uma doninha aquilo que era uma nuvem repleta de tempestade.*[340]

Outras vezes a busca do compromisso assume a forma da adaptação. Quanto à difusão da doutrina de Cristo, assumido também como o modelo de comportamento moral, Kant faz esta observação:

> *É também natural, aliás, que, a fim de ganhar para a nova revolução os partidários da velha religião, ela seja interpretada como o antigo ideal, que agora se cumpriu, daquilo que na velha religião, era o objetivo da Providência* (R, VI, p. 84).

Portanto, a afirmação da continuidade entre o Antigo e o Novo Testamento é acima de tudo um acordo tático.

Deve-se perguntar, a essa altura, se o comportamento atribuído a Cristo não seria o adotado por Kant. É o que leva a pensar outra passagem da *Religião,* em que, a propósito do necessário recurso à interpretação moral da Bíblia, se afirma:

---

[339] *Ueber Bücher-Censur*, no *Philosophisches Journal* 1798, vol. X, I, p. 4.
[340] *La leggenda di Lessing*, tr. it. de E. Cetrangolo, Roma, 1975 (2ª ed.), p. 343.

> *Embora essa interpretação, referida ao texto (da Revelação), nos possa parecer forçada, e o ser muitas vezes também realmente, se é apenas possível que esse texto o admita, deve-se preferir essa a uma interpretação literal [...].* (R, VI, p. 110; grifo nosso)

Aqui a autocensura consiste em não esclarecer, em manter na obscuridade o caráter de ruptura, ou mesmo de radical novidade, da nova visão religiosa em face da tradicional e dominante. Também nesse caso, do ponto de vista de Kant, se trataria apenas de um silêncio moralmente lícito. Seja como for, também aqui, a autocensura representa uma real concessão ao poder dominante, pelo fato de renunciar, pelo menos com relação ao vasto público, a contestar, e até despedaçar a ideologia dominante.

Desse modo, ainda continuando com a *Religião*, depois de ter afirmado que, em confronto com o judaísmo, o cristianismo "produziu uma religião total", prossegue assim:

> *O esforço que fazem os doutores do cristianismo, ou a que se entregaram desde o princípio, a fim de estabelecer um vínculo entre esses dois credos, querendo sustentar que a nova fé era simplesmente a consequência da antiga, que teria contido, sob a forma de prefigurações, todos os acontecimentos da nova, nos mostra, com muita clareza, que para eles se trata ou se tratava, no caso, apenas de encontrar o meio mais hábil para introduzir uma religião moral pura no lugar de um culto antigo, sem ofender justamente os preconceitos do povo, também muito fortemente habituado a esse culto* (R, VI, p. 127).

Ao ler tudo isso, é difícil subtrair-se à sugestão de se estar diante da descrição dos métodos usados por Kant para introduzir a interpretação moral da Bíblia em vez da literal, tradicional, certamente sem chocar muito o povo, mas sobretudo, sem chocar demais o poder dominante.

Logo vem à mente a resposta que o filósofo dá ao severo chamado das autoridades prussianas. *A religião dentro dos limites da simples razão* constitui uma difamação do cristianismo e da "religião de Estado" (*öffentliche landesreligion*)? Ao contrário, pois "o livro em pauta contém o mais alto elogio ao cristianismo", demonstrando o seu acordo com "a mais pura fé moral racional" (C, VII, pp. 8-9). Mas como o contraste entre judaísmo e cristianismo era ocultado – segundo a análise de Kant –, fazendo o primeiro "prefigurar" o conteúdo central do segundo, assim o contraste entre "fé moral racional" e religião dominante, é ocultado mediante a interpretação moral que introduz os conteúdos da "fé moral racional" no cristianismo, à qual apelam os próprios guardiões da ortodoxia oficial.

Tem o mais alto interesse, a esse respeito, o intercâmbio epistolar entre Fichte e Kant. O primeiro informa ao segundo que ficou retido nas malhas da censura por ter negado que a fé religiosa possa fundar-se racionalmente sobre os milagres que, como tais, não são demonstráveis. No máximo, pode o milagre servir como instrumento auxiliar para levar pessoas um tanto fracas à fé, e deve ser considerada válida na medida em que se funda na razão. Esta consideração – precisa Fichte – eu acrescentei em uma nota e é a única "atenuação" (*milderung*) que achei por bem acrescentar à "tese" (*satz*) acima exposta. É importante refletir sobre o significado dessa distinção-contraposição. Parece que de um lado se acha uma proposição propriamente teórica (a razão como o único *criterium veritatis*) e, do outro, uma concessão de caráter fundamentalmente prático (o valor que o milagre pode assumir subjetivamente), com o intuito de aquietar ou amansar as autoridades censoras. Mas elas não se acham de todo satisfeitas: será possível fazer alguma coisa – pergunta Fichte ao seu interlocutor e mestre – para reduzi-la a conselhos menos duros?

A resposta vem com rapidez insólita. Que seja a razão o critério de verdade e que, por conseguinte, "a religião não pode conter artigos de fé que não sejam tais também para a simples razão pura", é uma afirmação "totalmente pacífica" (*ganz unschuldig*). Kant declara compartilhar a "tese fundamental" (*hauptsatz*), contida na carta que recebeu. E aqui se deve parar por um instante: como Fichte distinguia entre "tese" e "atenuação", assim também Kant não pensa, de modo algum, em por no mesmo nível as duas partes de que consta a argumentação do seu discípulo, mas distingue, em vez disso, uma tese principal, evidentemente em face da outra que se há de considerar secundária, e ditada ainda, uma vez, pelo objetivo eminentemente prático de obter aprovação ou driblar a censura.

IV Kant secreto?

Essa, no entanto, continua se mostrando intratável e exigindo o "reconhecimento da verdade objetiva", histórica, dos milagres narrados nos textos sagrados, insistindo na interpretação "literal" (*nach dem buchstaben*), não moral, portanto, das passagens em questão. Que fazer, então? "Restar-lhe-ia ainda um caminho" – escreve Kant a Fichte – "para por de acordo o seu escrito com as ideias (que ainda não conhecemos até o fundo) do censor". Aqui é claramente sugerida uma "atenuação" na atenuação, uma "concessão" na concessão, sempre no intuito de driblar a censura. Não por acaso Kant lhe pede que não mencione o seu nome nem abertamente, nem "de modo oculto, com alusões".

Não se pode escapar do tom de circunspecção, de cautela, até de mistério, que envolve todo o trecho. Seja como for, o "caminho" sugerido é este: poder-se-ia distinguir entre "fé *dogmática*, acima de qualquer dúvida" (com uma expressão – acrescentamos nós – que para a censura deveria resultar tranquilizadora e positiva, mas com um tom irônico de fundo que não deveria escapar aos leitores mais atentos) e uma fé "*puramente* moral". É aceita sem dificuldade, nos relatos miraculosos contidos no texto sagrado, tudo aquilo que pode servir para o "aperfeiçoamento interior", e desejaria também capacitar-se da veracidade do conteúdo histórico, ao menos "na medida em que pode igualmente contribuir" para o aperfeiçoamento interior, mas não é capaz [...]. Talvez o censor pudesse ficar satisfeito com tudo isso. Com efeito, o "involuntário *não crer*" ou não chegar a crer, (*unvorsätzlicher Nichtglaube*), não pode ser equiparado à "*incredulidade* voluntária" (*vorsätzlicher unglaube*).[341]

Como se vê, dada a necessidade de fazer passar por entre as malhas da censura uma "tese fundamental" (nesse caso por em dúvida o valor histórico dos relatos bíblicos de milagres), recorria-se a "atenuações" de caráter não só linguístico, mas teórico (é difícil distinguir entre as meramente instrumentais e aquelas que de algum modo fazem parte do próprio pensamento do filósofo). Seja como for, o todo contribui para suavizar as asperezas, a potencial carga subversiva de certas afirmações. E isso, já *de per si*, constitui uma importante concessão ao poder dominante.

---

[341] Carta de Fichte a Kant, de 23/I/1792, e de Kant a Fichte, de 2/2/1792, em: FICHTE, J.G. *Briefwechsel*, cit., vol. I, pp. 217-220.

Ainda nessa carta, Kant sintetiza5 em uma fórmula a atitude que se há de assumir ante uma censura, de modo algum disposta a deixar passar uma interpretação do cristianismo que ponha em dúvida, ou pior, conteste a realidade histórica dos milagres. Eis a fórmula: "Eu creio, Senhor amado (isto é, eu o presumo de bom grado, embora não consiga demonstrá-lo satisfatoriamente nem a mim nem aos outros), mas ajuda minha incredulidade!". Essa mesma exclamação é a que vamos encontrar pouco mais tarde, em um texto impresso, na *Religião*. A fórmula é repetida ao pé da letra: *Ich glaube, lieber Herr, hilf meinem Unglauben!* (R, VI, p. 190). Saiu apenas o parêntesis que evidentemente tinha valor explicativo e que, com uma espécie de reserva mental, limitava drasticamente o sentido daquele crer que, no entanto, era afirmado. Claro que esse parêntesis foi suprimido em um texto destinado ao público. Mas, em compensação, aqui aparece algo novo, pois, assim que termina a exclamação acima lembrada, Kant remete a uma nota que já conhecemos e que lamenta, em tom de amargura, a fuga de Astreia, a deusa da sinceridade, da terra para o céu. Não será esse um fato que deveria estimular o intérprete de hoje a cavar mais fundo na complicada toca de silêncios, meias admissões e compromissos com os quais vai ser constituída inevitavelmente *A religião dentro dos limites da simples razão*?

O que vimos é só um exemplo, dando a Fichte as sugestões já vistas, Kant acrescenta que são "ideias expostas às pressas, mas nem por isso improvisadas". Obviamente, eram tempos em que a reflexão sobre os métodos para driblar a censura era parte integrante da "profissão" de filósofo.

Mas em Fichte também não falta certamente o que definimos como o compromisso da adaptação. Voltemos ao trecho do *Apelo ao público* em que o filósofo, acusado de ateísmo, declara, de forma reticente, que não quer nem subscrever nem refutar o juízo de condenação dos tempos novos. Sempre dirigindo-se às cortes alemãs, Fichte prossegue, assim, em seu raciocínio: vocês acusam a nova filosofia de todos os males e a veem como potencial ameaça ao trono. Mas quem é que tem pregado a doutrina da felicidade, não são vocês? Não podem então ficar espantados com o fato de tudo isso ter bortado o egoísmo e uma busca grosseira de prazer. E ao contrário – continua sempre Fichte – "o pensamento de fundo do cristianismo", bem como "da minha filosofia", é que

> *este mundo não é minha pátria, e nada de tudo o que posso me conceder é capaz de satisfazer-me. O meu verdadeiro ser depende não do papel que desempenho entre as aparências, mas do modo como o desempenho. Que eu esteja neste lugar, é vontade de Deus que eu o esteja, e com alegria e coragem levo a termo aquilo que me compete [...]. Não me cabe, porém, indagar se também outros, no lugar onde estão, fazem o que lhes compete [...].*

Porque sobre todos Deus vigia, que "sem dúvida, a seu tempo, irá desfazer na harmonia mais bela todas as desordens que daí derivam". Pois bem – conclui Fichte – sempre falando aos príncipes –, se vocês tivessem propagado esse pensamento de fundo do cristianismo, e da minha filosofia, a "tranquilidade inefável" (*unaussprechliche Ruhe*), que ele derrama sobre a vida diária, transformaria cada homem em um "cidadão útil e tranquilo" (*nützlicher und ruhiger Bürger*).[342]

Esse mesmo filósofo que, não muitos anos antes, havia trovejado contra os poderosos da Europa nestes termos:

> *Vocês estão acostumados a nos mandarem sempre de novo para um outro mundo que consideram, porém, como um prêmio acima de tudo pelas virtudes passivas do homem, pela passividade do suportar e do resignar-se.*[343]

Esse mesmo homem que, escrevendo a Reinhold, detectava a causa das perseguições de que era objeto nas ideias democráticas que professava e que, depois de ter pintado com tintas foscas a situação vigente na Alemanha, chegava ao ponto de almejar uma "mudança" (*veränderung*) radical, como se evidencia por todo o contexto, "ao menos em uma parte

---

[342] *Appelation...*, cit., pp. 227-228.
[343] *Zurückforderung...*, cit., p. 29 (tr. it. cit., p. 32).

considerávelda Alemanha", ainda que por obra [...] das tropas francesas;[344] esse mesmo Fichte, no *Apelo ao público*, apresentava a própria filosofia como o melhor penhor da ordem constituída e reduzia o cristianismo (bem como a própria filosofia) àquela ideologia da evasão, a que tinha acusado os príncipes da Europa de quererem reduzir a religião como tal.

A carta a Reinhold e o *Apelo* são contemporâneos. Estamos então diante de um caso de "duplicidade?". Não falta esse aspecto – estamos em plena tempestade provocada pelo *Atheismusstreit* –; mas não podemos ignorar a presença de motivos caros ao Fichte jacobino, como a polêmica contra o apelo à "felicidade" (*glückseligkeit*) denunciado – já o vimos – como instrumento ideológico para fazer esquecer os direitos do homem e do cidadão, fundamentados na razão e, portanto, para reforçar o despotismo. Mas essa polêmica parece agora totalmente inócua, pois o compromisso da adaptação ocultou e suavizou ao mesmo tempo a sua carga subversiva...

O compromisso, ou a busca de compromisso, pode assumir ainda outra forma. O que se afirma em teoria é negado na prática e sem demora no que tange à Alemanha. Voltemos a Kant. Como se sabe, para o filósofo, a participação com a qual se acompanha a Revolução Francesa, feita de simpatia e entusiasmo, ainda que a expressão de tais sentimentos "não fosse desacompanhada de perigo", prova a presença no homem de uma "disposição moral". Todavia – apressa-se Kant a acrescentar –, trata-se de uma participação que "observava de fora, sem a mínima intenção de cooperar".

Ainda:

> *É só em si moral e juridicamente boa aquela constituição que, por sua natureza, é capaz de evitar por princípio a guerra ofensiva (e só pode ser, ao menos em teoria, a constituição republicana).*

Estar-se-ia aparentemente diante da formulação de um princípio de caráter absolutamente geral, de sorte a não deixar espaço para exceções e acordos,

---

[344] Veja-se a citada carta a Reinhold, de 22/5/1799, em: *Briefwechsel*, cit., vol. II, pp. 104-105.

um princípio do qual deveria logicamente nascer o empenho, dir-se-ia o imperativo categórico, capaz de transformar, embora com meios pacíficos, a realidade política alemã. Mas – acrescenta logo uma nota –, "não se quer dizer com isso que um povo que tenha uma constituição monárquica, deva por isso arrogar-se o direito ou também apenas nutrir o desejo secreto de mudá-la [...]".

Enfim: um povo não deve "ser impedido por outras forças de se outorgar uma Cconstituição Ccivil que ele crê ser boa". Por conseguinte, são compreensíveis "as murmurações dos súditos" contra o governo, por causa do "seu comportamento para com os estrangeiros, enquanto lhes obstaculiza as aspirações republicanas [...]". É inequívoca a condenação da intervenção contrarrevolucionária na França. Mas, mesmo nesse caso, há um acréscimo que sublinha o caráter inofensivo dessas "murmurações", e que ataca duramente aqueles que gostariam de fazer crer o contrário:

> *Certos sicofantas caluniadores, para se fazerem importantes, tentaram mostrar esses inocentes atores políticos como amantes de novidades, como jacobinos, como facciosos perigosos para o Estado, e embora não houvesse o mínimo motivo para tais acusações, sobretudo em um país que dista mais de cem milhas do teatro da revolução.*

Toda vez, aquilo que se afirma na teoria (e que nesse caso coincide com a França) é logo depois negado na prática (que vai coincidir com a Prússia e a Alemanha). Vemos, assim, uma atitude sem dúvida singular para o autor de um ensaio que denuncia os teorizadores dessa duplicidade. Mas há ainda outros motivos de espanto, quando se vão ler as motivações da precisão nos termos e dos *distinguo* feitos por Kant. Criticar os países empenhados em uma guerra de agressão contra a França não significa *de per si* querer modificar a constituição de tais países. Sem dúvida, mas não esclareceu pouco antes o próprio Kant a relação entre vontade de paz e constituição republicana e, portanto, implicitamente, entre guerra de agressão e constituição monárquica?

E essa relação, que parece por um momento cair na sombra, é logo depois frisada por Kant quando se esforça para demonstrar o caráter inofensivo dessas "murmurações": condenar a intervenção contrarrevolucionária além do Reno significa trabalhar para reforçar a segurança da Prússia e da Alemanha, porque a consolidação do regime republicano na França faria alastrar-se o perigo de agressões vindas daquela parte. Mas não seria, então, lógico desejar uma mudança constitucional também na Prússia e na Alemanha, para garantir a segurança de um povo para o qual se volta claramente a simpatia do "público?".

Enfim: poder-se-ia almejar a manutenção da monarquia em um Estado, "cuja grande extensão na Europa pode aconselhar-lhe essa constituição como a única que lhe permite manter-se entre potências vizinhas", entre potências – deve-se presumir – ainda em grande parte monárquicas. Mas Kant, ainda no mesmo texto, não sublinha o fato de que o entusiasmo da França republicana poderia afinal levar a melhor sobre as potências aliadas da Europa monárquica? (C, VII, pp. 85-87).

Falta de rigor lógico? Não é esse o ponto, pois a atenção está voltada para as contradições da situação objetiva. Porém, nessa aparente falta de rigor, Kant não está sozinho. Em novembro de 1792: escrevendo a Jacobi, Caroline Herder fala com entusiasmo da "grande, poderosa reviravolta das coisas"; "levanta-se o sol da liberdade, isto é certo, e não é um episódio só dos franceses, mas do nosso tempo"; "na Alemanha, viveremos ainda durante algum tempo nas trevas, mas já se percebe cá e lá o sussurro do vento da manhã". Mas eis que, a essa carta, o marido acrescenta uma nota suplementar. Não é um distanciar-se do entusiasmo pela Revolução Francesa, mas uma cuidadosa distinção de caráter eminentemente prático. Herder pede a Jacobi que não entenda mal o sentido do discurso. Os acontecimentos a que estão assistindo são indubitavelmente fascinantes. Todavia, Caroline "não sofre de vertigens pela liberdade (*freiheitsschwindel*), mas é uma boa alemã *in terra oboedientiae*".[345] O contraste já visto aparece de novo aqui de forma ainda mais drástica: entusiasmo pela Revolução na França, impotência e "obediência" na Alemanha.

Em termos análogos se exprime o jovem Schleiermacher que, depois de ter declarado "amar muito" a Revolução Francesa considerada em seu

---

[345] Citado por HAYM, R. *Herder*, cit., vol. II, p. 518.

IV Kant secreto?   235

conjunto – não por acaso, nesse momento, a influência de Kant se faz sentir fortemente sobre ele –, logo se apressa a acrescentar que está muito longe dele o "funesto frenesi" (*unseliger schwindel*) de querer se lançar a uma "imitação" (*nachahmung*) da revolução na Alemanha.[346]

Mas, de particular interesse nesse contexto é a atitude de Wieland que, ao assumir posição sobre a Revolução Francesa, num momento, aliás, em que ainda não se dera a virada radical, serve-se de formulações que fazem logo pensar naquelas já vistas do *Conflito das faculdades*:

> *Quanto menor o interesse político da nossa pátria pelas atuais ocorrências da vida nacional de nosso vizinho ocidental, maior é o interesse* moral *que sentimos, exclusivamente como* homens, *espectadores desinteressados de um drama que se desenrola diante do nosso olhar e com o qual nenhum outro acontecimento no mundo pode se equiparar em grandeza e importância.*

Mesmo nesse caso a distinção tem caráter pragmático, na tentativa de tranquilizar o poder. Wieland chega até ao ponto de afirmar que a única consequência, que poderia surgir em terra alemã por causa da revolução Além-Reno, claro, "no caso de chegar ainda felizmente ao porto" e que porventura dê à França um maior bem-estar, eficiência e autoridade ao seu aparelho de Estado, seria a diminuição das importações e do contrabando provenientes da Alemanha.[347] Falta ver até que ponto é sincera a declaração que minimiza de modo caricatural a importância internacional da Revolução Francesa, mas certamente é sincero e convicto o empenho em não a querer imitar na Alemanha.

É um dissídio que tampouco Fichte, embora com sua apaixonada eloquência de tom jacobino, consegue superar. É verdade, por um átimo o

---

[346] Veja-se a carta ao pai, de 14/2/1793, em: *Aus Schleiermachers Leben in Briefen*, edição de L. Jonas e W. Dilthey, Berlim, 1863, vol. I, pp. 107-108. Sobre a influência de Kant, cf. a carta a K.G.v. Brinkmann, de 3/2/1790, na qual o jovem Schleiermacher declara que a sua "fé" na filosofia kantiana aumenta dia após dia (*ibid.*, vol. V, p. 45).

[347] *Ausführliche Darstellung der in der französischen Nationalversammlung am 26. u. 27/11/1790 vorgefallenen Debatte*, 1791, em: *Wieland's Werke*, cit., vol. XXXIV, pp. 113-114.

entusiasmo pela revolução, esse "salto violento", e esse "golpe audacioso" que se fez inevitável pela situação objetiva, parece que não deve deter-se diante do Reno. Com efeito, Fichte vai ao ponto de fazer uma denúncia impiedosa da situação política da Alemanha: um país onde os súditos são obrigados a mandar os filhos "para o combate, para que na selvagem batalha se decapitem lutando com homens que jamais os ofenderam, ou então para que se tornem presa das pestilências ou as carreguem como botim de guerra"; são obrigados também a arrebatar "o último naco de pão" da boca de seus filhos famintos, para dá-lo "aos cães do favorito". Um país governado por príncipes sem fibra ou imbecilizados sob o peso da dissolução e da religiosidade carola, submetidos como estão "a prazeres prematuros", ou então, se "mal dispostos" por esses prazeres, "a superstições retrógradas"; príncipes que pretendem guiar os seus povos à felicidade, mas, de fato, passam "a corda ao redor do pescoço da humanidade" e gritam: "Calma, calma! É tudo para o teu bem".

No entanto, apesar de todo esse terrível libelo de acusação, com uma descrição tão sombria da situação alemã, a ponto de justificar mais de uma revolução, Fichte faz uma ressalva que parece incrível: "O autor dessas páginas não acredita que ofenda, nem com suas afirmações nem com seu tom, nenhum dos príncipes da terra, mas, ao contrário, presta um serviço a todos!". É um "serviço", aliás, para o qual Fichte não espera particular gratidão, se é verdade que para seu escrito prefere manter o anonimato, embora, como declara, não por razões de natureza política, mas "literárias" não muito bem definidas.[348]

O entusiasmo pelas ideias e pelos acontecimentos do outro lado do Reno produziu uma implacável denúncia pela situação do lado de cá do Reno, mas, no plano das propostas políticas concretas, não se realizou um substancial passo à frente. Fichte, aliás, adverte explicitamente o leitor para não tirar conclusões falsas e precipitadas: "Ele se enganaria grosseiramente, se quisesse apressar-se a aplicar esses princípios", os princípios que na França tinham levado à derrubada do sistema feudal,

---

[348] *Zurückforderung...*, cit., pp. 4-9, *passim* (tr. it. cit., pp. 4-10, *passim*).

"à sua conduta em relação aos Estados existentes". Que ninguém, portanto, faça o filósofo dizer "mais do que [...] diz efetivamente". E Fichte continua assim:

> *Que a constituição da maioria seja não só extremamente defeituosa, mas também sumamente injusta, e que neles sejam ofendidos direitos inalienáveis do homem, que o homem não deveria absolutamente deixar que lhe tirassem, é, certamente, coisa da qual estou intimamente convencido; e trabalhei e vou trabalhar para convencer igualmente o leitor a esse respeito.*

Com certeza, tudo isso é verdade e, todavia, "no momento", não há outra coisa a fazer senão aceitar ou suportar essa situação. Não há nada a fazer a não ser adquirir ou reforçar na própria consciência o senso da justiça: "Sejam justos, ó povos, e seus príncipes não poderão continuar sendo injustos, só eles". Depois de ter reprovado com palavras inflamadas aqueles que pretendem "dar lições de justiça ao escravo enfurecido", Fichte se limita em última análise a dirigir, uma prédica moralista aos "escravos" alemães, aliás, nada "enfurecidos", mas aparentemente dispostos a suportar com paciência o próprio jugo.[349]

A importância da concessão, feita pelas *Contribuições* em face do poder dominante, não escapa a um leitor colocado do outro lado da barricada, mas justamente por isso tanto mais sensível ao problema da defesa da ordem constituída, como Friedrich Gentz. Este, não por acaso, embora no âmbito de um juízo nada suave, considera "excelentes" as indicações "para o *uso* do livro" contidas no *Prefácio* e que advertem contra as imitações precipitadas daquilo que estava acontecendo no Além-Reno.[350]

---

[349] *Beiträge...*, cit., pp. 39-46, *passim* (tr. it. cit., pp. 45-50, *passim*).

[350] A recensão de Gentz, publicada originalmente na *Allgemeine Literaturzeigung* de 7/5/1794, é colocada em apêndice na edição já vista dos *Beiträge* de R. Schottky (citação à p. 324). Pela dureza de sua recensão, Gentz foi criticado por Theodor von Schön, então estudante, e mais tarde, na Prússia, político de tendências liberais (veja-se a nota de diário, de novembro de 1795, do mesmo Schön, em *Fichte im Gespräch*, cit., vol. I, p. 311); mas, privadamente, é ainda mais áspero o juízo de Gentz sobre Fichte, autor das *Contribuições*, definido como "um miserável" (cf. a carta de 18/11/1793 a C.G. v. Brinkmann, em *Fichte im Gespräch*, cit., vol. I, p. 62).

Deve-se observar que não se trata de uma concessão feita para uso externo. Também privadamente, Fichte exprime a preocupação com a possibilidade de que suas *Contribuições* "produzam desordens" na Alemanha, assumindo até uma posição "centrista", ou seja, rejeitando a atitude "partidária" tanto dos "medrosos seguidores de velhos ordenamentos" como daqueles que "são seus inflamados inimigos pelo único motivo de se tratar, justamente, de ordenamentos velhos".[351] E também em outra ocasião Fichte adverte contra a tentação de crer que "as nossas constituições devam ser melhoradas de uma sóvez", ao passo que está claro que "isso deve acontecer gradualmente".[352] O pensamento de Fichte não difere substancialmente ao de Kant: a revolução é celebrada no que toca à França, mas para a Alemanha, o único caminho a percorrer são as reformas a partir de cima. Tanto em um caso como no outro, a busca do compromisso não só caracteriza a conduta prática, mas atravessa profundamente a própria elaboração teórica.

Esse terceiro tipo de compromisso está extremamente difundido na cultura alemã progressista. Campe, mesmo celebrando sem reservas a Revolução Francesa, admoesta, ao mesmo tempo, que não se deve imitá-la "de modo precipitado". Deve-se, antes, perguntar se a Alemanha está na verdade preparada para uma "completa mudança de sua constituição".[353] Até o jacobino Forster escreve em uma carta: "Estou convencido de que a Alemanha não se acha madura para nenhuma revolução e que seria tremendo e horrível apressá-la antes do tempo [...]".[354] Ao contrário, tentativas apressadas de "transplantar em terra alemã os princípios franceses do governo popular" podem ser contraproducentes e, em última análise, retardar em vez de acelerar a marcha do progresso.[355] O compromisso em tela assume formulações que fazem fortemente pensar nas kantianas.

---

[351] Carta a Kant, de 20/9/1793, em *Briefwechsel*, cit., vol. I, p. 299.
[352] Carta a Reinhold, de 4/7/1797, em: *Briefwechsel*, cit., vol. I, p. 565.
[353] *Briefe aus Paris*, cit., p. 35n.
[354] Carta a Voss, de 21/12/1792, em *Werke in...*, cit., vol. IV, p. 809 (tr. it. cit., p. 197).
[355] *Darstelung der Revolution in Mainx*, cit., p. 685 (tr. it. cit., p. 127-128).

IV Kant secreto?   239

Note bem: se Forster adverte contra a "precipitação dos reformadores" (*übereilung der reformatoren*), o ensaio *Para a paz perpétua* adverte, como vimos, contra a tentação de uma "reforma precipitada" (*übereilte reform*). Outro que também faz pensar em Kant é Rebmann, que, depois de ter declarado ser necessário aproximar todo governo "da forma republicana ou representativa", prossegue com evidente referência à Alemanha: "Isso é possível mesmo quando a constituição é monárquica. E às vezes, quando o povo não se acha ainda suficientemente esclarecido, pode ser, na verdade, necessário conservar a forma monárquica".[356] Kant também não declara que basta, novamente nesse caso referindo-se à Alemanha, que "o espírito do republicanismo" penetre nas instituições monárquicas e que a república se realize, se não como "forma de Estado" (*staatsform*), ao menos como "modo de governar" (*regierungsart*)? (C, VII, pp. 86n e 87).

A distância que separa Kant (sem mencionar Fichte) das correntes políticas mais radicais na Alemanha é menor do que se imaginava até agora. Mas está muito longe de ser fácil definir com precisão as características do "jacobinismo" alemão. Se, como se fez de fato, se identifica o elemento discriminante, com respeito à corrente liberal, na ação concreta "para uma Revolução Burguesa" também na Alemanha,[357] então talvez possam ser também reabsorvidas nessa corrente personalidades até hoje consideradas das mais representativas do jacobinismo alemão. Elas parecem excluir a possibilidade, e mesmo a utilidade de uma revolução na Alemanha, ao menos se por Alemanha se entende a parte de território não ocupada pelas tropas francesas.

Mas é, sobretudo, sintomático o "incidente" em que incorre um livro, aliás muito bem informado, o qual, ao descrever a evolução de Forster, depois de ter reportado a carta por nós precedentemente citada, com a declaração segundo a qual o povo alemão não estava maduro para a revolução, coloca depois, como demonstração do processo de amadurecimento e

---

[356] Relatado em: MERKER, N. *Alle Origini...*, cit., p. 355.
[357] HAASIS, H.G. *Poscritto* a ERHARD, J.B. *Ueber das Recht...*, cit., p. 10.

radicalização em ato em Forster, a nota contida na *Descrição da revolução em Mogúncia*, a qual, porém, apenas reproduz – a coisa escapa ao autor do livro em pauta – a nota contida na kantiana *Religião*.[358]

Se, porém, como justamente se afirmou, o critério principal para identificar as personalidades politicamente mais avançadas na Alemanha, reside não na afirmação da necessidade e na preparação da revolução nesse país (as relações de força não deixavam espaço para uma ação real, mas só para se aventurarem a sair correndo à frente), mas na compreensão da "importância histórico-mundial dos acontecimentos franceses",[359] Kant ocupa sem dúvida uma posição de primeiríssimo plano entre essas personalidades.

3. Intelectuais, poder e "acomodação"

A importância do papel representado pela necessidade de amansar ou driblar a censura e, por conseguinte, a busca do compromisso, seja qual for a forma que assuma, com o poder dominante, na filosofia clássica alemã é confirmada pela enorme difusão que a categoria da "acomodação" conhece no meio dos intelectuais. Um fervoroso pietista vai afirmar que, baseando-se na (*accomodation*), tal como a viam os "intelectuais" (*gelehrte*), e principalmente os "teólogos" do seu tempo, Cristo

---

[358] STEPHAN, J. *Literarischer Jakobinismus in Deutschland (1789-1806)*, Stuttgart 1976, p. 82; também G. Steiner e N. Merker, respectivamente responsáveis pela edição dos *Werke in vier Bänden* e da antologia de Forster, não mencionam a importante citação textual de Kant, feita pelo jacobino alemão. Deve-se pressupor que isso tenha escapado também aos antecedentes editores de Forster. À "bela declaração" de Kant Forster se refere também em uma carta à mulher, Therese, do dia 10/9/1793 (cf. *Werke in...*, cit., vol. IV, p. 903).

[359] AA.VV. (sob a direção de H.G. Talheim), *Geschichte der deutschen Literatur*, vol. VII, cit., p. 44. Os autores do livro acrescentam um outro critério, que é compreender corretamente a "relação entre história mundial e história nacional". Na prática, a disponibilidade para aceitar o auxílio francês, mesmo que não fosse totalmente desinteressado e envolvesse o sacrifício dos interesses nacionais da Alemanha. Esse segundo critério é um tanto discutível, formulado como é – parece-nos –, com uma vista voltada para a difícil e complexa situação atual da República Democrática Alemã (onde se publicou o livro em tela). Todavia, no que tange ao autor objeto do nosso estudo, o problema não subsiste: de formação iluminista como era, Kant não parece preocupar-se com a integridade nacional da Alemanha. Afinal, na Prússia nunca houve de fato a possibilidade de uma "importação da revolução" a partir de Paris.

e Belzebu deveriam "estipular a paz, e cada um teria que ceder em algum ponto: Cristo deveria renunciar aos dogmas das doutrinas da fé, e Belzebu deveria proibir os vícios grosseiros, de sorte que os dois não deveriam reconhecer nada mais que a moral como lei fundamental da religião".[360] Mas a acomodação, aqui denunciada, entre dois princípios heterogêneos e inconciliáveis entre si, está em função da acomodação subjetiva, motivada por considerações pragmáticas e acompanhada de reservas e, ao menos em certa medida, de duplicidade do intelectual não conformista com o poder dominante. É, sobretudo, nesse segundo sentido que se emprega o termo (ou categoria) em pauta, e não só por autores menores, mas também pelos protagonistas da filosofia e da poesia clássica alemã.

Fichte explica o desacordo de Kant com suas *contribuições* pelo fato de estar ficando "velho e preocupado",[361] substancialmente levado pelas exigências de acomodação – é esse o sentido do discurso, embora esteja ausente o termo técnico – do filósofo de Königsberg. O estado de ansiedade do filósofo, além da situação objetiva na Prússia, que mal saíra do manto pesado da época de Wöllner, é motivado também pela idade avançada. E, provavelmente, Fichte tinha em mente as sugestões para driblar a censura e as insistentes recomendações para não trair o autor de tais sugestões na carta de Kant, como já vimos. Por seu turno, Fichte é suspeito de "acomodação" (*akkomodation*) por causa da sua *Crítica de toda revelação* da parte do jovem Schelling,[362] e com alguma razão, caso se tenha em conta a "atenuação" que Fichte se preocupa em aplicar a uma das "teses" centrais da sua obra, como o vimos explicitamente dizer na já citada carta a Kant.

Mas de modo ainda mais sério é esse último acusado, quando se distancia de Fichte, sobre quem nesse meio tempo se abate a tempestade da acusação de ateísmo. Que mais se poderia esperar desse filósofo que, para evitar aborrecimentos de todo gênero, não hesitara em declarar-se, com duplicidade "fidelíssimo súdito de Sua Majestade?". (Fazia pouco tempo que viera a lume o *Conflito das faculdades* com a revelação já vista da

---

[360] JUNG-STILLING, J.F. *Lebensgeschichte*, cit., p. 480.
[361] Carta a Th. von Schön, de setembro de 1795, *Briefwechsel*, cit., vol. I, p. 505.
[362] Carta a Hegel, de 4/2/1795, em: *Briefe von und an Hegel*, cit. no vol. I, p. 21.

reserva mental a que o seu autor recorrera alguns anos antes). Quem se exprime assim é sempre o jovem Schelling, para o qual Kant não esperara, por acaso, a deflagração da polêmica em torno do ateísmo, para se distanciar de Fichte. Preocupado exclusivamente, como está, em preservar o *"seu sossego"*, Kant põe uma "máscara desprezível". Provavelmente, a partir de Berlim, as autoridades o tenham amedrontado, e o velho filósofo não quer correr o risco de ser posto em uma "única categoria" junto com um filósofo acusado de ateísmo e punido com a perda do cargo na universidade. De modo explícito fala Schelling de "duplicidade" (*duplicität*) relativamente a Kant, na carta seguinte, sempre endereçada a Fichte, que por sua vez, tenta encontrar atenuantes, "o velho é muito medroso e sofístico"; mas seus receios são em parte justificados, visto que "foi pintado com tintas foscas diante do rei".[363]

Quando Kant publica o *Ensaio sobre o mal radical*, é acusado ou suspeito de concessão, ou de acomodação, à ideologia e ao poder dominante, por Goethe, Schiller e Herder.[364] Em parte se tratava de um engano, pois mesmo no primeiro dos ensaios de que consta a *Religião*, aquele publicado na *Berlinische Monatsschrift*, embora em linguagem cautelosa e alusiva, Kant não aceita o mito do pecado original, que define como "a mais inconveniente" entre "todas as representações" (*alle vorstellungsarten*) – leve-se bem em conta a terminologia usada, que exclui tratar-se de algum conhecimento racional –, apontando, ou melhor, deixando transparecer o nexo entre reação política e mito do pecado original. Isso quando frisa o zelo com o qual se apressam a explicar e demonstrar o mito em tela usando grotescos argumentos, as três faculdades superiores (R, VI, p. 40n), que afinal são – mas é um ponto que o filósofo ousa esclarecer só depois do fim da era de Wöllner – a serviço do poder dominante, a saber, "padres, magistrados e médicos", considerados "instrumentos do governo" (C, VII, p. 18).

---

[363] Carta a Fichte, de 12/IX e de 16/9/1799, e resposta de Fichte, do dia 20/9/1799 em: FICHTE, J.G. *Briefwechsel*, cit., vol. II, pp. 160, 166 e 168.

[364] CASSIRER, E. *Vita e Dottrina di Kant*, tr. it. de G. A. de Toni, apresentação de M. Dal Pra, Florença, 1977, pp. 464-465 e M.M. OLIVETTI, *Introduzione*, cit., pp. XI-XII.

IV Kant secreto?

Mas é indubitável que a insistência sobre o mal radical constituía uma concessão à ideologia dominante. Nesse mesmo período de tempo, Hegel observava que, na medida em que a humanidade era representada como digna de apreço por si mesma, desaparecia "a auréola ao redor da cabeça dos opressores e dos deuses sobre a terra". E também que, na medida em que a religião e a filosofia ensinavam o "desprezo do gênero humano", ensinavam "aquilo que o despotismo queria",[365] E insistindo sobre o mal radical, nãodifundia, por conseguinte, também o filósofo do iluminismo e do progresso, uma ideologia funcional à reação?

Como explicar tudo isso, a não ser com base na vontade de "acomodação?". E havia, em certa medida, acomodação, mas inserida em uma operação para contornar os dispositivos de censura. Sem dúvida, o fato de insistir no mal radical é uma concessão à ideologia dominante.[366] Citam-se mesmo sem aparente polêmica, as "melancólicas ladainhas" sobre a corrupção moral dos tempos –, um tema caro à reação. Porém, para demonstrar o mal radical e o embrutecimento da humanidade, relatam-se dois exemplos: a insinceridade e a guerra. Essas eram uma acusação precisamente contra a reação: a insinceridade se alastrava depois das medidas liberticidas do poder, e a guerra era, sobretudo, a contra a França (R, VI, pp. 32-34n).

Mas a operação era tão embrulhada, a linguagem tão esbatida e alusiva, que se compreende a penosa impressão de acomodação feita sobre seus contemporâneos. Com efeito, o *Ensaio sobre o mal radical* constitui o compromisso menos avançado que Kant estabelece com o poder dominante: provavelmente, mediante esse ensaio que deveria parecer, como efetivamente pareceu, inócuo, aos olhos da censura, o filósofo esperava afinal ter o caminho livre para publicar, na *Berlinische Monatsschrift*, ensaios menos inócuos. Aqui, porém, ele se enganava. Em todo o caso, é certo que, já nos capítulos seguintes da *Religião*, provavelmente no intuito de dissipar

---

[365] Carta a Schelling, de 16/4/1795, em: *Briefe*, cit., vol. I, p. 24.

[366] É um fato para o qual chamou a atenção E. TROELTSCH, *Das Historische in Kant Religionsphilosophie. Zugleich ein Beitrag zu den Untersuchungen über Kants Philosophie der Geschichte*, em *Kant Studien*, 1904, vol. IX, pp. 21-154 (vejam-se em particular as pp. 60-61). Sobre a continuidade da elaboração de Kant acerca do tema do mal radical insiste E. WEIL (*op. cit.*, p. 149), mas admite que, no tocante ao texto publicado na *Berlinische Monatsschrift*, as seguintes seções da *Religião* contêm "contrapesos".

os equívocos que se haviam adensado por sua causa, Kant usa uma linguagem muito mais explícita. Contra a tese da decadência da humanidade, intimamente ligada ao mito do pecado original, o filósofo declara: "Caso agora se pergunte qual a melhor época de toda a história da Igreja até hoje conhecida, eu respondo sem hesitar: é *a época atual*" que difunde por toda a parte o espírito de liberdade (R, VI, p. 131). Pode-se perceber uma linguagem ainda mais contundente a propósito do tema em pauta, em um ensaio publicado na revista berlinense. A tentativa, quando se parte da "natureza corrompida do gênero humano", de "representar como absolutamente desprezível nosso mundo terrestre, a morada do homem", de nele ver, por exemplo, apenas "um lugar de punição e purificação de espíritos decaídos, expulsos do céu", essa tentativa é condenada nos termos mais contundentes, como algo "abjeto" e "revoltante".[367]

E após o fim da era Wöllner, a linguagem se torna também politicamente mais explícita. Por exemplo, parece ter desaparecido o tema do mal radical e reaparece a confiança no progresso; insistir no caráter pecaminoso do homem e falar de decadência é puro "terrorismo moral" (C, VII, p. 81). Em condições objetivas mais favoráveis, o precedente compromisso, em bases retrógradas, é posto em discussão. Kant não sente mais a necessidade de adaptar ou acomodar – conforme a expressão de Schiller – o pensamento filosófico à "razão infantil" (*kindervernunft*) como fora obrigado a fazer no *Ensaio sobre o mal radical*.[368]

Algum tempo depois, o mesmo Schiller vai elogiar a filosofia crítica pelo fato de que, por seu "rigorismo", impossibilita todo tipo de "acomodação" (*akkomodation*) com ela.[369] Nicolai, por seu turno, denuncia as "acomodações" (*akkomodationen*) de Kant e põe, aliás, na boca de um kantiano uma teoria que afirma, em certas circunstâncias, a legitimidade do "método da acomodação" (*akkomodationsmethode*).[370]

---

[367] *Das Ende aller Dinge*, 1794 (Ak, VIII, p. 331).

[368] O julgamento de Schiller é retomado por E. CASSIRER, *op. cit.*, p. 465.

[369] Veja-se a carta de Schiller a Goethe, de 28/10/1794, em: *Briefwechsel zwischen Schiller und Goethe*, cit., p. 61.

[370] *Neun Gespräche...*, cit., pp. 182 e 187.

IV Kant secreto?

Ao ensejo do *Atheismusstreit*, o conselheiro secreto Voigt se declarava preocupado com a autodefesa que Fichte estava redigindo: "dificilmente a filosofia dele se abaixaria ao nível da acomodação" (*akkomodation*).[371] Quem manifestava essa preocupação era aquela mesma personalidade que havia sido favorável à convocação do filósofo a Jena. Antes, ele se informou se isso era "suficientemente prudente (*klug*) para moderar a sua fantasia (ou divagação) democrática. Posteriormente, havia feito chegar até ele o conselho para deixar de lado a política, enquanto especulação ingrata".[372] O conselheiro secreto estava com a razão; como vimos, com sua *Appellation*, endereçada diretamente ao público, por um instante Fichte discute o compromisso que esteve na base de sua convocação.

Era, por outro lado, a experiência acumulada que sugeria ao conselheiro secreto as suas preocupações: em vão fizera chegar ao filósofo – mediante intermediários autorizados – o conselho de renunciar à segunda edição das *Contribuições* depois que se tornou de domínio público o nome do seu autor[373]. E Fichte não renunciara tampouco àquela atividade "ingrata" que era com certeza, pelo menos na Alemanha, a "política". E, no entanto, pode-se também notar uma mudança no filósofo, cuja produção, a partir de Jena, por um período se torna especulativamente mais rarefeita, mais alusiva, menos ligada, ao menos aparentemente, aos problemas concretos do momento. No seu íntimo, e na sua correspondência privada, pode o filósofo continuar relacionando a *Doutrina da ciência* (a libertação da pessoa dos "vínculos das coisas") com a Revolução Francesa (a libertação do homem das "cadeias externas")[374]. Mas esse vínculo só é perceptível ao leitor mais sofisticado. O tom agitador, antes a capacidade de incidir sobre um público maior, perdeu-se, e reaparece, por um breve momento, só em momentos de crise aguda. Nisso, malgrado toda a sua experiência de vida, o conselheiro secreto não estava com a razão: a *Akkomodation* em certa medida já aconteceu.

---

[371] Carta a Goethe, de 25/12/1798, em: *Fichte im Gespräch*, cit., vol. II, p. 29.

[372] Vejam-se as cartas de C G. Voigt a G. Hufeland (de 20/12/1793, e de 18/5/1794) em: *Fichte im Gespräch*, cit., vol. I, pp. 77 e 97.

[373] Vejam-se as cartas de C.G. Voigt a G. Hufeland (10 e 25/X/1794) em: *Fichte im Gespräch*, cit., vol. I, pp. 156-157 e p. 159.

[374] Veja-se a carta a Baggesen, de abril de 1795, em: *Briefwechsel*, cit., vol. I, p. 449.

De resto, o próprio Voigt continua, na verdade, olhando com desconfiança para Fichte, vendo-o como uma espécie de "demagogo", mas é também obrigado a admitir que tudo não passa de "demagogia metafísica"![375] Da política como "especulação ingrata" à "demagogia", acima de tudo "metafísica", não será esse também o caminho da *Akkomodation*?

A categoria da acomodação se acha até em Hegel e, significativamente, com referência ao iluminismo alemão e, portanto, também a Kant:

> *Da França o iluminismo passou para a Alemanha, e ali nasceu um novo mundo de ideias. Seus princípios foram ali interpretados mais a fundo. Só que esses novos conhecimentos não foram contrapostos tantas vezes em público ao elemento dogmático, mas, pelo contrário, o pensamento foi torturado e se contorceu para conservar à religião a aparência do reconhecimento, coisa, de resto, que se faz ainda hoje.*[376]

Segundo a interpretação de Hegel, portanto, a linguagem respeitosa para com a tradição religiosa era uma concessão que o iluminismo alemão fazia, ou era obrigado a fazer, ao poder dominante. A categoria da acomodação acaba mesmo se tornando central na interpretação e na crítica que a esquerda hegeliana faz do seu mestre e também da filosofia clássica alemã em geral.[377]

Na verdade o jovem Marx critica duramente a categoria em questão. Mas é necessário definir com precisão maior do que se tem feito geralmente o sentido dessa crítica. Pois, o que se rejeita é a tese que reduz a acomodação a uma forma de comportamento prático, fechando os olhos para o fato de que a procura do compromisso perpassa em profundidade a própria elaboração teórica. O que se deve rejeitar é a tese que pretenderia superar os limites de Hegel, ou aqueles que afinal, à luz de uma situação

---

[375] Veja-se a carta a Goethe, de 10/IV/1795, em: *Fichte im Gespräch*, cit., vol. I, p. 264.

[376] *Vorlesungen über die Philosophie der Weltgeschichte*, pp. 916-917 (tr. it. cit., vol. IV, pp. 193-194).

[377] É de particular interesse, a esse propósito, o ensaio de Ruge *Ueber das Verhältnis von Philosophie, Politik und Religion (Kants und Hegels Akkomodation)*, 1841, em A. R., *Sämtliche Werke*, Mannheim, 1847-1848 (2ª ed.), vol. IV, pp. 254-297.

radicalmente nova, aparecem como os seus limites de fundo, não fazendo as contas com o seu pensamento, mas simplesmente com uma injeção de "empenho" e de intransigência. Marx, portanto, rejeita o uso "moralista" da categoria da adaptação que pretende explicar os limites da *teoria* com a timidez da *práxis* do filósofo. Marx critica a esquerda hegeliana pelo fato de não perceber que "aquilo que aparece como progresso da consciência moral é, ao mesmo tempo, progresso do saber".[378]

Por outro lado, o próprio Marx, ao insistir sobre o peso negativo exercido pela "miséria alemã" (portanto também pela condição de isolamento dos intelectuais, privados do apoio de uma sólida burguesia, em face de um poder com vista afiada e repressivo), explica a busca do compromisso: a tendência à "acomodação" que caracteriza em todos os níveis (não só no plano do comportamento prático, mas também da elaboração teórica), a filosofia clássica alemã. É uma filosofia que, também segundo seu parecer, se apresenta extraordinariamente rica em intuições revolucionárias. No que se refere ao exposto aqui, não se pretendeu descobrir um Kant "secreto", mas só exprimir a exigência de uma historicização mais minuciosa. E nela se insere, sem dúvida, também a compreensão da situação da época (incluindo os mecanismos da censura e a necessidade da autocensura), bem como as regras mais ou menos consolidadas e as técnicas de expressão linguística. Mas, sobretudo, e o que é mais importante, é que a categoria em pauta se acha também em Kant, que interpreta o recurso ao milagre, no texto evangélico, como uma forma de "acomodação" (*akkomodation*) à mentalidade dominante.[379] Seria um modo com o qual Jesus "se adaptava (*sich bequemen*) aos preconceitos" do seu tempo (R, VI, p. 163). Mas – como já observamos antes –, a chave de leitura que Kant sugere para o ensinamento de Jesus não seria também uma chave de leitura para o próprio texto kantiano?

Ainda muitos anos depois, em condições nitidamente mais favoráveis, Heine podia escrever:

---

[378] Para essa crítica veja *Differenza tra le Filosofie Naturali di Democrito e Epicuro in Generale*, tr. it. de A. Sabetti, Florença. 1962, p. 411 (MARX-ENGELS, *Werke*, cit., I, *Ergänzungsbd*, p. 325).

[379] Veja a já citada carta de Kant a Fichte, de fevereiro de 1792, em: J.G.F. *Briefwechsel*, cit., vol. I, p. 219.

> *Muitas vezes me via obrigado a enfeitar a barquinha do meu pensamento com bandeirolas cujos emblemas não eram absolutamente a verdadeira expressão das minhas ideias políticas e sociais. Mas o contrabandista jornalista não se preocupava muito com os farrapos que pendiam do mastro de sua nave e com os quais os ventos jogavam seus volúveis jogos. Eu só pensava na boa carga que levava a bordo, e que desejava introduzir no porto da opinião pública. Posso gabar-me de ter me saído muito bem nessas empreitadas, e ninguém me deve censurar por causa dos meios que às vezes usava para atingir a meta.*[380]

É significativo também o testemunho do jovem Marx que, após a supressão da *Rheinische Zeitung*, ao soltar paradoxalmente um suspiro de alívio de ter se livrado, afinal, da obrigação da busca trabalhosa do compromisso. "É uma miséria" –, exclama o jovem revolucionário – "ter de assumir, ainda que pela causa da liberdade, uma atitude servil, combatendo com alfinetadas em vez de com golpes de maça". Denunciando a hipocrisia e o estúpido autoritarismo da censura e do poder, Marx descreve, ao mesmo tempo, com grande precisão, a conduta que era obrigado a assumir na esperança, que depois se mostrou vã, de garantir a sobrevivência do periódico que dirigia, conduta, por força das circunstâncias, de modo algum retilínea e da qual afinal estava com nojo: "Adaptar-se (*schmiegen*), dobrar-se (*biegen*), contorcer-se (*rückendrehen*), cinzelar cada palavra" (*wortklauberei*).[381] Em particular, o primeiro termo aqui usado não faz pensar na *Akkomodation* a que vimos forçados, na Alemanha, os intelectuais progressistas em geral? Encerrado o capítulo da *Gazeta Renana*, abria-se o dos *Anais franco-alemães*, finalmente sem os obstáculos e condicionamentos impostos pela censura, mas em Paris.

Alguns anos depois, Bruno Bauer se divertirá elencando maliciosamente os agradecimentos à Prússia contidos no jornal dirigido por Marx,

---

[380] Relatado por MEHRING, F. *Heine-Biographie*, 1911, cm: *G.S.*, clt., vol. X, p. 438; O texto é reproduzido também no apêndice da antologia organizada por F. Mende, HEINE, H. *La Scienza della Libertà*, Roma, 1972, da qual tomamos a tradução (p. 265).

[381] Carta a A. Ruge, de 25/1/1843, em: MARX-ENGELS, *Werke*, cit., vol. XXVII, p. 415.

calando, porém, o fato de que se tratava de uma concessão para driblar a vigilância da censura.[382]

Mas o comportamento descrito por Heine e Marx não é também, e com maior razão, o seguido por Kant? E então deve-se perguntar em que medida esse fato foi levado em conta no trabalho de exegese e interpretação. Talvez, não obstante a imensa bibliografia existente, nem tudo foi escrito sobre o filósofo com altíssimo conceito da veracidade, mas que, ao mesmo como ele mesmo admitia, era obrigado a calar e a dissimular uma parte daquilo que pensava, e a exprimir, de modo "equívoco" e "impenetrável", aquilo que julgava poder e dever revelar do próprio pensamento. Se é bem conhecido o difícil relacionamento do filósofo com a censura, não foi ainda objeto de um estudo sistemático a conexão que subsiste, no texto, entre "perseguição e a arte da escrita".[383] E talvez fosse fecundo um estudo desse gênero, para se ter uma compreensão mais profunda, não só de Kant, mas da filosofia clássica alemã em seu conjunto.

---

[382] BAUER, B. *Vollständige Geschichte der Parteikämpfe in Deutschland während der Jahre 1842-1846*, Charlottenburg, 1847 (reimpressão anastática Aalen, 1964), vol. I, pp. 52-96; sobre esse ponto, veja também CESA, C. *Studi sulla Sinistra Hegeliana*, Urbino 1972, p. 337.

[383] No plano do método – mas o objeto da pesquisa são Spinoza e outros autores –, é exemplar o trabalho de STRAUSS, L. *Persecution and the Art of Writing*. Glencoe: Illinois, 1952. Quanto à necessidade de aplicar esse método também ao estudo do pensamento de Kant, já aludiu YOVEL, Y. *Kant and the Philosophy of History*. Princeton: New Jersey, 1980, p. 215.

Índice dos nomes

A

Abegg, J.F. – 87, 91, 105, 128, 135-136.
Abegg, W.J. – 87.
Alfieri, V.E. – 24.
Amoretti, G.V. – 202.
Anstett, J.J. – 29.
Augustenburg, F.Ch. – 196.
Aulard, A. – 99.

B

Baggesen, J.I. – 9, 72, 106, 245.
Batscha, Z. – 22, 55, 87, 179.
Bauer, B. – 249.
Baxa, J. – 181.
Beccaria, C. – 51.
Benco, G. – 176.
Benrath, C.A. – 143.
Bergk, J.A. – 55, 80.
Bernardin de Saint Pierre, J.H. – 180.
Bernstein, E. – 14-15.
Beyme, K.F.v. – 224.
Biester, E. – 156.
Bismarck, O.v. – 11, 27.
Bobbio, N. – 5.
Boissy d'Anglas, F.A. – 102.
Borowski, L.E. – 87, 89.
Brandes, E. – 207.
Briegleb, K. – 27.
Brilli Cattarini, S. – 35.
Brinkmann, K.G. v. – 235.
Brunswick, K.W.F. v. – 131.
Buchner, R. – 31.
Buhr, M. – 30, 72.
Burg, P. – 28.
Burke, E. – 10, 28, 34, 38, 40, 50-51, 79, 84-86, 92, 112, 156-158, 193.

C

Callisen, J.L. – 109.
Calogero, G. – 169.
Campe, J.H. – 44, 148, 177, 238.
Carducci, G. – 21.
Carlos, I. – 118, 191.
Cassirer, E. – 242.
Cerroni, V. – 24.
Cesa, C. – 42, 125.
César, G. – 58.
Cetrangolo, E. – 226.
Chiarini, P. – 219.
Cipriani, G. – 94.
Clauer, K. – 39.
Codignola, E. – 18.

Colletti, L. – 14.
Condorcet, M.J.A.N. de – 25-26, 100.
Corday, Ch. – 9.
Cotta, F. – 41, 116, 177.
Croce, B. – 15, 18, 24, 134.
Cromwell, O. – 118.

D

Dahnke, H.D. – 30.
Dal Pane, L. – 15.
Dal Pra, M. – 242.
Danton, G.J. – 102.
Delekat, F. – 19.
De Toni, G.A. – 125, 242.
Dietze, W. – 30.
Dilthey, W. – 17, 225.
Droz, J. – 39.
Dühring, E. – 181.
Düntzer, H. – 80.
Duso, G. – 21.

E

Ehlers (Eggers) – 217.
Einsiedel, A.v. – 123.-124.
Engels, F. – 10, 13-15, 20, 76, 181, 247.
Erasmo de Rotterdam – 24.
Erhard, J.B. – 9, 28, 71-72, 133-134, 143, 179, 213-216.

F

Fatta, C. – 169,
Fetscher, I. – 141.
Feuerbach, L. – 20.
Fichte, I.H. – 21.
Fichte, J.G. – 71.
Filippo II – 90.

Firpo, L. – 5.
Forster, G. – 23, 42, 44-45, 47, 124-126, 141-142, 148, 157, 166-169, 188, 191, 197-198, 238-240.
Forster, Th. – 157, 166-169, 188, 240.
Frederico II – 17, 45, 81, 139-140, 144, 209, 213, 222.
Frederico Guilherme II – – 81, 139-140, 144, 209, 213, 222.
Frölich, C.W. – 149.
Fuchs, E. – 72.
Furet, D. – 35, 38, 94.

G

Gaeta, F. – 39.
Gagern, H.Ch. – 202.
Garber, J. – 55, 89, 207.
Gargiulo, A. – 137.
Garin, E. – 15.
Garritano, G. – 176.
Garve, Ch. – 110-111.
Gebhardt, J. – 28.
Gentz, F. – 28-29, 41, 48-50, 53, 68, 77-79, 85, 93, 110-114, 129, 133, 145, 162, 172, 181, 193-194, 196, 237.
Gerratana, V. – 19.
Giacomo II – 127.
Giardini, C. – 94.
Giobbe – 210.
Giubilato, M. – 21.
Godechot, J. – 39, 43, 129.
Goethe, J.W.v. – 107, 182, 196, 202, 219, 222, 242, 244, 246.
Goldmann, L. – 179.
Görres, J. – 125, 175, 179.
Gramsci, A. – 18-19, 24.
Griewank, K. – 125.

Índice dos nomes

Grillo, E. – 14.
Gross, F. – 100.
Grotius, U. – 16.
Guéroult, M. – 21, 104.
Guerra, A. – 13.
Guilherme, I. (Guilerme, o rei) – 21, 81, 139-140, 144, 209, 213, 222.
Gurwitsch, A. – 60, 133.

H

Haasis, H.G. – 9, 214, 239.
Halem, G.A.v. – 104, 115.
Haller, K.L.v. – 116.
Harich, W. – 224.
Hass, H.E. – 196.
Haym, R. – 10-11, 16-17, 22, 162, 224, 234.
Hegel, G.W.F. – 9, 10, 15, 17-22, 24-25, 27, 42, 87, 115, 142-143, 168-169, 179, 210, 216, 241, 243, 246.
Heine, H. – 15-17, 19, 21, 27, 56, 219, 247-249.
Henrich, D. – 68, 129, 156.
Herbart, J.F. – 15, 104, 115.
Herder, C. – 241-242.
Herder, J.G. – 38, 123, 219, 224, 234, 242.
Hermand, J. – 39.
Herz, M. – 89.
Hitler, A. – 19, 23.
Heyne Ch.G. – 157, 224.
Hobbes, Th. – 46, 61, 65.
Hocks, P. – 181, 218.
Hoffmeister, J. – 42, 143.
Höhle, T. – 9.
Höhnisch, E. – 179.
Hölderlin, F. – 55, 138, 142, 166, 197.
Huber, L.F. – 198.

Hufeland, G. – 207, 245.
Humboldt, A.v. – 44, 80, 105, 168, 182, 219, 222.
Hume, D. – 79.

I

Irrlitz, G. – 30.
Iser, L. – 28.
Isnard, M. – 100-101.

J

Jacobi, F.H. – 44, 117-118, 201, 219, 234.
Jäger, H.W. – 44.
Jakob, L.H. – 133, 169.
Jaurès, J. – 179.
Jesus Cristo – 28.
Jó – 210.
João de Leyde – 26.
Jonas, L. – 235.
José, II – 43.
Jung-Stilling, H. – 67, 143, 241.

K

Kern, F. – 31.
Kestner, J.Ch. – 202.
Kiesewetter, J. – 105, 205-206.
Klopstock, F.G. – 9.
Knigge, A.v. – 201.
Koch, H. – 9.
Köppen, F. – 44.
Körner, Th. – 21.
Kutscher, A. – 196.

L

Labriola, A. – 15-16, 19.
Lafargue, P. – 12.

Laharpe, J.F. – 44.
Lasson, G. – 115, 169.
Laukhard, F.Ch. – 191-192.
Lauth, R. – 72.
Lavater, J.C. – 202.
Lenin, V.I. – 113.
Leon X – 115.
Lessing, G.E. – 201, 226.
Locke, J. – 22.
Losurdo, D. – 24, 25, 27.
Löwith, K. – 28.
Lucrécio Caro T. – 151.
Luís XIV – 47.
Luís XVI – 31, 51, 59, 68-69, 74, 93, 96, 98-99, 108-110, 138, 151, 183, 185-192, 200.
Lutero, M. – 19, 23-24, 28, 63, 147-148.

M

Mackintosh, J. – 48.
Magri, T. – 46.
Mallet du Pan, J. – 80, 194.
Malter, R. – 87.
Mancini, I. – 150.
Mandelkow, K.R. – 182.
Mandt, H. – 22.
Marat, J.P. – 9, 101.
Martelloni, A. – 34.
Marx, K. – 9-10, 11-16, 20, 24, 28, 30, 76, 181, 246-249.
Mathieu, V. – 5.
Mcdicus, F. – 182.
Mehring, F. – 9, 12-13, 31, 226, 248.
Mende, F. – 29, 201, 208, 248.
Mendelssohn, M. – 29, 201, 208.
Merker, N. – 5, 41-42, 73, 80, 115, 123, 131, 138, 149-150, 177, 192, 201, 239, 240.
Metternich, M. – 150.
Michel, K.M. – 18.
Michelet, J. – 94.
Mieth, G. – 55.
Milton, J. – 89, 191.
Mohl, R.v. – 11.
Moldenhauer, E. – 18.
Moser, F.C.v. – 89, 108-109, 116.

N

Napoleão I – 176, 181.
Nicolai, J.Ch.F. – 134, 148, 204, 244.
Nicolin, F. – 143.
Nicolovius, F. – 127.
Niebuhr, G.B. – 72.
Niethammer, F.L. – 71, 222.

O

Olivetti, M.M. – 5, 144, 242.

P

Paine, Th. – 84-85, 178.
Pascal, B. – 210.
Patané, C. – 35.
Paulo de Tarso – 116-117, 119.
Philonenko, A. – 19, 182.
Pio VI – 38, 190.
Pitt, W. – 88.
Poggi, A. – 5.
Poperen, J. – 24.
Popitz, H. – 28.
Posselt, E.L. – 218.
Praz, M. – 191.

Índice dos nomes

R
Rambaldi, E. – 16.
Raumer, K.v. – 182.
Rebmann, J.A.F. – 138, 153, 217, 239.
Rehberg, A.W. – 68, 78-79, 109-111, 125, 129, 159, 162-164.
Reinhold, K.I. – 9, 216, 220, 231-232, 238.
Richet, D. – 35, 38, 94.
Riedel, A. – 179.
Robertazzi-Amodio, C. – 176.
Robespierre, M. – 16, 19, 21, 24-25, 33, 54, 56, 88, 94-95, 99, 101, 121, 155, 187.
Romeo, R. – 127.
Rosenberg, H. – 10.
Roth, F. – 44, 125, 138, 175.
Rousseau, J.J. – 10, 16, 18, 60, 148, 155, 162.
Ruge, A. – 246, 248.

S
Saage, R. – 179.
Sabetti, A. – 247.
Saitta, A. – 98, 100, 102-103.
Salvucci, P. – 7, 24, 145, 195.
Sanna, G. – 18.
Scheel, H. – 80, 91.
Schellberg, W. – 125.
Schelling, F.W.J. – 18, 142-143, 166, 216, 218, 241-243.
Schieche, W. – 72.
Schiller, F. – 80, 92, 105, 107, 178, 182, 196-198, 220, 222, 242, 244.
Schlegel, A.W. – 225.
Schlegel, F. – 29, 179, 180, 225.
Schleiermacher, F.E.D. – 234-235.
Schleifstein, J. – 9.
Schmettau, W.F.v. – 178.
Schmidt, P. – 181, 218.
Schön, Th.v. – 71, 86, 104, 198, 237, 241.
Schottky, R. – 103, 237.
Schulz, H. – 71.
Schulz, U. – 44.
Semerari, G. – 166.
Serini, P. – 39, 177.
Sichirollo, L. – 7, 176, 210.
Sieyès, E.J. abade de – 104.
Sinclair I. v. – 138.
Smith, A. – 89.
Solari, G. – 5.
Sonnendecker, K. – 179.
Spaemann, R. – 65.
Spinoza, B. – 15, 249.
Spirito, U. – 14, 18, 22, 45, 73, 86, 108, 119, 123, 126, 133, 142, 149, 166, 174, 180, 182, 189, 196, 200, 215-216, 220, 239, 244.
Stägemann, F.A. – 135.
Staiger, E. – 107.
Steiner, G. – 42, 240.
Stephan, I. – 240.
Stoll, K. – 117.
Strauss, L. – 249.
Suphan, B. – 38.

T
Talamo, G. – 38.
Tarle, E.V. – 176.
Thalheim, H.G. – 217.
Tieck, L. – 215.
Tieftrunk, J.H. – 200.
Treitschke, H.v. – 11, 16-17.
Troeltsch, E. – 243.

Twesten, K. – 10.

V

Valentini, F. – 73.
Varnhagen von Ense K.A. – 135, 207.
Varo, P.Q. – 21, 224.
Venditti, P. – 100.
Verra, V. – 7, 118, 123, 137, 201, 210, 224.
Vidari, G. – 5.
Virgílio Marão, P. – 158.
Vlachos, G. – 19.
Voigt, C.G. – 182, 207, 245-246.
Voltaire – 21, 177.
Vorländer, K. – 12-13, 15-16, 87, 135, 161, 182, 203, 205, 207.
Voss, Ch.F. – 125-126, 169, 238.

W

Wagner, J.J. – 106,
Wedeking, G.Ch. – 177.
Weick, W. – 41, 145.
Weil, E. – 145, 219, 225, 243.
Weiland, W. – 225.
Wekhrlin, W.L. – 94.
Wieland Ch.M. – 80, 92, 117-120, 122, 125-126, 168, 172, 181, 194, 203, 216-217, 220, 224, 235.
Wolff Ch. – 134, 204.
Wöllner J.Ch. – 39, 81, 144, 205, 213, 241-242, 244.

Y

Yovel, Y. – 249.

Z

Zeller, E. – 15.

Esta obra foi composta em CTcP
Capa: Supremo 250g – Miolo: Pólen Soft 80g
Impressão e acabamento
Gráfica e Editora Santuário